アーバンサバイバル入門

服部文祥

deco

目次

Contets

住 Shelter

はじめに

ありふれた日常の驚くべき絶景

自然と深く関わりながら生きていきたい。そう思っている人はたくさんいるのではないかと思う。私も若いころ、自然に近い生活に憧れていた。社会的な体裁を保ちながら、自然の中に入り込んで生きていくには……と考えて、アラスカの原野を作品とした写真家、星野道夫の生き方に憧れた。大自然の中に長期間入り込み、表現活動をして、世に認められて生きていけたら素晴らしい。

その星野道夫が、あるイヌイットから聞いた思い出話を著作で紹介していた。カリブーの季節移動が遅れに遅れてイヌイットたちが餓死寸前になり、いよいよダメだというところで、雪の地平線にぽつりとカリブーらしき黒い点が見えたという話だった。

今思い返すと、私が本当に憧れていたのは、自然写真家として成功した星野道夫ではなく、写真に撮られる側の北米先住民だったとわかる。白い地平線にぽつぽつと現れたカリブーを、作品の題材としてではなく、生き残るための「食料」と思えたら、その風景はいったいどんな「絶景」なのだろう。そう心の奥で焦がれていたのだ。

イヌイットにとって「カリブーが来た」は「生き延びた」と同じ意味である。だが星野道夫も、星野道夫の作品を見るわれわれも、イヌイットと同じ風景を見て、同じように感じることはかなわない。

これまで海外旅行で見てきた風景は、充分に雄大で息を飲むものだった。でも、だれかが見た風景と同じだった。

きわどい登山中に見た景色も、そこに存在する自分を肯定し、自己憐憫に浸るには充分な情景だった。だが、そんな風景に出会うためには、ギリギリの登山をしなくてはならず、そんな登山を繰り返すのは怖かった。

それが私の「絶景」の限界だった。時間や労力を費やし、リスクを越えた先で見る充分に深みを伴った景色だとは思う。だが、イヌイットが見た地平線のカリブーにはかなわない。横浜の公団団地で育ち、典型的な昭和後期生まれの日本人として人生を歩んできた私は、どうやらどんなに頑張っても、地球環境に対してゲストであることから脱却できない。ひ弱な文明人としてしか、世界を見ることは許されないのだとどこかで諦めていた。

あるとき、登山という一定期間でもいいから、渓流魚を釣り、山菜を採って、とにかくすべての生活を山で営み、ただシンプルに生きてみたいと思った。明日を生きるために、命を奪い、食べ、そして登る。できるだけ自力を目指すサバイバル登山のはじまりである。

明日を生き続けるために「獲って殺して食べる」体験は、新鮮な驚きに満ちていた。それまで食料品は購入するのが当たり前だった私にとって、殺しには興奮と引け目が同時に混ざり合い、手にする食料はどぎつく生々しいのに清々しくておいしかった。

そんな体験から、殺す、食べる、生きると真剣に向き合い直し、私は狩猟の世界に足を踏み入れた。山に暮らす生き物の生命に、圧倒的な暴力で介入することを許されたとき、山の風景ががらりと変わった。登山者として見る山と、狩猟者として見る山は同じ山でも全然違う。いつしか私は狩猟者の立場から世界全体を見るようになっていった。

近所の食べられる草木の生育状況が気になり、昆虫の発生を確認し、天気の巡りから猟場の野生動物の動向を予想する。首都圏に隣接した住宅街の片隅に暮らしていても、猟師としての小さな覚悟を持つことで、私は星野道夫が写した先住民の世界観に近づいている感覚を手にしはじめた。

自然のサイクルを感じながら日々を過ごし、小さなことから手作りで生活を組み立てる。できることは自力でやり、自然とともに生きようという小さな覚悟をもつ。そのさきに、イヌイットが見た絶景があるかもしれない。都会でサラリーマンをやりながらでも自然に近いところで生きることはできる。いや、ありふれた日常の延長にこそ、驚くべき絶景が隠されているのではないのか。

日本人としての自分の土着の生活――アーバンサバイバル。本書は、私が横浜で、できる範囲でおこなっている自力生活をまとめたものである。身近な環境で繰り返される、平凡な日常であり、そこで目にするのは世界遺産の雄大な風景でもなければ、きわどい登攀のさきでたどり着いた高山のてっぺんからの眺めではない。

雪の地平線に現れたカリブーと、私の獲物は重みも深度も違う。だが、自然と深く関わりながら、一つの動物として生きようという気概の先でなら、心の深部を揺さぶられるような風景に出会えるかもしれない。生活の中でふと目にとめる、足元を歩くニワトリのお尻や、ウッドデッキで寝そべる犬の上下するお腹に、衝撃の風景は隠されている。

世界を放浪したり、山を登ったりした末に、私がたどり着いたのは、自宅の小さな庭だった。そこにこそ深い世界につながる入り口があると、今は感じている。

土の地面は生活を豊かにする

アーバンサバイバルは小さなことから誰でもはじめられる。たとえば料理、刃物研ぎ、自力移動。

もし身近に土の地面があるなら、できることの幅はグンと増える。生ゴミを積み上げて堆肥にできれば、ゴミ焼却場で燃やしてもらう必要はない。庭に穴を掘ってそこに排便すれば（私は実際にやっている）、私のウンコを虫が食べ、その虫をニワトリが食べ、最終的には肥料になる。

生ゴミ処理やウンコ浄化など、都市生活で当たり前になっている環境への負荷を、土の力を借りることで、自然に処理することができるのだ。そのうえ家庭菜園やニワトリ飼育など、おいしく安全な食べ物を楽しむこともできる。

二〇〇九年までは賃貸の平屋に住んでいた。大家さんに「親戚が住みたがっているので、出て行ってほしい」と言われたのが、住み替えのきっかけだった。

いくつかの不動産屋に条件を提示し、新居を探しはじめた。予算は三〇〇〇万円未満。家はボロければボロいほどよく、敷地は広ければ広いほどいい。古家付きの土地は更地にする解体費を差し引いて売られている。だから古家（無料）に住むつもりなら、解体費と新築費なしで、新しい生活をはじめられる。

物件を探して、同じ町内の空き家から、小田原や相模湖周辺の古民家まで足を運んだ。家族揃ってハイキングがてら、北鎌倉の古民家風住宅や、裏丹沢の廃屋を覗きにいくこともあった。前向きの可能性だけに目を向け、未来を無責任に想像するのは楽しかった。内覧した物件は十数件、住むイメージをしてみたのは五件、実際にローンのシミュレーションをおこなったのは三件だった。子供たちは転校したくないと主張し、私も東京で仕事があった。北鎌倉の森に面した四五〇〇万円の古民家風の平屋に惹かれ、義父に借金の相談までしたが、最終的にはあきらめた。

近所の不動産屋のO君という若者が、熱心にいろいろ探してくれた。三〇〇〇万円という予算ですら背伸びしているので、候補になる物件はペンシルハウスか、完全に床が傾いた陽のあたらない中古住宅、もしくは自殺者が出た家だった。

ある日「服部さんにぴったりの物件が見つかりました」とO君から連絡が来た。

家から歩いて五分の場所にある物件で、その存在は知っていたが、空き家だということは知らなかった。九五坪で二五〇〇万円。横浜北部の住宅密集地にしては破格である。公開された物件内容と値段のギャップに引きつけられた不動産屋がひっきりなしに見学に来ていた。九五坪なら家が三軒建つ。一軒三〇〇〇万円で売ったら儲けは……。だが、見に来た不動産屋はみんな苦笑して、首を振りながら帰っていった。

平均斜度三二度の傾斜地で、下水をその傾斜地方向に流すことができないため、斜面にセメントを打ち込んで土台を作り、その上に家が建っていた。家が建っている敷地は二〇

わが家という環境

のび太くんの家に似ている造りの築45年の古家。少しずつ直しながら住んでいるがいつ見てもボロい。
トタン屋根が熱くなるので夏はスダレを並べる!
ヒノキ
スギ
ニワトリのエサをねらうスズメたち
ネコ(ヤマト)
カキの木
ここでシカなど解体する(冬)
ヒノキ
この倉庫に夜はオンドリをしまう
犬(ナツ)
2012年に増設したウッドデッキ
トリ小屋
ミツバチの巣箱
キング
畑
畑
古い浴槽を埋めて池にした
ハッサク
梅
文祥のトイレ
お墓コーナー
すだち
シカの骨
この辺は急斜面(土地図でみるとガケマーク)となっている。
アラカシの木
山の下の方はうっそうとしており廃材置場などに利用している。
カー太郎
時々ニワトリの卵を盗む。よく友達をつれてくる。
ビワが好きなハクビシン。文祥にねらわれている。
横から見た図
柱で家が浮いている問題物件である(売れ残っていた)
オマケでついてきた傾斜地
周囲はごく普通の住宅街

坪、残りの七五坪は草木ぼうぼうの荒れ地。駐車場なし。古家は築四五年。もし、古家を解体して、土止め工事をおこない、土を盛って、家を建てたら、いったいいくらかかるのか見当もつかない。二〇坪の敷地以外の土地には不動産として価値がまったくない上に、家が建っている二〇坪の敷地ですらセメントのゲタの上。ようするに問題物件だったのだ。

だが、私にとってはパラダイスだった。ひと目見た瞬間に引っ越すと決めた。後でわかったことだが、カキ、ビワ、夏ミカン、ミョウガ、孟宗竹が自生しており、果樹野草付き物件でもあった。

一六〇〇万円なら買うとO君に宣言した。九〇〇万円の値引き交渉である。O君はそれを家主さんに伝えにいった。並行して私は耐震専門業者に自費で調査を依頼した。基礎の強度だけは第三者の客観的な判断を聞きたかったからである。

私の言い値を聞いた老齢の家主さんは、卒倒寸前だったという。値段は一九八〇万円に落ち着いた。耐震調査業者は、設計図通り工事がおこなわれていれば、家の基礎になっているモルタルのゲタが折れることはないと保証した。大きな地震が来たら、基礎が折れる前に斜面が崩れるという。

値下げ交渉で浮いた五二〇万円をリフォームと家屋の耐震補強にあてた。工務店に頼んだ工事は、水回り(お風呂、台所、便所)の取り替え、階段を付け替えるところまでである。とても良心的で、私が自力でできるところは極力残したまま引き渡してくれた上に、DIYのアドバイスまでしてくれた。

そして私のアーバンサバイバルがはじまった。まず、床板を張り、生活をしながら内壁に漆喰を塗った。ベランダの手すりを切断し、ウッドデッキを作った。庭の大木の枝を落とし、うっそうとした草木を刈った。

敷地は、横浜市の指定緑地（地主さんは個人）につながっていて、地主さんの許可を得て土地を利用させてもらうことができた。鳥や小動物、益虫、害虫などと触れ合うことができ、倒木を拾って薪ストーブの燃料にした。

生活に使える土の地面があり、さらに森とつながっているという立地は急斜面というマイナス面を凌駕して、日々私の生活を豊かにしてくれている。

いまも私は虫の命とともにある

幼いころ、虫が好きだった。小さな生物とともに育ったと言ってもいい。

虫捕りで狙う獲物にはランクがあった。横浜の新興住宅地で育った私にとって、最高の獲物はノコギリクワガタだった（ヒラタクワガタやミヤマクワガタは夢のまた夢だった）。ノコギリクワガタの価値はサイズと色で決まった。体が赤く、角が複雑かつシンメトリックに湾曲した、大きな個体が好まれた。私は幼少のひととき、ノコギリクワガタの絵ばかり描いていたので、いまでもソラでノコギリクワガタを子細に描くことができる。

友達は野球のチームに入ったり、剣道の道場に通ったりしていた。習い事が苦手な私は、遊ぶ友達がいない時間、ひとりで近所の雑木林をフラフラ歩くことが多かった。ヘリポートが隣接されていたため、その雑木林はヘリポ山と呼ばれていた。

梅雨時からヘリポ山に通い、その年のクヌギの樹液の染み出し具合を見て歩いた。林の斜面からは湧き水が滲み出し、小川になって、サワガニやタイコウチ、ホトケドジョウなどが生息していた。それはいまでも私の原風景である。雑木林を散策した後は、「団地ストア」という個人商店がごちゃっと集まった小さな商店街の本屋で、漫画雑誌を立ち読みするのが日課だった。

第二次ベビーブームの首都圏の新興住宅街である。周辺の自然環境は住宅地に食い荒らされていく最中で、小学校には生徒が一三〇〇人以上いた。必然的になにごとも競争になり、何をやるにせよ、研究し、考え、地道に努力しつつ、他人を出し抜かなければ、成果はなかった。

ザリガニを捕りたければ穴場を見つける。カブト、クワガタを捕りたければ朝早く起きる。夏休みは毎朝三時半に起きて、ヘリポ山に行った。いつも野遊びのことばかり考え、生き物を探していた。

昭和世代が口にするような、小さな生き物をオモチャにした遊びはほとんどすべてやった。カナブンの首に糸を付けて飛ばすなどは当たり前の初級者向き。疲れて飛ばなくなったカナブンを「飛べ飛べ」と言いながらぶんぶん振り回し、首がとれてすっ飛んでいくのが、この遊びの後始末だった。

カエル、トカゲ、カナブン、セミ、バッタはすべて野球のボールになった。コーラの瓶を拾って、カナブンを詰め込み、地面において、出てきて飛び去ろうとするカナブンをバットで打つ。カナブンは複雑に飛ぶので、打率は低い。カナブンが逃げていったことに、心のどこかでほっとしながら、次のカナブンはホームランしてやると考えて、下腹部がよじれるような興奮を味わった。

カエルをたっぷりつかまえて、ダンプカーが通る田んぼ脇の道路に放した。道路を渡り切ったものだけが生き残れるロシアンルーレット競馬のカエルバージョン。ダンプカーが走ってくると、自分が賭けているカエルに向かって「跳べー、逃げろー」と絶叫した。車の下に入り、運良く生き残るものもいれば、タイヤの下敷きになるカエルもいた。轢かれたカエルは、ぱん、と軽い音を立てて弾けた。仲間が賭けているカエルが轢かれても、自分が賭けているカエルが轢かれても、大騒ぎしていた。

ある日、アリの巣に水を流し込んで遊んでいた。うまく水が入っていかないので、ゴミ置き場にあった台所洗剤の容器に水を入れ、アリの巣に注ぎ込んだ。

しばらくするとわらわらとアリが巣から出てきて、すべて死んだ。死んだアリで地面が黒く染まるほどだった。巣の中にこんなにもアリがいるのかという発見と、稀釈した洗剤が昆虫にたいしてこれほどに殺傷力を持つのかという驚き。ちょっと命をオモチャにしているのとは数の規模が違い、私は自分のしたことに恐怖した。

なぜ昆虫少年は虫を殺して遊ぶのだろう。なんであそこまで残虐になれたのか。殺す一方で私は、ベランダに水槽を並べて、たくさんの生き物を飼育していた。繁殖させられずに、死んでしまうことも多かったが、ノコギリクワガタのメスは、夏が終わったらヘリポ山に返した。オニヤンマのヤゴも、すべて成虫になり団地のベランダから飛び立っていった。シラスに糸を付けてオニヤンマのヤゴの前に垂らし、揺すって食いつかせる。これを水槽の前に座って一日中繰り返した。

虫をオモチャにしているのを母親に見つかれば、とがめられた。

「かわいそうだからやめなさい」という母親に、バツの悪い感情を抱きつつ、心の片隅で「ちがうんだ」とつぶやいた。なにがちがうのかを説明することはできなかった。

いまでもうまくできない。

偽善に聞こえるだろうから書くのにも抵抗がある。ただ、昆虫少年は、虫が憎くて殺すのではない。いうまでもなくその逆である。

「昆虫で遊び、昆虫を殺し、環境保護思想を育んだ」と、子供のころの残虐性を美化する人もいる。たしかに私も、小さな生き物の命をもてあそぶことで深く自然と触れ合い、自然の素晴らしさを知った。だが、それは二次的なものに過ぎない。

面白い、というのが虫で遊ぶ動機の中心であり、最大の理由だった。生き物の動きは予想できないゆえに常に新鮮で、しかも常に必死だった。命で遊ぶとは、「死」で遊ぶということである。

やってはいけないことをしている禁断の魅力があった。

命懸けのことに対する憧れを、小さな生き物で疑似体験している面もあった。自分がほかの命に圧倒的に介入できるという暴力的なカタルシスもあった。残虐であることを知っている上での、度胸試し的な意味合いもあった。小さな生き物の命を粗末にすることで個人的な快楽を得るのが、おぞましいということはわかっていた。

無邪気に命をもてあそんでいたのではない。もっと複雑にわかっていた。お前のやっていることは残酷だ、と言われれば、その指摘の内容が正しいことは理解できた。一方で、指摘そのものが根本的に間違えているとも感じていた。そしてそれを説明するうまい言葉を見つけられなかった。

ずっと掘り下げて考えていくと、命とはなにか、生きるとはなにかという問いに行き着いてしまう。だが、命とはなにか、生きるとはなにか、という問いの答えを人類はまだ得ていない。ずっと探しているがわからない。

もしいまの私が、幼い自分が虫を殺すのを見たら「やめておいた方がいい」と諭《さと》すと思う。もしくは「殺したものは食べろ」と言うだろうか。

快楽のために、生き物の命を意味もなく奪うのが、残酷であることには同意する。だが同時に、残酷が悪いことであるという常識を私は疑っている。

命は尊いということも同意する。同時に「そう思い込みたいだけかもしれない」という見解を誤解を怖れずに付け加えたい。

カナブンの足を全部ちぎって、空に投げた。放たれたカナブンは解放された喜びを全身にみなぎらせて飛んでいく。飛んでいったカナブンは足がないため、どこにもつかまることができず地面に落ち、アリのエサにでもなるしかない。ひとときの希望とそのすぐあとに待っている死。もし自分が手足をちぎられたら、絶望して、元気に飛んでいくことなどできないだろう。だが虫は必死で生きようとする。なんでだろうと子供ながらに本気で考えていた。

残酷、かわいそう、尊い、そんな言葉とは次元の違うものが、命にはある。その手の言葉で「命の存在」を形容できると思っている人には、永遠にわからない世界に、昆虫少年たちはせまっていた。もっと本質的なものをずっとそこに感じてきた。自分勝手な言い訳だ、と言われても構わない。

いまも考えている。

だが答えはない。答えはないがそれでも私はいまでも虫とともにある。虫や小さな生き物と遊んでいる時、私は地球とつながっていた。カエルやトカゲを誰よりも知っていた。知りたいと思っていた。カエルやトカゲや虫たちを知らない大人から、とやかく言われる筋合いはないと思えるくらいに、われわれの関係は深かった。

いまも私は、幼いころオモチャにした命とともにある。

肉体は生きるための道具

自分の力にこだわるほどに意識されるのが、自分の体である。

現代日本でとりあえず生きながらえていくうえで、体を激しく動かす必要はない。しばらくぶりに山に行くと私も筋肉痛になる。とくに下山に使う筋肉は、日常生活であまり使わないので痛くなりやすい。

鉄道、道路、車輪、発動機など、文明施設や文明品は人類の移動能力を高めた。だが、山に登っていると、人間の移動能力は高まったのではなく、広く薄まったのではないかと感じられる。速く遠くまで行けるようになったかもしれないが、そのぶん移動に伴うはずの感覚や感情が希薄になっているからだ。

山では一歩一歩登るのはもちろん、ヤブをこいだり、岩の突起をつかんだりして進む。速度は遅いぶん、手応えは強く、大きい。自然環境の中を自分の力だけで移動していると、文明の力で広く薄まっていた自分の移動能力が、すっと本来の自分に戻ってくる気がする。自分という生き物の輪郭がはっきりするのである。

技術、経験、知識、装備、体力。登山に必要とされる要素はたくさんある。それは人間活動の縮図でもある。それらの要素の中で、何がいちばん重要かと問われたら、「体力」だと私は答える。

心技体がバランスよく充実しているのは理想だが、知識や装備で、体力をカバーするのは難しい。一方、体力はほかのことをカバーすることができる。何度も繰り返すこと、長時間がんばること、ゆっくり丁寧にやることで、自分の弱点を、文字通り力技で補うことができるのだ。

陸上競技の世界では、人を「装置」と捉え、その装置をもっとも効率よく目的地に到達させるにはどうするかという観点からタイムアップをはかることがある。人間の走行とは、筋細胞のひとつひとつが収縮と弛緩を繰り返しながら、運動する運動である。自動車のように発動系と駆動系が別々の仕事をするカラクリとは違い、伸縮を繰り返す筋肉そのものがそのまま動く本体でもあるというところがおもしろい。ピクピク動く小さな肉片が集まって、目的を持って運動をする肉体になっている。それが生き物であり、生きることだと言ってもいいかもしれない。

だがそこをあえて装置と捉えてみる。

筋力の強さは筋肉の断面積に比例する(筋肉が太ければ力は強い)が、かといって筋肉を大きくすれば、身体の動きがよくなるわけではない。そのぶん重くなるからである。目的の距離に適した筋肉量があり、その筋肉を効率よく連動させるためにフォームがある。

「楽」な姿勢で走るのではなく、すこし腹筋と背筋に力を入れて、骨盤を前傾させるのがよいフォームとされている。ちょっと窮屈な感じになり疲労しそうだが、結果的にはこれが一番速い(もっとも疲れない)。腹筋と背筋にすこし力をいれると体のブレが少なくなり、体がブレなければ、それを修正する余計な力も必要なくなる。二足走行中にどうしても発生してしまうミクロな蛇行を極力減らそうとする考え方が、陸上用語でいう「軸」である。骨盤を前傾させると、太い筋肉（背筋、腹筋、大臀筋）が連動する。太い筋肉ほど力が強く疲れにくいので、これを有効に動かすことで、効率よく地面を蹴り続けることができる。

自分が持っている走力をすべて発揮するためには、バランスのよい筋肉をつけ、大きな筋肉を連動させつつ、ブレない正しいフォームで動かし、その運動を続けられる心肺機能をもち、目的の距離で力をすべて発揮するペース配分をすることが必要になる。

概して感覚や感情はパフォーマンスの邪魔になる。自分の体をいったんバラバラに分解し、装置と捉えるとは、走ることに関して自分自身の肉体と動きを客観的かつ冷静に分析することにほかならない。

この視点は登山にも応用できる、というか、登山でもある程度以上のレベルになると、自分の肉体と意志とを分離させて、登山全体を見渡さなければ、成功はおぼつかない。自分という肉体（装置）をいかに山頂まで運び上げ、いかに下ろしてくるか、という視点から自分の登山を検証する。こうすることで自分と自分の登山を客観的に分析し、細部を組み立て直すことができる。

自分という容れ物、それを動かす駆動系（筋肉）、駆動力を作り出す発動系（心肺）、発動の源になる燃料系（食物）。それらをユニットとした自分という存在は、自分がやろうとしていることに足りているのか。頭の中で自分の肉体を分解して、もう一度組み立て直してみることは、陸上や登山を越え、生活、ひいては自分自身の存在そのものにも関わっている。それは自分とはいったいどういう存在で、なにをしたいのかを客観的に考えることだからである。

自分と向き合うのは怖い。自分のダメさ加減を自分で分析することになるからだ。だが自分の能力を最大限発揮しようと思ったら、やはり自己分析からしかはじまらない。

人は床の間《とこのま》におかれている置物ではなく、意志を持って動く物体である。だが、都市型の生活をするわれわれは、できるだけ自分を置物のようにしようと苦心しているようにも見える。面倒だから、危険だから、楽だから、任せた方が上手く行くからと、生活の多くをできるだけ他人に任せようとしていないだろうか。

ある場所に行くのに、車で連れて行ってもらえば、楽で安全に早く着くことができるかもしれない。だが歩いたときに感じる感覚、自分の肉体を使った経験は残らない。運動負荷もないので体もなまる。おなじく、レストランに入れば、料理の技術は進歩しない。野菜を購入したら、その野菜が育つ経過は何一つわからない。しかもすべて金銭と引き換えである。

なにからなにまで自分の力だけでやるのは無理だろう。だが、やったらどうなるか「考える」ことはすぐできる。

毎日の通勤通学をジョギングで行ってみたらどうなるだろう。走ったら片道何分かかって、どのくらい疲れるのだろうか？　ジョギングシューズは自分で作れるのか？　自力で行く代わりに乗る電車ってなんだ？　料金は適正といえるのか？

生きる意志を持った肉体という装置が自分である。その自分を道具として使い込んでいく。それが本来は生きるということなのではないだろうか。ヒトという生き物として、存在している意味ではないだろうか。

移動や生活をできるだけ文明に頼らず、自分の体を動かすことでこなそうとする。アーバンサバイバルとは、そんなことの積み重ねでしかない。

金属とはエネルギーのかたまりである

硬すぎず、柔らかすぎず、比重が重く、短期間で蝕まれることがない。われわれ生命体とは対極にありながら、なぜか懐かしさと信頼感があり、叩いて伸ばせば刃物になり、へこませれば鍋になる。「鉄（金属）」は魅惑的な物質である。日常生活にありふれてしまい、ありがたみを感じることなどなくなってしまったが、金属の存在は人類飛躍の最重要要素であり、金属がいかに現代の生活を支えているかは、その実態をすべて把握するのが不可能なほどである。できるだけ装備に頼らないサバイバル登山であっても、釣りバリ、鉄砲と銃弾、刃物、鍋など、金属製の道具がなければ山旅はもはや成り立たない。一見、金属製品ではない衣類や靴などの生活必需品もすべて、金属の道具や機械で作り出されたものばかりだ。

エネルギーは質量に比例する（E《エネルギー》＝m《質量》×c《光速度》の二乗）。だから重いとはそれだけでエネルギーなのである。加えて金属は高温で精製し、打撃を加えて変形させる。精製過程で膨大なエネルギーを使用する。存在そのものが熱と労力の塊である。精製し鍛錬した金属がかつて神格化されたのにはそんな理由があるのかもしれない。

金属のイメージが前面に出た道具と言ったら、斧や鉈である。いまはノコギリが高性能になり、安価で軽いため、木の切断に打撃系の重い刃物は使わない。登山に手斧を持って行くことはなく、斧、鉈が真価を発揮するのは、定住生活で打撃力が求められる場面だけである。

わが家では薪ストーブの薪作り、狩猟で獲ったケモノの背骨の切断、ニワトリに食べさせる骨や雑肉の粉砕に、打撃系の刃物が活躍している。

ニワトリを飼う1——配合飼料から世界を考える

二〇一二年からニワトリを飼いはじめた。日中は庭に放し、エサは残飯と庭の草や虫である。それだけでは足りず、インターネットで配合飼料も購入している。

配合飼料というものをはじめて手にしたとき、いろいろと考えさせられた。まず「配合」という名前。

飼料はそもそもは養鶏場を購入先に見込んで作られたものである。だから卵を効率よく産ませるため、もしくは食肉用のニワトリを効率よく太らせるために、飼料が配合されている。内容は採卵用と食肉用で違い、ヒヨコか成鳥かによっても違う。

この配合飼料の値段が、小売りなら安くても二〇キロで二〇〇〇円くらい。わが家ではこれに糠や屑米などを混ぜて与え、一〇羽弱がひと月半で食い尽くす。エサのランニングコストはおおよそ、ひと月二〇〇〇円と考えていい。

ここから卵の値段を考えてみる。飼っているニワトリはロードアイランドレッド（採卵食肉兼種）で、調子がいいと一羽が年間三〇〇個弱の卵を産む。一日〇・八個の計算になり、メスが六羽（わが家の平均）だとしたら、一日四・八個。ひと月で一四四個となる。飼料代二〇〇〇円を一四四個で割ると約一四円、これがわが家の卵一個のコストということになる。ヒナから卵を産むようになるまでの半年間や、歳をとり、産卵数が落ちてからのエサ代も考えると、安く見積もっても一個三〇円くらいだ。

ときどき近所のスーパーの特売で目玉商品になる卵は、一〇個入り一パック一〇〇円。一個一〇円である。お一人様限定一パックなので、近所の友人は子供まで動員して買いに行く。

残飯と放し飼いを中心に、できるだけ配合飼料をやらないように飼っているつもりなのに、わが家では卵一個三〇円のランニングコストがかかってしまう。スーパーの特売卵は輸送費もかかっているはずだ。どうやって採算を取っているのだろう。

……とは本当のところ考えもしなかった。ストレートにスーパーで売っている卵の値段を疑った。いったいどんな飼い方をして、どんな配合飼料を食べさせているのか？

Ａ４サイズのスペースに二羽押し込んで、二年ほど卵を産ませ、産卵のペースが落ちたら廃鶏にする。地面において十歩歩けたら健康、途中で骨が折れたら廃鶏。そんな養鶏場も多かったという。端的に言って、そんなニワトリが産んだ安い卵は健康ではない。自家産の卵を食べ、ランニングコストを考えてみて、それを自分のこととして実感した。

そして、近所の大型スーパーマーケットに行ったある日のこと。買い物客のひとりとしてレジの順番を待つ自分が、エサ箱に配合飼料が出されるのを待っているニワトリと重なった。

たわむれに、自分が買い物カゴに入れているのは、配合飼料だと疑ってみた。その瞬間、頭の中でぱたぱたとドミノが倒れていくような感じがした。あわてて食料棚を振り返った。お肉コーナーの肉類は途中に家畜というフィルターが入っているだけで元々は配合飼料にほかならない。鮮魚は？　養殖魚が食べているペレットも肉骨粉などを固めた配合飼料である。野菜コーナーに救いを求めるように視線を移すが、化学肥料と農薬の世話になっていない野菜を見つけるのは難しい。

スーパーで売られている肉も卵も魚も、もとをたどればほとんどが配合飼料である。配合飼料のもとは穀物や野菜、もしくは肉骨粉だ。それらの質は値段によってピンキリである。穀類は安ければ安いほど人工窒素で促成させたか、遺伝子組み換えで効率を上げたものである。そうじゃなくてはつじつまが合わない。

You are what you ate.（あなたは食べたものにほかならない）という言い回しが英語圏にある。ニワトリの卵も、ニワトリの食べたものそのものだ。シカを撃ってきて、ニワトリに雑肉や内臓を与えると、卵がはっきりわかるほど美味しくなる。そんな卵は、黄身を箸で持ち上げることもできる。オーガニックという考え方を、野菜や穀物だけではなく、肉や魚、強いては自分の身体にまで当てはめてみたらどうなるのだろう。

シカの雑肉を食べさせたり、川の土手から雑草をとってくるなどの手間ひまをエサ代として考慮し、遺伝子組み換えされていない有機無農薬の飼料を食べさせたら、おそらく卵一個のコストは一〇〇円くらいになるはずだ。

同じものを安く買うのが「賢い」買い物だとされている。私はこれまで「安い物」を見つけて得した気持ちになっていた。ところが同じに見える卵も肉も、値段でその中身は全然違う。そんな当たり前のことを私はニワトリに教わった。一個一〇円の卵を食べるということは、自分を特売の卵にしているということである。自分を味も栄養もない安い存在にしているわけだ。「賢い」買い物をすることで、私は自分がとんでもない「間抜け」であることを自分で証明し続けてきたというわけである。

巨大スーパーで売られている外国産の安い食べ物を買うということは、そういう食料の存在を肯定しているということである。同時に日本でまともな食料を作り、売ろうとする人を否定することである。買い物は個人的な行為だが、販売者への評価や、世界に対する思想を表現することにほかならない。

安い物には安い理由がある。そんなものを買って、出費をセーブできたとしても、不健康なものを食べて健康になることはない。あとで医療費か健康寿命で、セーブした以上の対価を払うことになる。それだけでなく、安くて不健康なものを買う分だけ、まともなものを作る人はいなくなってしまう。いい加減な買い物とは、巡りめぐって自分の首を絞めることだ。

一〇〇年も時代を遡れば、人間もケモノも配合飼料由来の食べ物などひとつも食べていなかった。アーバンサバイバルとは昔のように配合飼料フリーで生きようということなのかもしれない。

ニワトリを飼う2――食料探しは頭を使う

ニワトリの話をもう一つ。五羽三〇〇〇円おまけオス一羽付き、という六羽のヒナを購入してわが家のニワトリライフははじまった。だが、育ててみたところ、おまけの一羽がオスではなくメスだった。

ヒナの性別判断は難しいため、間違いは購入側が負うリスクとなっている。ところが別件で購入先に連絡したついでにオスがメスだったと笑い話として報告したら、たまたまオスが一羽あまっている、と送ってくれることになった。

新入りのオスは、鶏舎で育ったようだった。というのもわが家に来たばかりのころ、配合飼料しか食べなかったのである。放し飼いで育ったメスたちが食べている生ゴミや昆虫、ミミズなどはエサだと認識していなかった。

食べ物を調達することはニワトリの思考力を高めるらしい。毛虫やカメムシは食べなくなるし、薪を割ったり、畑を耕したりしていると、美味しい生き餌を求めて近づいてくる。人間も変わらない。長男が四歳のときに「フキノトウを採りにいこうぜ」と声をかけたら、「ああ、あそこでしょ」と、一年前に行った場所に連れて行ってくれた。

私も狩猟中は常に頭を使っている。もっとも考えているのは獲物の気持ちである。その日の気象をどう感じて、どう行動しているか。猟場に残された足跡や糞などから想像する。それは獲物になりかわろうとすることである。

ニワトリも子供も私も、食料を得ようとして、頭を使い、集中する。それは単純におもしろいからだ。生き物は食料を得るために、思考力をフル活用し、身体を使い、結果、食料を得て食べることを楽しいと感じるのである。

ところが……とわが身を鑑みるに、現代社会は食料調達に直接関わる身体活動をどんどん少なくしていないだろうか。ニワトリを鶏舎に閉じ込めるように、人間は自分たちを閉じ込めようとしていないか？

アーバンサバイバルは自分の食べ物を自分の頭と体を使って調達するという、シンプルだけど奥深い、当たり前の活動である。

アーバンサバイバルは防災に役立つか

自分のやっている登山にサバイバルなどという名前を付けているので、巨大地震以降、いよいよ出番ですね、みたいなことをいわれることがある。私のサバイバル登山は自給自足とか野性的という内容をそれっぽく彩るのに「サバイバル」という言葉を借用しただけで、危機的状況からの脱出を意味していない。どちらかというと営業的な効果を期待した名前である。

だから私の経験——できる限り自然にあるものを利用して山に登ってみようという試みとそれに伴う知識や経験——に、地震や津波に対して直接的に有効なことはない。大自然の中で活動していると、考え方や覚悟にどうしても諦観が入るため、それがいざというとき、多少気持ちを救ってくれるかもしれないという程度だ。

地震も津波も自然現象である。そもそも地球があってわれわれは存在する。天災は、生き物として地球に存在している限り、かならず付随するまっとうなリスクである。台風や小さな地震なら、日頃暮らしている家屋《シェルター》でやり過ごすことが可能だが、規模が家の破壊強度を超えれば、無防備なまま自然環境そのものに晒されてしまう場合があるだけだ。

もし、いざ大地震が来たとなったらどうするか。私の経験から考えていることを少しだけ記しておく。

短いスパンで適者生存を考える場合は身体が「強い」というのは重要な要素になる。長期で考えれば思考力や知識、免疫力や繁殖力、耐久力や人柄などが必要になる。

被災後の食料調達とか、住処の作り方といったことに悩むまえに、まず、最初の衝撃（揺れと津波）を生き残らなければならない。それに必要なのは健康な身体と体力である。体がうまく動かなければ運に任せるしかない。動くなら自分で対処したり、運を強くする努力ができる。チャンスは準備された心と、具現化できる身体を好む。

人間はアクシデントに対し、自分に都合がいいように考えてしまう傾向がある。たとえば同じ規模の地震でも、暖かい布団の中に入っていれば、動かないほうが安全だと思い、嫌な仕事をしていれば、逃げ出したほうが安全だと考える。どちらが吉と出るかはわからない。こわがりな保守性が生き残るのに有利であることもあるし、先が見えない高いリスクに身を投じることにしか生きるチャンスがない場合もある。ただ、自分の判断がそのときの感情による手前勝手な思い込みなのか、冷静な分析の結果なのかを常に自分で検証したほうがよい。自分勝手な解釈で楽をしようとする場合は、悪い方向に転ぶことが多いようだ。

さて、最初の衝撃を五体満足でうまく生き残ったとしよう。その後にはいよいよサバイバル能力が必要になる。しかしこれも、身体が動けば、あとは頭を使って、地道にやるだけだ。本当に怖いのは自然環境ではなく、人間かもしれない。奪い合いにならないように、場をうまく治めるにはどうすればいいのか。私にはちょっとわからない。

治安は維持される、と信じて話を進める。自分や家族の身を守るためにまず、濡れず、かつ風に叩かれない空間を確保する。トタンと廃材でシェルターを作ればいい。テントがあれば楽である。体力回復には、体をちゃんと横たえ、足まできちんと伸ばせる平坦なスペースがあるとよい。できれば乾いた服と靴、マット、寝袋が欲しい。

次が水の確保。災害緊急時のための井戸マップというのを自治体が作製しているので、手に入れて、井戸の所在地を確認する地域散策をやっておこう。私は自宅から半径五〇〇メートル以内に、四つの井戸と山からの湧水ポイントを二つ知っている。

水の物理的な汚れは濾過すればいいし、生物的な汚れは煮沸すればいい。化学的な汚れはどうなのだろうか。世界を汚染しているのはわれわれ自身である。都会で調達する自然水に、多少の化学物質が混入しているのはあきらめるしかなさそうだ。

わが家では米を常に三〇キロ常備している。米と塩さえあれば、オカズはなんとかなる（本書で紹介）。

防災グッズというものがあるようだが、震災後にとり出せて、使い方がわかっていないと、お守りにしかならない。それよりも、アーバンサバイバル的な生活を日頃からやっている方が効果が高い。食べ物はそもそも、買うものではなく採取するものであるという意識をもっていること。カエルだってザリガニだって食べられると知っているほうが、いきなりチャレンジするよりストレスは少なく、経験があればより余裕をもてる。どのような被災状況でも自分のことを悲惨だと思わないこと。数万年前までは、われわれと同じ遺伝子の人間が火のない暮らしをしていたのだ。

生きるために自分の能力を発揮しなくてはならない瞬間とは、考えようによっては、「生きている」と感じられる幸せな瞬間かもしれない。

生きるために自分の体を動かしてみよう

都会《アーバン》でのサバイバル、とはいっても、特別なことはない。通常購入して済ませていることを、できる範囲で自分でやって楽しもうということである。

現代社会では、買えないものを見つけるのが難しいほど、なんでも揃っている。料理や移動など自分の体を動かしてすべきことすら、購入するのが当たり前になっている。

体験には、それに伴う手応えや感情がある。だから体験を失うとは感情を失うことでもある。自分でやるのが面倒くさいと、人任せにしていたら、そこには体験や感情はなく、体験や感情がなければ人形と同じで、自分という存在の意味がない。

「そんなことしないで座っていてください」というのは優しさではない。

「危ないから専門家に任せなさい」では生きている意味がない。

体験は、自分の頭で考え、判断し、体を動かす先にしか存在しない。意志を持って挑戦し、労力と時間をかけなければ手に入らないものだ。

小さなことでいい。生きるために自分の体を動かしてみよう。時にはバカらしくなり、投げ出したくなることや、失敗して泣きたくなるようなこともあるだろう。そういうときは一回休んだって構わない。

うまくいかないとき私は世界中のサバイバル仲間のことを考える。会ったこともない「手作り生活の仲間たち」が、今日も悩み、考え、チャレンジして失敗し、切り傷を作り、またはうまくことが運んで喜び、自分の生活を自分で作り出しているはずだ。

衣食住という生きるうえでの基本的なことを、できるだけ自分で楽しむ。それだけで人生は楽しくなる。それがアーバンサバイバルだ。

それではわが家の活動を紹介しよう。

衣

Clothing

ささいな傷や虫さされで身体能力は下がる

なぜヒトだけがほかの陸生哺乳類のように全身が毛で覆われていないのか、というのは、遺伝学の大きな命題で、さまざまな説がある。たとえば、サバンナで長距離移動をともなう狩猟採取生活に体毛は暑すぎた、とか、水辺に暮らしていたためイルカやクジラのように無毛になったなど。体毛が薄い個体が寄生虫に対して優位になり、毛深い個体が淘汰されていったという説がある。衣類（ほかの動物の皮）が手に入るなら体毛はいらない。山でダニに悩まされたり、ケモノを狩ったり、飼ったりして、寄生虫の厄介さを知る身には、強い説得力を感じる説である。すくなくとも寄生虫と衣類は、ヒトの進化に少なからず関係していると思う。

理由はどうであれ、肌が露出した状態では、ちょっとしたケガや害虫に対して無防備になる。農作業や大工仕事で衣類を身に着けるのは、プロテクターの意味あいが大きい。ちょっとした傷や虫さされでも、身体能力は下がるし、それが指先などのよく動かしたり、道具との接点であったりするとなおさらである。傷や虫さされは治すのにもそれなりのエネルギーがかかる。

着慣れたり、履きなれたりした衣服や履物できちんと防御をすることで、作業にも集中できる。

〈1〉エプロン、つなぎ、腰ひも

作業や料理などをおこなうときは、汚れてもいい丈夫な動きやすい服を着る。特別な衣服は必要なく、どんな格好でも構わない。害虫除けやケガ防止などのために、長袖長ズボンが基本になる。大工仕事用のエプロンはポケットが多く、小物を探さなくて済むので、作業がしやすい。最近はつなぎの作業服を着ることが多い。

庭仕事のときは、もっともよく使うノコギリと剪定バサミをひもで腰からぶら下げている。

職業柄登山用のアウトドアウェアをたくさん所有している

が、街で着ることは多くない。天然繊維のほうが気持ちがいいからである。

ただ、雨天下の作業では登山用の雨具を着る。ちょっと寒いときにも登山用の薄手のダウンジャケットなども重宝する。アウトドアウェアの基本利点は、軽く、濡れても大きく体温を奪わないことである。持ち運ぶ荷物の重量に制限がある登山の場合は優れた衣類だが、街の自給生活（アーバンサバイバル）の場合は、汚れてもいい外着（作業服）を一つ用意して、中着は汗をかいたらどんどん着替えたほうが気持ちがよい。

〈2〉帽子

帽子は日よけとヘルメット代わりにかぶることが多い。砂埃や木屑が髪の毛に入るのも防ぐ。夏はキャンバス地、冬はウールの帽子をかぶっている。蚊よけネット付きの帽子もあるが、視界が悪くなるのが難点。

〈3〉長靴と足袋

軽作業はサンダルでやってしまうが、おおむね長靴か足袋のどちらかを履いている。農作業や庭仕事、大工仕事などは、足袋が万能である。木登りなど足裏感覚が必要なときは、必ず足袋を履く。

足袋は万能なのだが、履くのがすこし手間なため、屋内に道具をとりにいきたい場合や外に便所がない場合は面倒くさい。

長靴はすぐ履けて、木に登れない足袋、というイメージで使っている。スニーカーなどで作業しても問題ないが、汚れる上に、ローカットの靴は、土が入ってきたり、虫にさされたり、草にかぶれたりする。

〈4〉手袋

ノコギリやナタなどを使う場合は手袋をはめる。少なくとも左手（刃物を持たず、ものを押さえる方の手）には手袋をはめたい。庭仕事もトゲなどがあるので、手袋をしないと作業効率ががくんと下がる。

ただ、丸ノコ（電動ノコギリ）を使う場合は手袋をしてはいけない。巻き込まれたとき危険だからである。軍手はとくに巻き込まれやすいので避ける。

手に傷を負うと不快な上に、作業効率が下がる。少々面倒でも、保護に気を遣うほうが、トータルでは効率がよい。20世紀初頭の英国南極探検隊の報告に、隊員が手を傷つけてしまったため、手作業が煩雑になって凍傷を負い、さらに不自由度が増して、最後にはブリザードに対処できなくなり衰弱死するという話がある。

野外作業スタイル

ケガや虫さされ予防のため、肌を露出しないようにする。綿製品が着心地がよく、動きやすく、丈夫で、熱に強く、洗いやすい。

エプロン

丈夫な革製

獲物仲間の皮問屋が作ってくれた皮エプロン。丈夫で機能的だが、ちょっと重い。ケモノの解体や大工仕事などで活躍する。

ポケットの多い綿製

モンベルの作業用エプロン。機能的で使い勝手もよいが、ポケットが多すぎて、どこになにを入れたのかわからなくなることも。

化繊のストレッチ素材

腰から泥汚れ、木屑、解体時のダニなどが侵入するのを防御できる。上から着て着替えずに作業をはじめられるので楽である。軽くて伸びるので動きやすい。モンベル製。

旧クライミングロープ

庭仕事や山仕事のときは、ノコギリと剪定バサミを腰から下げている。古いクライミングロープの芯を抜いて腰ひもとして使っている。

ヤブ蚊除け用

庭にヤブ蚊が多くときどき使うが、視界は悪くなる。腰から下げる蚊取り線香のほうがトータルではいいようだ。モンベル製。

ミツバチ飼育用

養蜂の先輩からのプレゼント。網は手縫い。黒い網は外が見やすい。スズメバチが出る秋はミツバチも気が立っているので使用する。

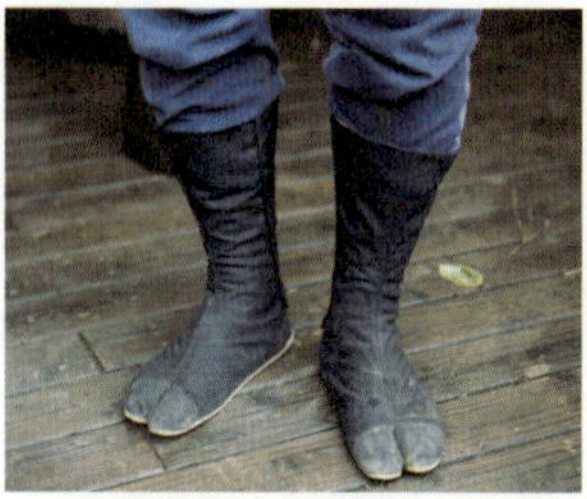

地下足袋

足裏感覚を損なわないので高所作業などに適した履物。足場を探る必要がある高所や登り系の作業をするときは必ず履く。

折りたためる長靴

北海道で人気らしい。柔らかく、ちょっとした作業によいが、単体で立たないので、中が濡れると乾きにくく、置き場所も悩ましい。

手袋

革手袋

家の周辺作業では、山でのお古と拾った手袋（p210参照）が活躍する。刃物を扱うときや山仕事では、面倒くさがらず装着したい。

電動工具と手袋は相性がある。電動ノコギリは引き込みがあるため、繊維系の手袋（軍手など）をしてはならない。グラインダーでは革手袋。手ノコやナタなどを使用するときも手袋をする。

刃物を使うときは、誤って刃が滑ったり、はずれたりしたときに刃がどこに行くかを想像して、防御の先回りをしておこう。写真はミドリガメの解体。細工用ノコギリを使用している。

❷ 自分で縫う

シベリア抑留者がもっとも重宝した道具は針だった

かつては、身につけられるシート状の物質は、動物の皮や草の繊維くらいしかなかった。肌触りのよい布は、材料も高価で、織る労力も膨大であり、富《とみ》そのものだった。昔話の桃太郎では反物《たんもの》が宝物として大八車に載っている。

ロシアに抑留された人の報告に「重宝した道具のひとつが針だった」とあった。厳しい環境では、衣類は生命を左右する最重要装備である。裁縫（繕うこと）は、その最重要装備を長持ちさせる唯一の方法であり、縫い針は自力で作り出すのはとても難しい最先端の工業製品である。おなじく「お針箱」というのはかつて花嫁道具の花形だった。衣類の修繕はもっとも重要なサバイバル作業のひとつだったのである。

使い慣れた衣服は、肌の一部のように感じることがある。ポケットの位置や深さなどの感覚に慣れていて、手放したくない。

安価な衣類は発展途上国の人々を搾取して作られているとも聞く（だからすぐに買い替えるのは考えもの）。そして何より修繕するのはおもしろい。

ミシンは機械《マシン》が語源だけに、非常に作業が早く正確。電動工具と同じく、使いこなせると作業効率が非常によい。一方でなんでも縫えるので、ついつい無理させてしまう。とくに作業系の衣類は生地が厚く、縫うのにモーターが唸っていることがある。

あるときミシンがウンウンいいながら動かなくなり、覗き込んだら、その瞬間に針が折れ、顔のすぐ横を飛んでいったことがあった。

適切に修繕すれば、衣類はかなり長持ちする。傷んでくる場所は決まっているので、その部分をつぎはぎすればよい。ビンテージという評価は、いつの時代にもあるが、つぎはぎは格好いいことだ。

電動ミシンは電動工具のひとつくらいに考えて使い込みたい。自分で作り出すのは人生を豊かにするうえに、再利用にもなる。

100年以上前のお針箱。
昔は花嫁道具でもあった。
修理したものを文祥の母親から引き継ぎ、小物入れとして使っている。

中学3年生から着ている手縫いの綿入り半纏。四半世紀以上使って、裏地がすり切れてきた。Tシャツを充てるも、限界かもしれない。

愛着あるトレーナーは作業着となった。ほつれた袖のリブの部分を切って、ミシンでかがり縫いのようにした。

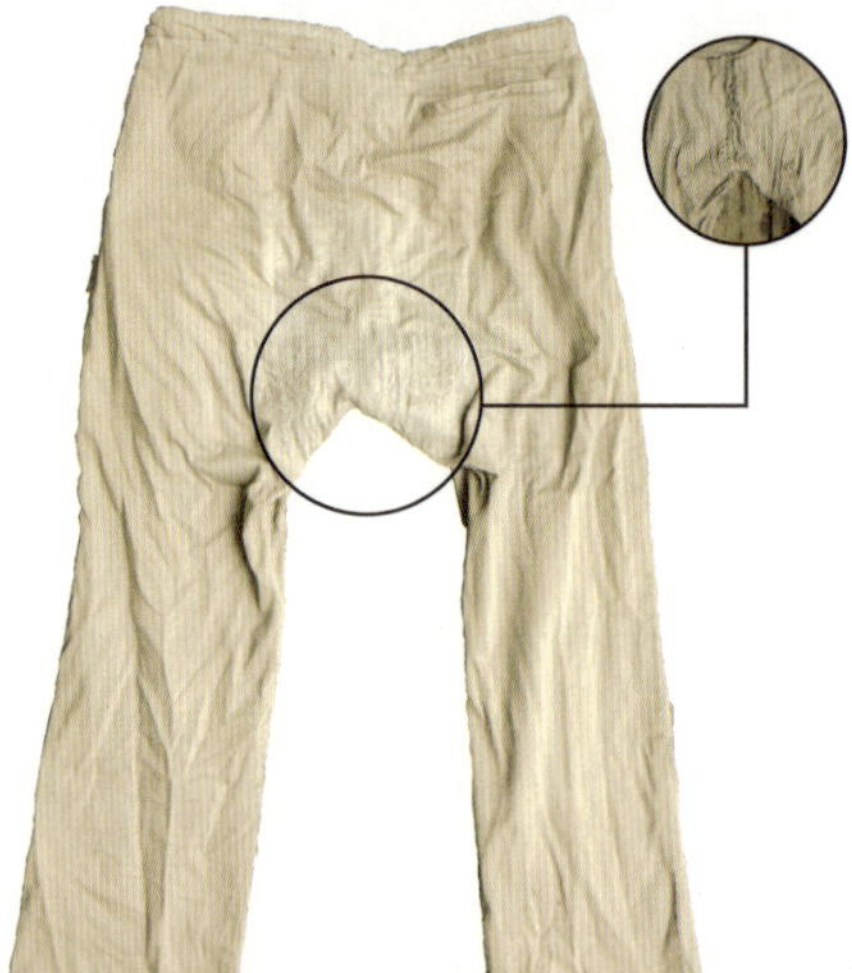

股が破れるのは自転車サドルとすれて薄くなるから。布を充てて、ミシンで何度も往復して補強する。これでズボンの寿命が格段に増す。

古着屋で購入した厚手の綿のズボン。裾の長さが地下足袋とマッチしていて使いやすいのだが、股の下が壊れたので修繕(やや失敗)。

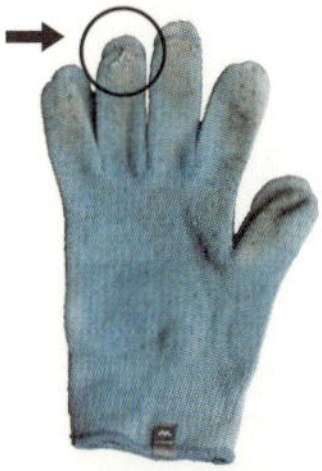

手袋の指先は縫うには縫うが、結局、同じところやほかの指がほつれてくる。それでも限界まで使いたい。

小さく収納できるのが売りのダウンジャケットだが、収納袋を入れておくポケットがないので、収納袋を裏地に縫い付けた。ひっくり返して縫い付ける。

極東ロシアでもらったトナカイ革の帽子

素材の調達からなめし、製作まですべて手製（ミーシャの姪のスウェタさん作）。二重構造になっていて、ひっくり返すこともできる。20頭ほどのトナカイの額からできている。シベリアでは重宝したが、日本では暑く、重い。

衣類のReuse

思い出のある衣類、毛皮などを生活の中で活かす。
どのように使おうか、あれこれと考えることが楽しい。

古着のタペストリー

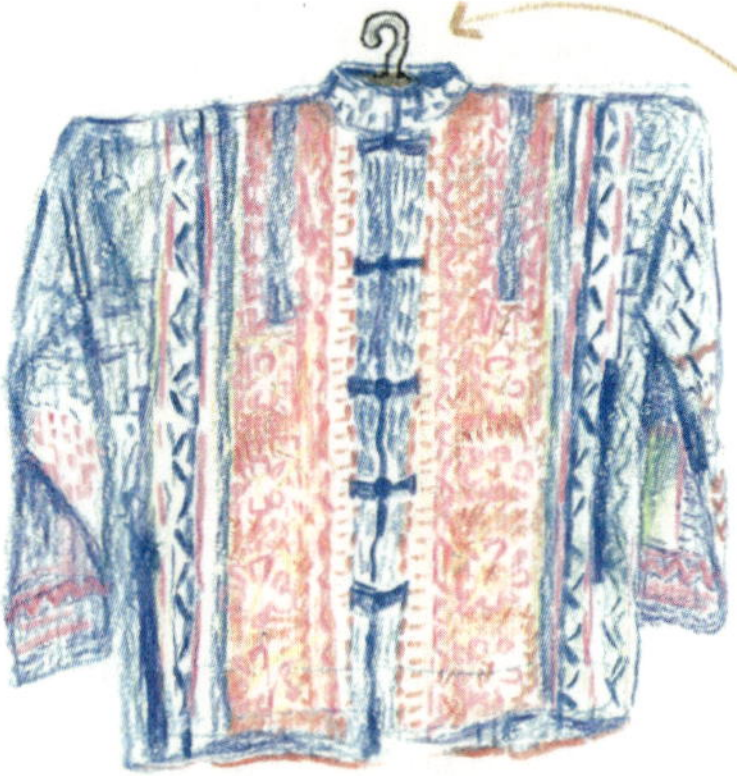

まっすぐな枝にフックをつけてハンガーに。

ベトナム自転車旅行で買った少数民族の衣装。収納コーナーの目隠しに利用している。

トナカイの毛皮のシーツ

ウンコ臭いけど
すげえよく
眠れる…

ツンドラ・サバイバルで出逢ったミーシャさんのファミリーから買った毛皮。肌ざわりが良く暖かいが、未完成だったので臭くて毛が抜ける!!

古い毛糸のベストからつくるネックウォーマー

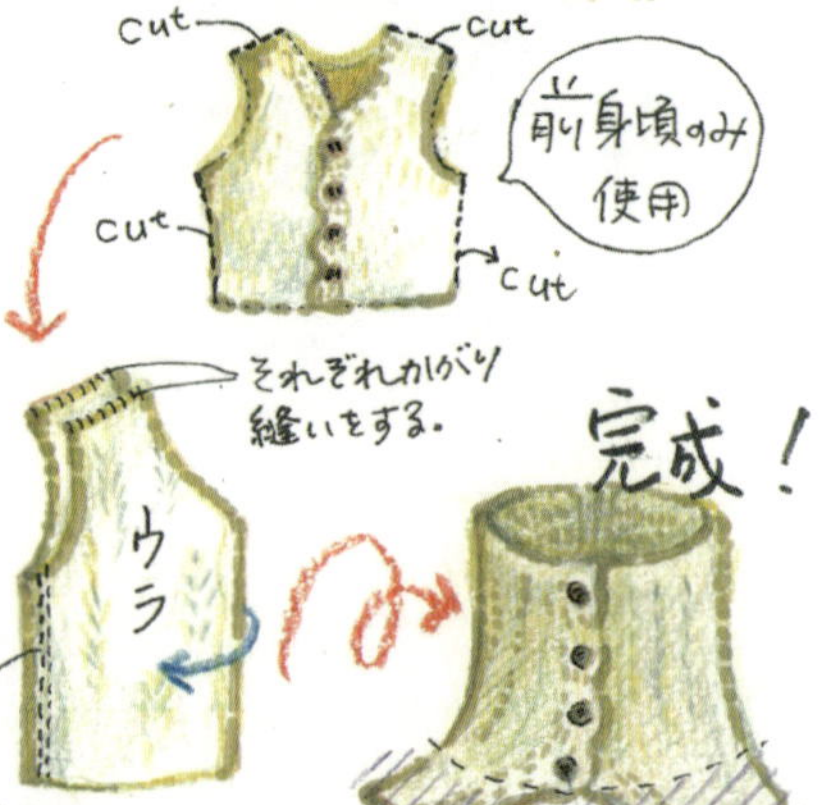
cut
cut
cut
cut
前身頃のみ使用
それぞれかがり縫いをする。
ウラ
完成!

前身頃を中表に2つ折りにして脇を縫い合わせる。

この部分は服の中にしまう。

食

Food

❶ ニワトリを飼う

うまくいかなかったら食べちゃうくらいの覚悟で

最近こそシカが増えて、出猟するたびに獲れるようになったが、数年前はそうではなかった。野性のケモノを必死で追いかけて、獲れない日々が続くと、誰かがケモノを柵の中に閉じ込めておいてくれたらなあ、と考えるようになる。動物性タンパク質は獲りに行くより、自宅で繁殖させたほうが効率がよいのではと思いはじめたのだ。

狩猟で追いかけている獲物がシカとイノシシだったので、まずは四つ足の哺乳類を飼うことをイメージしてみた。ブタ、ヤギ、ヒツジである。本気で検討したのはヤギだったが、餌やりも、搾乳も、繁殖も、会社勤めをしながらでは難しそうだった。

猟期中に、ヤマドリを撃ったことで、思考が家畜から「家禽」へ転換した。

当時丸ノ内にあった農文協の本屋に立ち寄り『ニワトリの絵本』を手にとって、私のなかでは話が決まった。雑食のニワトリは、草食動物以上に人間の生活にぴったりはまりそうだ。

夕食で家族5人が集まったときに「ニワトリを飼わないか」と提案してみた。

「飼いたい」と子供たちは連呼した。

「世話もしなくちゃダメだぞ」

「するする」

「誰が責任者になる?」

「オレがやる」といったのは次男の玄次郎だった(その後、実質の担当は末っ子の秋《しゅう》になった)。

妻は難色を示した。

「どこで売っているの?」「臭くない?」「エサは? 鳴き声は?」

鳥インフルエンザなんて言葉も出た。

飼ってみてうまく行かなかったら食べちゃえばいいじゃんと私は『ニワトリの絵本』を差し出した。

〈1〉ヒナの入手法

ヒナは「ピヨピヨカンパニー」というネットショップで購入した。メスのヒナが5羽で3000円。

いざ注文となってから、不安が具体的にもたげてきた。高い買い物ではないが、相手は生き物、臭いや鳴き声がひどければ飼い続けることができないかもしれない。3000円あれば特売日に卵を300個買える。ニワトリ小屋を建てるのにだって、廃材を使っても数千円はかかる。元がとれるのか？

自分は非効率なバカなことをしようとしているだけではないのか。不安や躊躇を、思い切ることができたのは、狩猟の経験だった。うまくいかなかったら食べちゃって、ちょっと高価な焼き鳥だったと思えばいい。

決心して、ピヨカンのホームページを開けると、ちょうど春一番の販売終了間際だった。ロードアイランドレッドはまだ販売していたので、それを1セット（5羽＋おまけオス1羽）申し込んだ。ピヨピヨカンパニーの場合、種にもよるが希望者にはオスを1羽つけてくれる。繁殖も考えていたのでおまけのオスも頼んだ。

購入したヒナは西濃運輸の支店に発送される。自宅から近い支店を指定して、指定日に受け取りに行った。直線距離で3キロほどだったので自転車で行き、ヒナの入ったダンボールを背負子に括りつけて、背負って自転車をこいだ。

ロードアイランドレッドはよくある地鶏のような採卵食肉兼種。産卵能力が高いが、メスの健康寿命（産卵期間）は短いようだ。生き物なので常に在庫があるわけではない。希望の種がある場合はショップに相談してみるとよいだろう。

〈2〉ヒナの育て方

もっとも気をつけることは温度。寒いとすぐに死んでしまう（らしい）。

育すう箱はダンボールでよい。運動スペースと小さめの保温スペース（休息のスペース）に仕切り、保温スペースにはタオルで包んだ湯たんぽを入れておく。保温する空間が小さいほうが熱が逃げにくいので熱効率がよく、湯たんぽのお湯は朝と夕方に替えてやればよい。運動スペースには水入れとエサ入れを入れる。

夜は蓋をして保温する。誕生から2カ月間はこの段ボールで飼うことができる。

エサは、ヒナ用もあるが、特別なものを用意する必要はなく、親にやるのと同じ配合飼料を入れておけばいい。

水は一般的な鳥の飼育用水入れで与える。ヒナが水受けの水を飲むと、水受けに水が出てくる仕組み。大きな容器で水をやると、おぼれる恐れがある。

床に新聞紙をしくのは掃除が簡単にできるようにするため。

誕生13日のヒナ

購入した場合、おおよそこのくらいのヒナが送られてくる。基本的に手はかからないが、保温にだけは気を遣ったほうがよい。

保温室

段ボールで保温室をわけてやると熱効率がいい。隠れ家にもなる。

水入れ

ヒナにおまけで付いてきた。ヒナが溺れない容器にきれいな水を入れてやる。

まだヒナが小さいころの育すう箱。段ボールの蓋は閉めておく。

湯たんぽ

ヒナのうちは寒さに弱いので湯たんぽを入れて、朝夕、お湯をとり替える。

エサ入れ

なんでもいい。結局こぼれてしまうが、ないよりはよいようだ。

誕生1カ月のヒナ

生え揃う前の羽がみすぼらしいが、そろそろ若鶏の風格。生活環境にも人間にもすごく慣れている。オスメスはまだはっきりとはわからない。

蓋（金網）

ヒナのころから飛び出して逃げるので、金網で蓋をしておく。

ヒナがここまで成長したら保温室は不要、止まり木とエサ入れ、水入れがあればよい。

止まり木

止まり木が好きなので適当な木の棒などを入れてやる。

ハットリ家のニワトリたち

チビ♀

初代メンドリ(2012〜)の唯一の生き残り。

小柄で美しい鶏
だが人間には
寄ってこない。
お局様。

クーク〜

初めての人工孵化で孵したトリの生き残り。

プープ♀

おしゃべりで人間に
寄ってきてはついてくる。
太り気味。

三度目の人工孵化で産まれた。

よりめん♀

まだ若いので行動範囲が
広い。チビとプープに
いじめられている。
父・キングを慕っている。

キング♂
さすがはオンドリ、
身体はがっちりしていて
強面だが、間抜けな
所もあり 意外に
かわいい。
メンドリたちからは
あまり相手にされていない。
鳴き声が
近所迷惑に
なるので、夜～8:00a.m.
は倉庫にしまっている。
チャンス！
青いサンダルが目印。
ハットリブンショーを
目の敵にしている。
（あまり家にいないので
侵入者扱い）
すでに亡くなったり、行方不明になったり
ハットリ家に食べられてしまった鶏たち
人なつこい
ブラック。
病死した。
ん？
体重が重く
「駄鶏」と言われていたモモ。
ずしっ
おとなしくて人気者
だったタンポポ
池でおぼれ
たモア
とれたん
やんちゃ坊主！
モモタロー
「名鶏」
パープル
かしこい鶏
でした～！
失跡
ジャンボ
WANTED
卵から孵したが
オスだったヒナたち。
P.70に登場
この若鶏は工事現場で遊んでいたら
ある日 行方不明となった。

〈3〉成鳥の育て方

基本的には放し飼いにしている。朝になったら小屋から出し、夕方、薄暗くなるころには自分たちで帰ってくるので、小屋を閉める。ときどき帰ってこない散歩好きなニワトリもいる。そのまま行方不明になったのが1羽。隣家の庭やプランターを荒らす可能性がある場合は、柵を造る必要がある。庭にある草（マメ科やアブラナ科）は食べられてしまうので、大切な植物や作物も柵で保護しなくてはならない。

寿命は10年ほどのようだが、ロードアイランドレッドの雌鶏は3年ほどで産卵数が落ち、体にも不調をきたすようになる。病気になった鶏は早めに潰して食べるほうがよいが、健康に戻ることもあり、情も移っているので、なかなか潰しがたい。

〈4〉都会でオスを飼うために

雄鶏の鳴き声がうるさいという人はほとんどいない。いい声だ、とか、懐かしいという人がほとんどである。だが早朝の鬨の声が、近所迷惑であるのは間違いない。夜間は雄鶏だけダンボール箱をかぶせて、物置のなかにとじこめている。真っ暗闇なはずだが、朝がわかるようで、夏は4時ごろ、冬は5時ごろに鳴く。閉じ込めておけば、迷惑なほど大きな鳴き声が漏れることはない。

雄鶏は立ち上がって、首を上に伸ばして鳴くため、その姿勢ができないよう、天井の低いカゴなどに入れておくと、鳴かない(鳴けない)らしい。

オスは昼にも鳴く。コケコッコーと10回ほど続けるのがひとまとめで、それを日中に5回ほどおこなう。

〈5〉小屋の作り方

ニワトリに建築的な審美眼はない(ようだ)。立派な小屋は必要ない。イタチの侵入を防ぐ安全性と安心して産卵できるスペース（産卵室）、止まり木があればいい。寄生虫対策のためか、天敵対策の本能なのか、地面で眠るのは嫌なようだ。

金網とドアのカギだけを購入し、あとは廃材で作った。とくに問題は起こっていない。雄鶏用の防音室があれば、なおよいだろう。ニワトリが健康に過ごすための最低スペースは、10羽で1坪とされる。これは小屋の中で飼う場合で、日中、放し飼いにし、夜眠って、卵を産むだけの小屋なら、もう少し狭くても大丈夫だ。

小屋にたまった糞はときどきスコップでとり出して、新しい土に入れ替える。畑から新しい土を入れると、その中にいる小さな虫をほじくって食べる。小屋の土はそのまま肥料になるので、庭の菜園にまけばよい。

貝殻を吊るしているのはケモノ除け。CD-ROMを吊るすのはカラス除け。どの程度効果があるかは不明である。

ニワトリのお風呂、砂浴び。縁の下の乾いた砂で気持ちよさそうにしている。

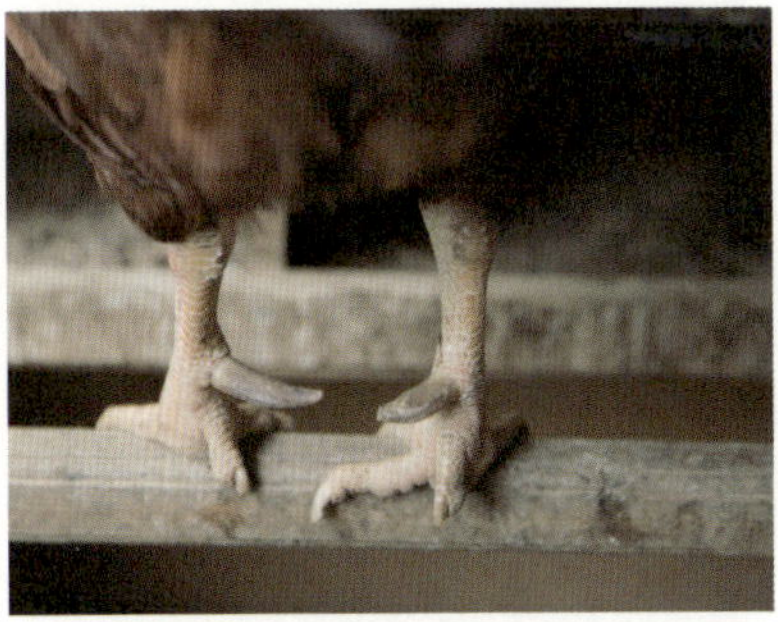

オスの足だけにある蹴爪。交尾するときにメスを傷つけるのでときどき切って丸くしてやらなくてはならない。

地下の倉庫に毎夕雄鶏を入れ、段ボールをかぶせている。面倒だが、近所迷惑かもとビクビクしながら生活するよりは面倒をとる。

廃材を利用して建設。気に入っているかどうかニワトリの意見は聞いていない。問題なく機能しているようだ。左下写真はうしろ側。

B

名前一覧表

数年前、旅行に出たときに、近所の友人に世話をしてもらうために作成した。世代交代が進み、もはや一部しか生存していない。

止まり木

ニワトリが止まれればなんでもよい。それぞれお気に入りの位置があるようだ。砂浴びは好きだが、眠るときに地面にいるのは嫌う。

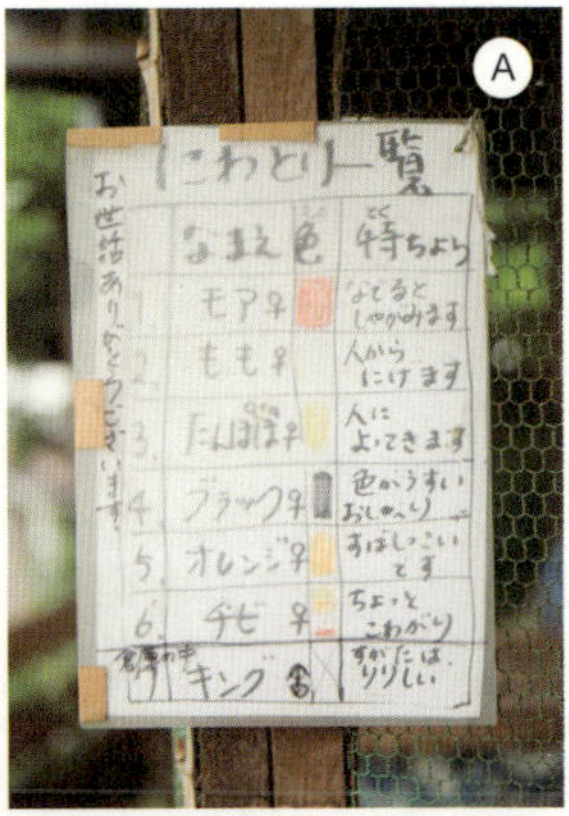

A

D

C

ケモノよけ

イタチが土を掘って侵入し、全滅させると聞く（横浜にも生息）。波トタンを60cmほど埋めて防御する。わが家はプラトタン。

出入り口

ニワトリを小屋から出さずにエサやりや水の交換ができるように小さなドアもつけた。ニワトリは日中は小屋から出たがる。

F

E

産卵室（外側）

40cm四方の小部屋の外側にも小さい戸を作り、小屋に入らずに卵の回収ができる。内側には布を垂らしている。

オス用小部屋

オスの鳴き声が漏れないように、当初、小屋内に個室があった。それほどの防音にはならなかったのでトビラをはずし止まり木代わり。

〈6〉エサは何を与えるか

人間には不要になった生ゴミを食べて、おいしい卵に変えてくれる。生ゴミは湿気を含むため化石燃料を使って焼却していると聞く。ニワトリは、採卵とエコなゴミ処理という二重の存在意義がある(肉も食べられる)。また、獲物の内臓や雑肉、骨なども好んで食べるので、猟とも非常に相性がよい。

庭の虫や草、実

ニワトリにも好みはある。たとえば、ワラジムシを食べるものもいれば、それほど興味を示さないものもいる。人気があるのは焼魚の残飯やコガネムシの幼虫、ミミズ、ゴキブリなど。一番の好物はムカデのようだ。トカゲや小さなヘビなど細長いものも大好きである。昆虫やクモもおおよそは食べる。毛虫やアゲハの幼虫、カメムシ、ヤスデなどは食べない。臭いもの、痛いもの、かゆいものは学習しているようだ。

日中は放し飼いにしているので、適当に土をほじくってミミズやワラジムシ、コガネムシの幼虫などを食べている。草花では、アブラナ科、マメ科を好み、イネ科も食べる。イチゴは葉も食べてしまい、カキが落ちていればカキ、ミカンが落ちていればミカンも食べる(ミカンはそれほど好きではない)。裏山の雑木林にミミズを掘りに行くこともある。腐葉土ごと持って帰ってきて、畑に撒く。ニワトリは腐葉土も食べているようだ。

残飯

人間の残飯はたいてい食べる。食べないのは、ミカンやバナナ、クリなどの皮、タマネギの皮、ネギの先端くらい。

シカの残骸

冬から春にかけては、山で仕留めたシカの内臓や雑肉、骨、骨髄を与える。シカを食べさせると卵の味が格段によくなる。とくに脳味噌を食べさせると濃厚になる。骨を食べさせれば殻がしっかりする。

季節の恵み

春は、河川敷の野生アブラナの葉を摘んできて与える。人間はアブラナの花を食用にしているが、ニワトリは花ではなく葉を食べる。アブラナはキャベツやカブ、ダイコンなどと同じくアブラナ科の植物。同時期に河川敷に生えているカラスノエンドウ(マメ科)もエサになる。

春はタケノコも与える。柔らかいところは自分で勝手につつくが、エサ台の上で粉々に砕くとよい。

配合飼料

ヒナの数により飼育数は10羽前後を上下する。家庭の残飯や庭の生き物だけでは足りないので、インターネットで配合飼料を購入し、屑米や米ぬかなどを混ぜて与えている。

庭の虫や草、実／残飯

プランターとして使っていた大きな木の箱をひっくり返すと、アリ、イモムシ、ワラジムシ、ムカデなどがいるのでニワトリが集まってくる。

残飯はナタで叩いて細かくする。作業中にもつつきにくる(写真左)ので注意。くちばしをほんの少し叩いてしまったことがある。

庭木から落ちてきたカキをついばむ。ウリの仲間(スイカ、キュウリ、ゴーヤ)なども大好きである。

タケノコ、シカの骨、シカの頭、魚の頭などなど、なんでも叩いておけば食べる。食べかすは地面に落ちて畑に入っていく。

廃材で作ったエサたたき台。分厚い梁材を使用。エサが飛び散るので、三方を囲っている。

消化器官を弾丸が破いたシカのアバラはどうしても臭いが出るので、干してニワトリのエサになる。足の骨も積んである。

肉をとって干しておいた足の骨から肉や筋(すじ)をとってヒナにやる。生肉より乾燥肉のほうが好きなようだ。カビが生えた干し肉も好む。

春がそこまで来ている。摘んできた葉っぱはまとめて庭に投げておく。縛ってやるとついばみやすいようだ。

３月くらいから鶴見川の土手は緑餌の季節。仕事帰りにアブラナ科の草やクローバー、カラスノエンドウなどを摘んでくる。

ニッパイの「バーディースペシャル」

餌が足りないとケンカが増える。配合飼料をインターネットで購入している。ニワトリが多い時期は、ひと月で10kgくらい食べてしまう

もとはペットボトルを利用した自動給水器だった。今は単なる水入れ。水は池などからも適当に飲んでいる。

竹を割って作った配合飼料入れ。ついばむとき飛び散るので首を振りにくい餌入れが必要と聞き作ったが、放し飼いなら必要ない。

〈7〉繁殖のさせ方

卵は一年中孵《かえ》すことができるが、ヒナになったときの温度管理に苦労しないよう、わが家では暖かい夏前や夏の終わりに孵している。真夏は暑すぎて糞や食べ残しなどの臭いがきつくなるため避ける。

孵化するのは温めはじめてからおおよそ21日（3週間）後。産んでから21日ではなく、温めはじめてから21日である。

卵は常温で保管すれば数日は死ぬことなく、1週間ほど前に生まれた卵でも、温めると発生をはじめる。わが家では5日くらい卵を食べるのを我慢して、形のいい卵を10～12個集め、孵卵器に入れる。

孵卵器は「ぴよっち」というシンプルなものをピヨピヨカンパニーから購入した。設定温度は37・8度。卵には産卵した日付と母鶏の名前を鉛筆で書いておく（後々の資料）。発生をはじめたら、発生卵が殻に癒着しないように、1日3回（5、6時間に1回）卵を回転させる（転卵）。自動転卵機能が付いている孵卵器もある。

温めはじめてから1週間ほど経ったら、暗いところで下からライトで照らすと発生しているかどうかわかる。発生している卵は心臓などが見えるので孵卵器に戻し、確実に発生してないとわかる卵は庭に投げて自然に返す。

すべての卵が発生するわけではなく、発生するのは8割ほど。どうやら雄鶏と相性が悪く、交尾をさせない雌鶏がいるようだ。

温めはじめて18日以降は転卵をやめる。

発生した卵のうち、殻を破って外に出られるのが5割強。そこから元気に立ち上がれるのが5割強。12個温めて、確率がよいときは5羽、悪いときは2羽しか大きくならなかった。

大きく育ったニワトリも、オスは必要ないので肉となる。2014年は11個のうち孵ったのが5個。そのうち4羽がオスだった（がっかりだが、肉は旨かった）。2015年秋は15個温めて、5羽しか卵の殻を出ることができなかった。殻を破ったのに、立ち上がることができずに死んでいったのが2羽、残った3羽のうち1羽が事故死し、1羽がオスだった。よって残ったメスはたったの1羽。

ヒナを購入したときは、元気なヒナが6羽きたので、卵を自分で孵してみるまで、これほどまでにニワトリの発生が厳しいとは想像していなかった。ロードアイランドレッドが特別弱いというわけではないと思う。

人間とは種としての生き残り戦略が違うとはいえ、いろいろ考えさせられる体験である。

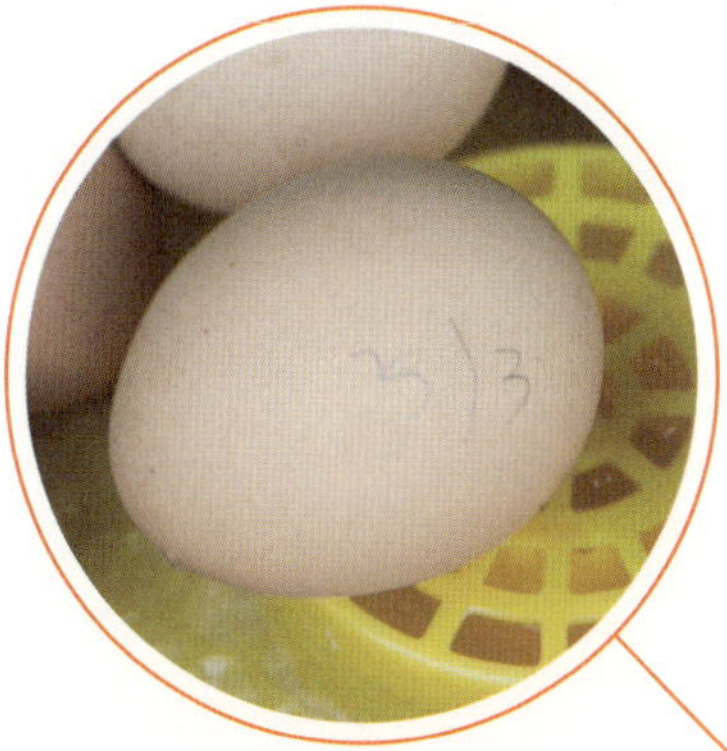

卵にはわかる範囲で日付と親の名を書いておく。発生しない卵は親鶏が同じ可能性がある。

１日に３回ほど転卵する。孵化の３日前になったら転卵はしない。明らかに発生していない卵は庭に投げる。

MINI INCUBATOR
Type:Janoel-10

せっかく産まれても
羽毛が乾かず、立ち上がれないヒナ
は死んでゆく。

デジタル孵卵器「ぴよっち」

0.1℃単位で温度を設定できる。とてもシンプルな作りの孵卵器。卵を孵すのはおもしろく、考えさせられる体験である。

〈8〉卵の食べ方

ニワトリを飼う目的は何といっても採卵である。といっても、最初はどうなるのかわからなかった。ある日、ニワトリが小屋でけたたましく鳴いているのが聞こえ、見に行くと、産卵箱ではなく、地面にいびつな卵がひとつ転がっていた。

人間が出産するときも大きな声が出るが、ニワトリも騒ぐ。卵をひねり出すのは痛いのかもしれない。産み慣れてからもときどき大きな声で鳴いている。

記念すべき第一個目の卵は、私が卵かけ御飯にして食べた。「劇的にうまいわけではないな」というのが印象だった。

卵の味が上がったのは、シカの雑肉を食べさせるようになってからである。雄鶏（キング）が来て有精卵になったことや、産み慣れて、卵の質が安定してきたことも関係しているのかもしれない。卵はいわゆる卵料理には何でも使えるし、うまい。生食もできる。ただ殻に糞がついている卵を生食するときは、中身が糞に触れないように注意して割る。

卵は一年中産むが、秋の終わりにちょっと出産数が鈍くなる。ニワトリ小屋には、奥行き・高さ・幅、それぞれ40センチほどの産卵室を3部屋作ってある。初期のころは、庭の至るところに卵を産んでいた。材木置き場の隅や、雑草が茂る薄暗い場所で卵を発見した。卵がある場所にまた産むのが好きなようだ。庭の隅などで産まないように、殻でダミーの卵を作って産卵室に置いておくのだが、カラスが持って行ってしまう。もちろん本物の卵もスキを見せるととられる。

羽の色が濃いニワトリは、色の濃い卵を産み、体の大きなニワトリは、大きな卵を産む。だから、卵を見れば、どのニワトリが産んだかがだいたいわかる。ときには産卵室に入ったニワトリが卵を産む瞬間を見ることもできる。

産んだばかりの卵は温かい。「産みたて卵」はありがたがられるが、産んだばかりの卵は、力なくデロリとしてまとまりがない。1日くらい経っている卵のほうが張りがあるようだ。

これはブラックの卵だな、などと母鶏の姿を思い浮かべながら、箸で命の塊をかき混ぜるのは奇妙な感覚である。

〈9〉肉の食べ方

ニワトリの寿命は約10年。卵を定期的に産むのは3歳くらいまで。それ以降は、出産数が減り、卵の味も落ちていく。採卵が最大の目的なので調子を落としている雌鶏やオスの若鶏はつぶして食べなくてはならないが、進んでやりたいことではない。

〆め方はいろいろあるようだ。まず、あらかじめ60度ほどのお湯を沸かしておく。

頭を右手の指に挟み、左手は足を持って、ニワトリを伸ばすように引っ張って、首をひねる。ここまででニワトリはあまり抵抗しない。

そのまま、首に包丁を入れて、頸動脈を切る。血が勢いよく吹き出し、この過程で暴れることが多い。

沸かしていたお湯につけて、羽を抜く。老鶏の場合は垢染みた臭いが湯気といっしょに立ちこめてくる。ニワトリにも加齢臭があるようだ。お湯はちょっと熱すぎるかな、と思うくらいのほうが、羽は抜きやすい。

ケモノを解体するのに悩むことはないが、鳥類はせいぜい20羽ほどしか捌いていないので、まだ手つきが自動化していない。試行錯誤しながら内臓を出し、羽や脚をバラす。

卵があるところに卵を産むのが好きである。家族の人数と同じだけ若い雌鶏がいれば、食べきれないほど採卵できる。

「コケコッコー」と鳴くのはオスだけ。鬨の声を上げげたらその週末に鍋になってしまう。

羽をむしるまで

ニワトリの両足を左手でしっかり持つ。右手の手のひら側がニワトリの頭になるように頭を持つ。

首は人差し指と中指で挟むようにして思い切り引っ張る。ポキポキと骨の抜けるような感覚がある。

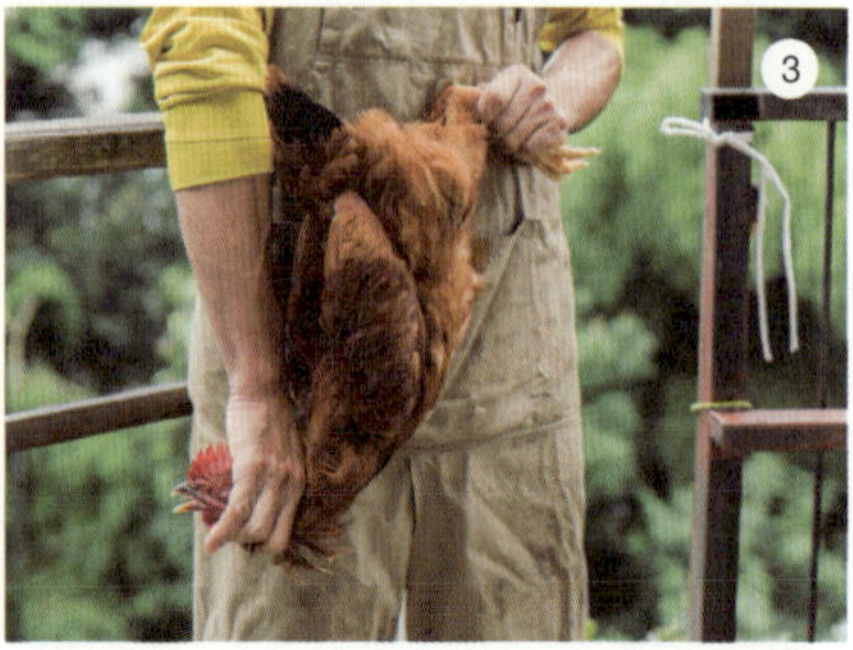

捻ってしばらく待つ。思い切りやると首が抜けてしまう。躊躇すると苦しそう。ほどよい手加減で。

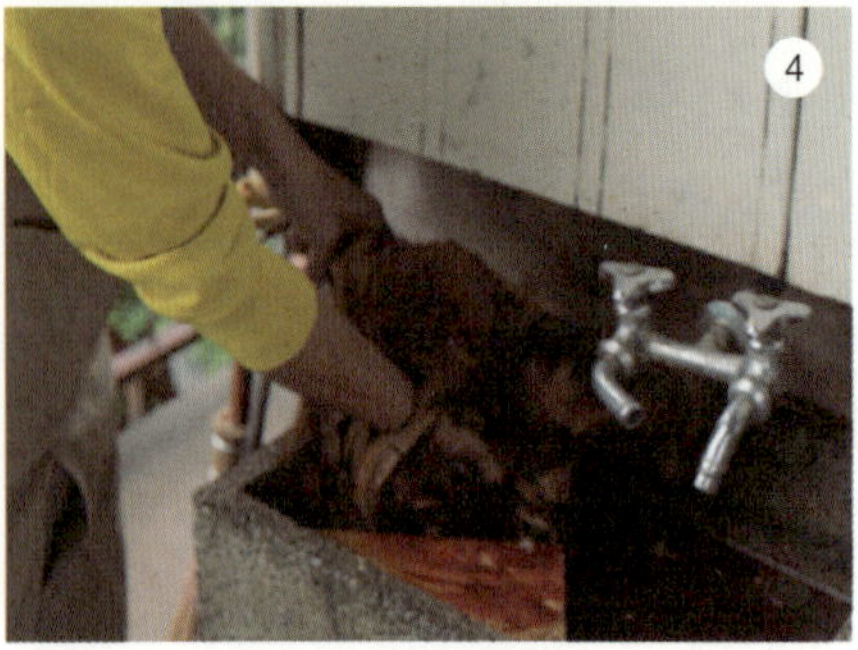

動かなくなったら、頸動脈を開き、しばらくの間、血を出す。暴れることもある。

お湯につけると羽は抜きやすい。ちょっと熱すぎるかなくらい(60℃？)で。

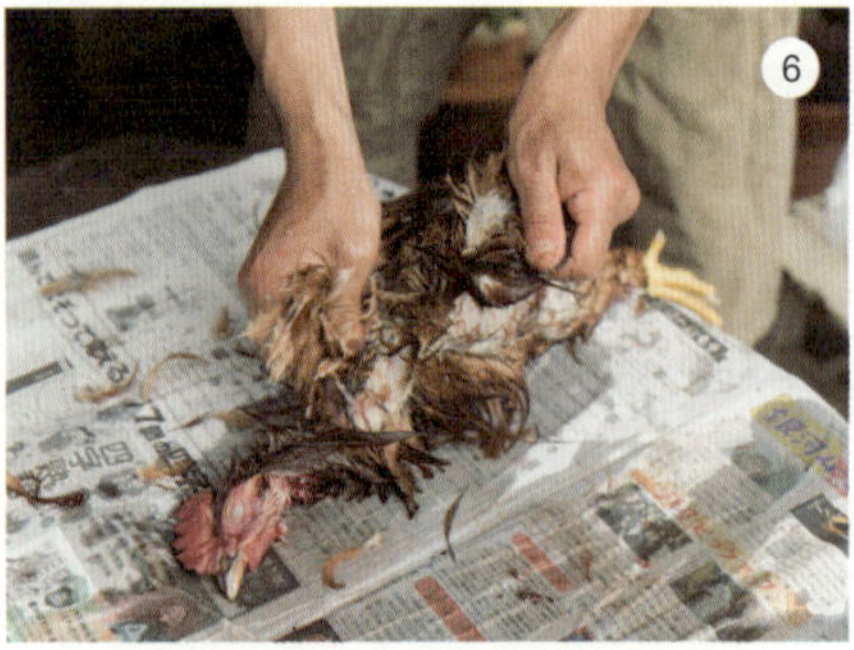

羽が飛び散らないように考えて、羽を抜く。無理に引っ張ると皮が破れることがある。

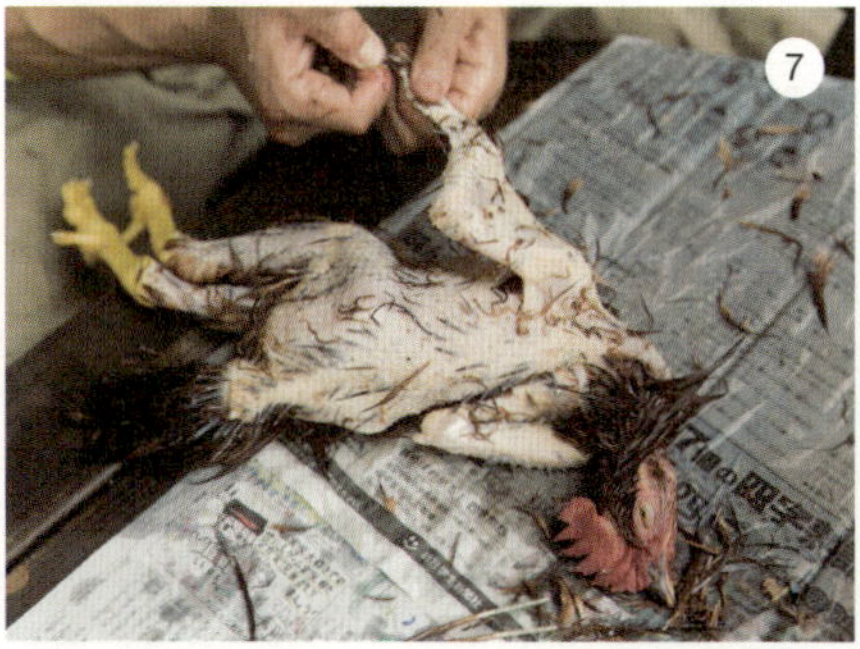

小さな羽や手羽先、お尻など、頑丈な羽と細かい羽が抜きにくい。

ついさっきまでかわいがっていた若鶏もこうなるともう食材である。

細かい羽を抜く。この作業は、ぶら下げるとやりやすい。シカ解体用のカキの木に吊るす。

下処理終了。１羽のニワトリを処理するのもそれなりの時間と労力がかかる。実際に自分の手を動かしてやってみるまでわからなかった。狩猟で野鳥を獲った場合はすぐに腸を出す。ニワトリはこのあとでよい。

まず頭を落とす。鳥類はそれほど捌いた経験がない。毎回考えながらやっている。

内臓に手を入れ、筋を切り離し、首の部分を引き出す。ほどよい力加減で。

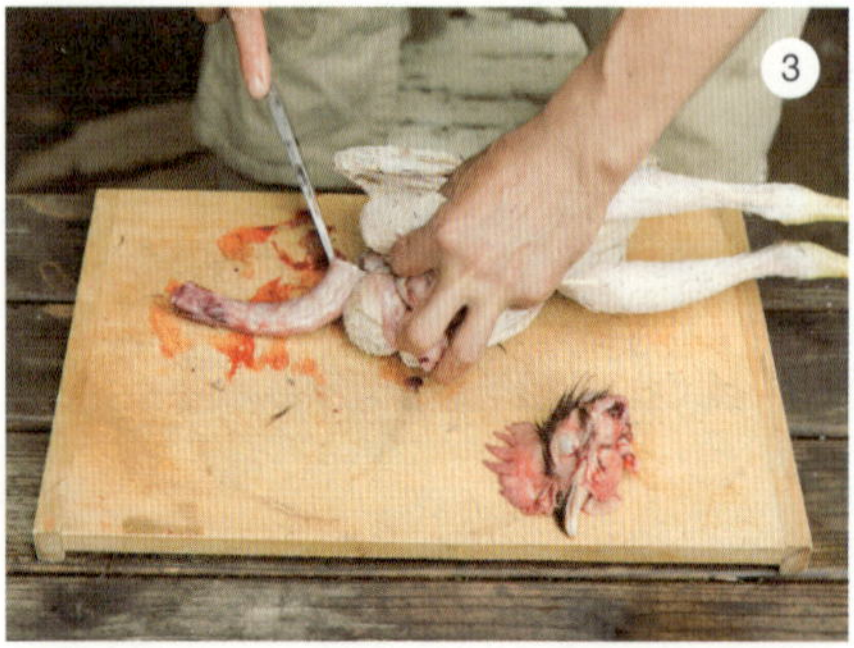

首の部分を切り落とす。関節の軟骨部分に刃を当てれば簡単に切り離せる。

鳥類は背中側に内臓がある（ように見える）。指の届く範囲の内臓の筋をとっておく。

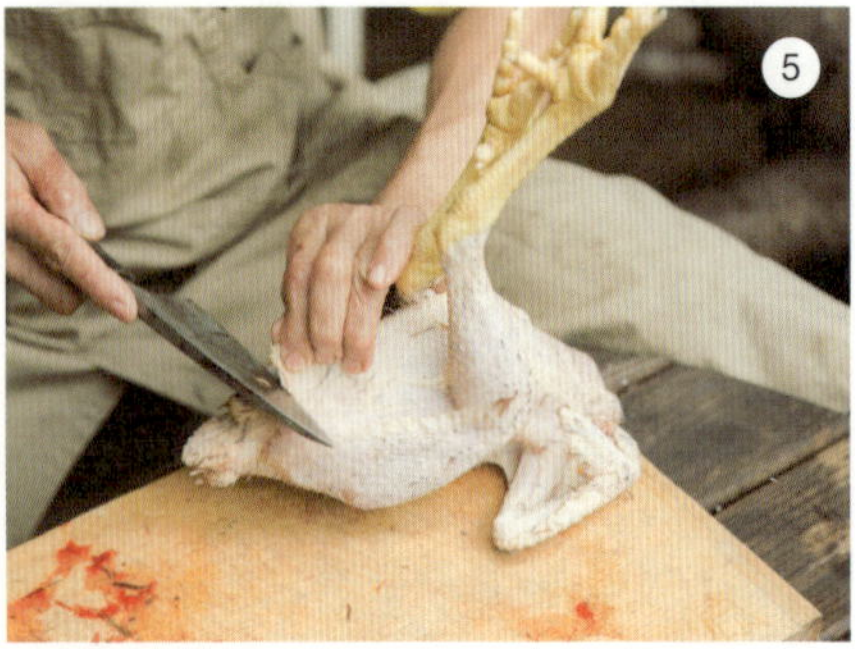

肛門側の皮に切れ目を入れる。腸の処理が目的。腸を切らないように注意。

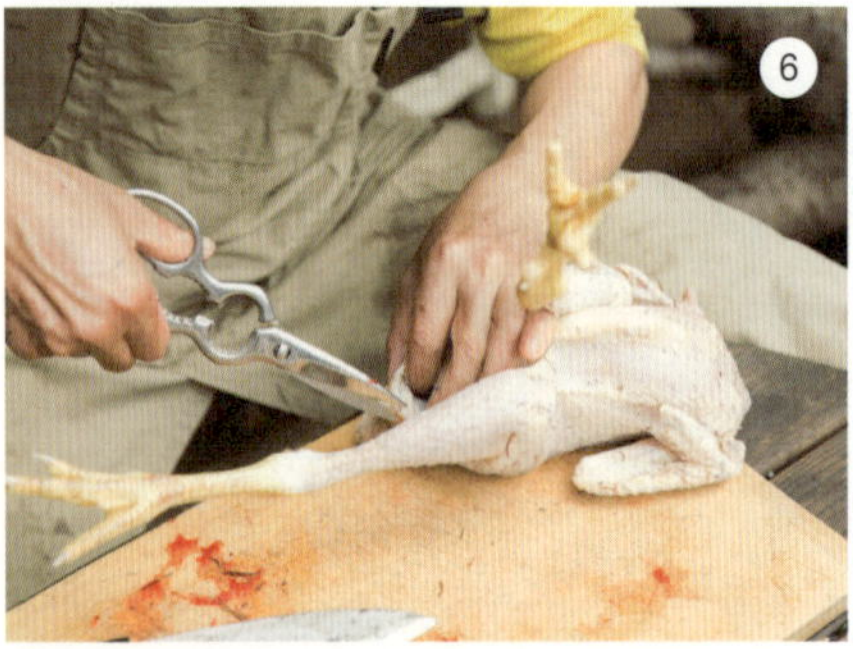

肛門のまわりを切り取る。ハサミがやりやすい。糞が肉に付かないように注意。

7

腸の位置を確認し、糞が出ないように注意しながら、肛門のまわりを切る。

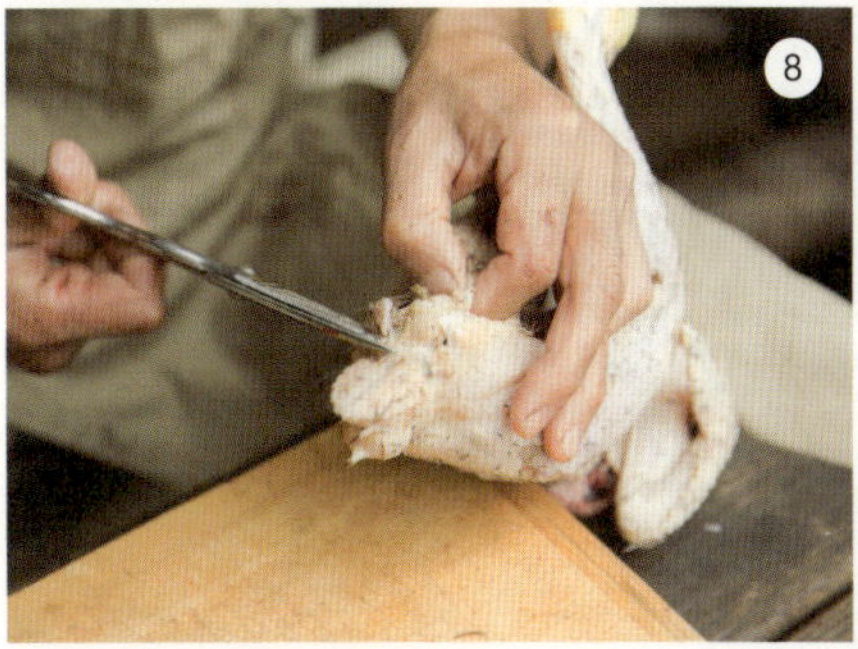
8

同じく肛門処理作業。肛門にティッシュなどをつめたほうがやりやすいかもしれない。

9

糞を出さないように処理するのは難しい。ようやくぐるりと一周した。

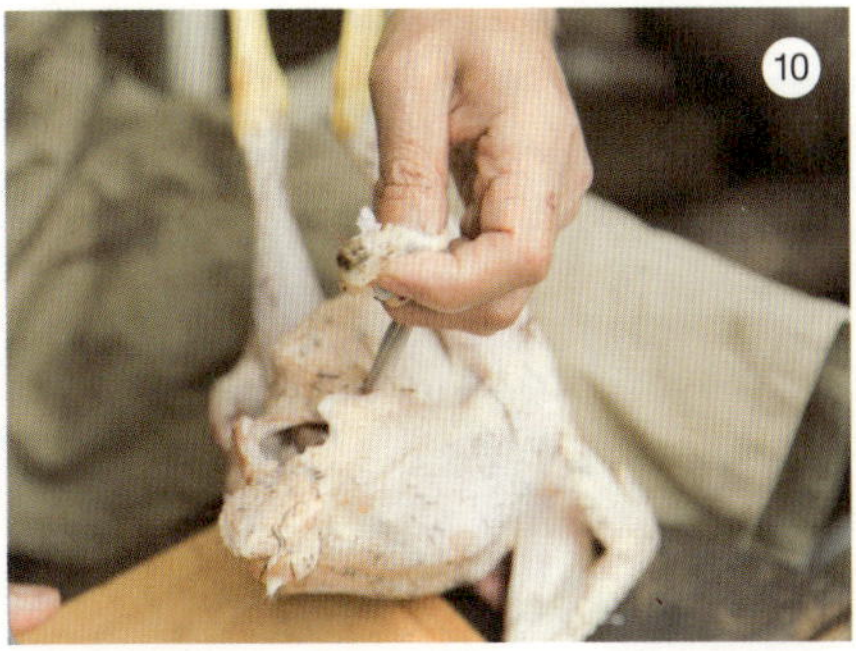
10

肛門がはずれた。糞を肉に付けないように注意して、軽く引き出しておく。

可愛らしく
人気があった、若いオス鶏
"とれたん"の脚。
スーパー等で見慣れている
鶏のモモ肉だが、全体像
を見ると黄色い脚先の存在
感に驚く。
子供の手の平のように
ウラが
ぷにぷにと
柔らかい

内臓をとり出す

1

腸にキズを付けないように、筋肉の筋にそって切り開く。

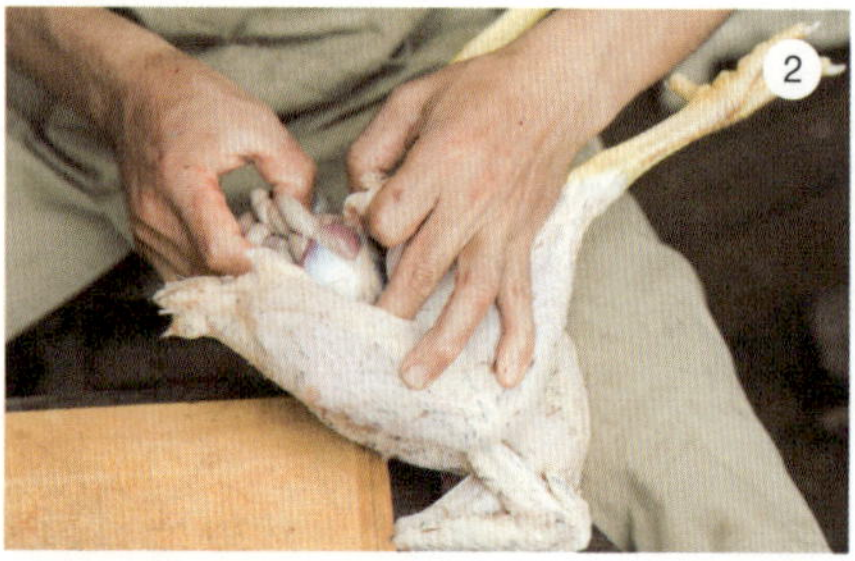
2

内臓を出せるほど腹側が開いたら、内臓を丁寧に引っ張る。

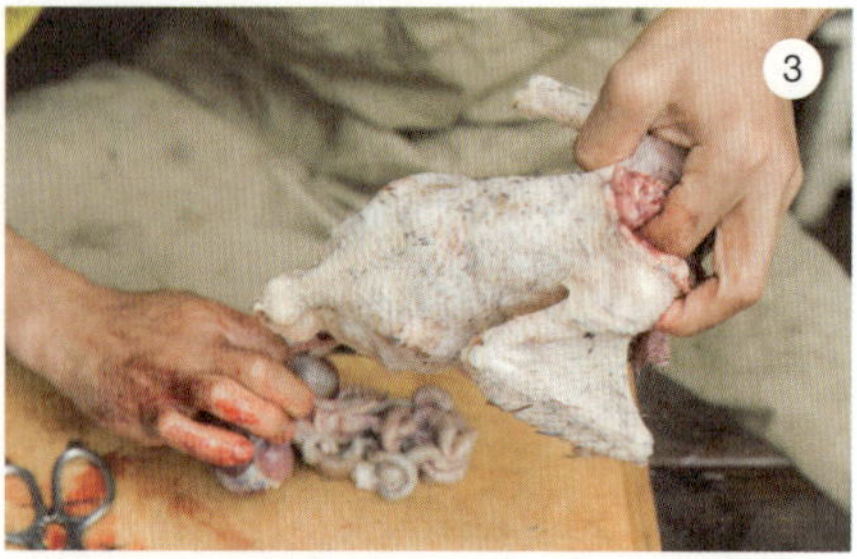
3

p72の④で心肺器官の筋をちゃんととってあれば、消化器官と心肺器官がまとめてとれる。

生き物は複雑なチクワ状の筒である。

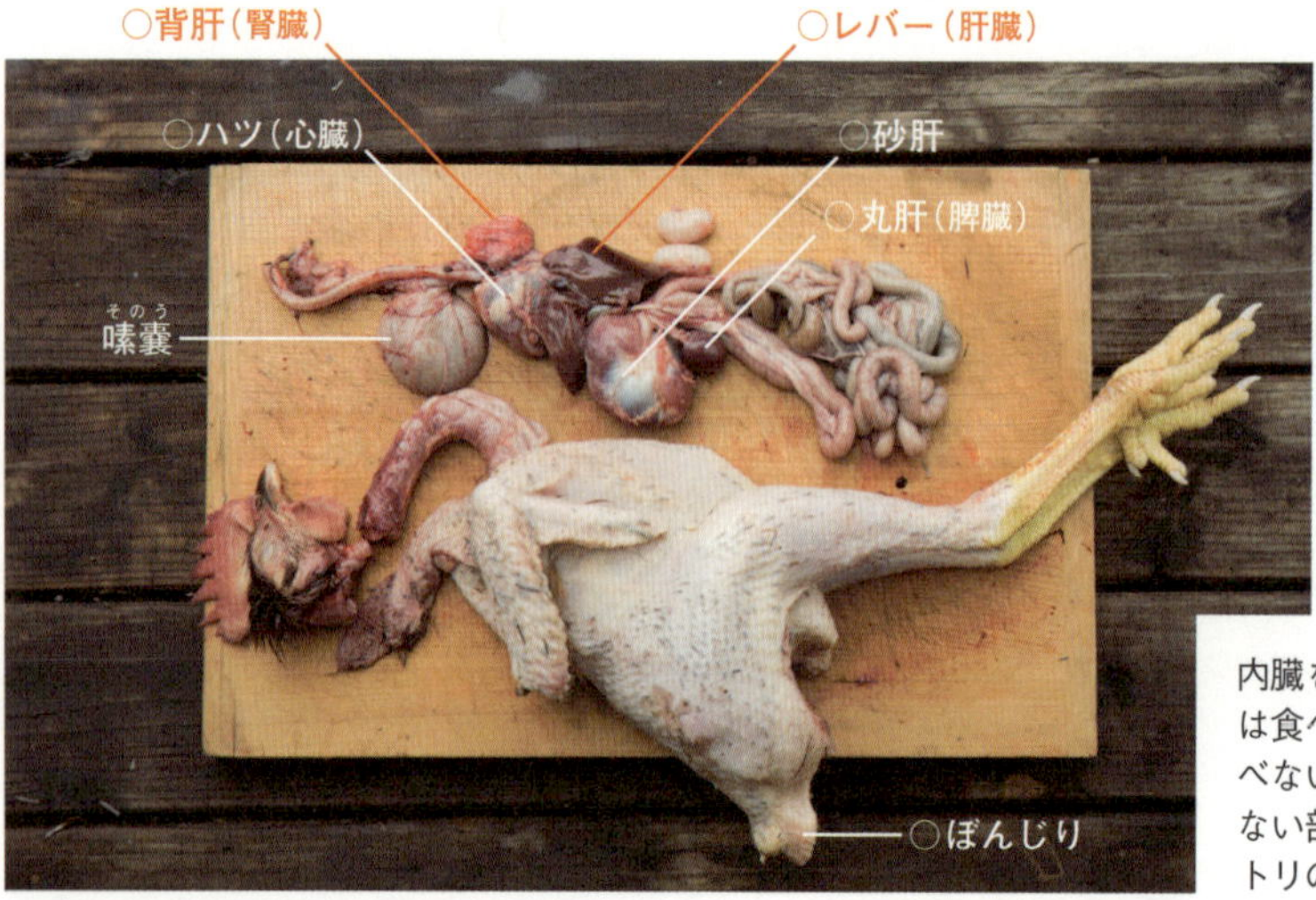
○背肝（腎臓）
○レバー（肝臓）
○ハツ（心臓）
○砂肝
○丸肝（脾臓）
嗉嚢《そのう》
○ぼんじり

内臓を出した状態。内臓は食べる部分（丸印）と食べない部分があり、食べない部分（腸など）はニワトリのエサになる。

鶏鍋の作り方

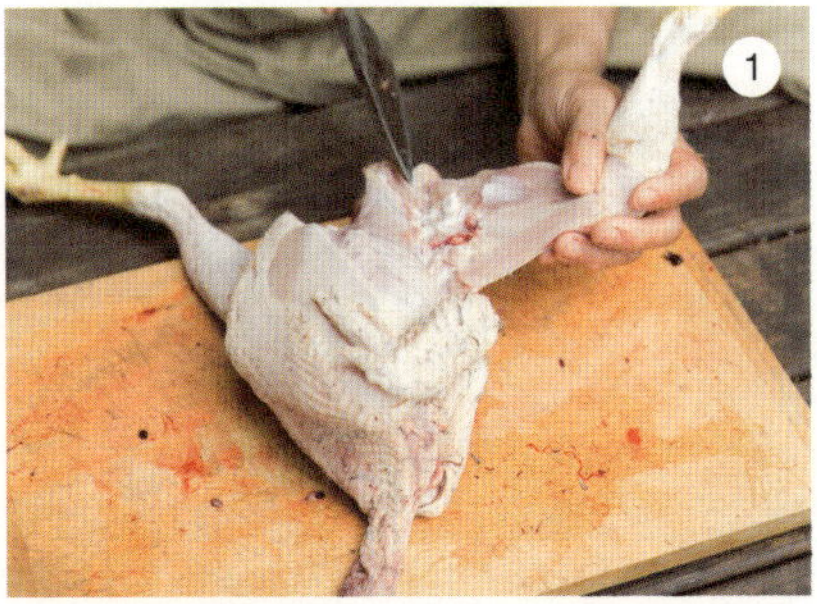

モモをはずす。モモの付け根の皮を切ると筋肉の構造が見えるので筋にそって切っていく。

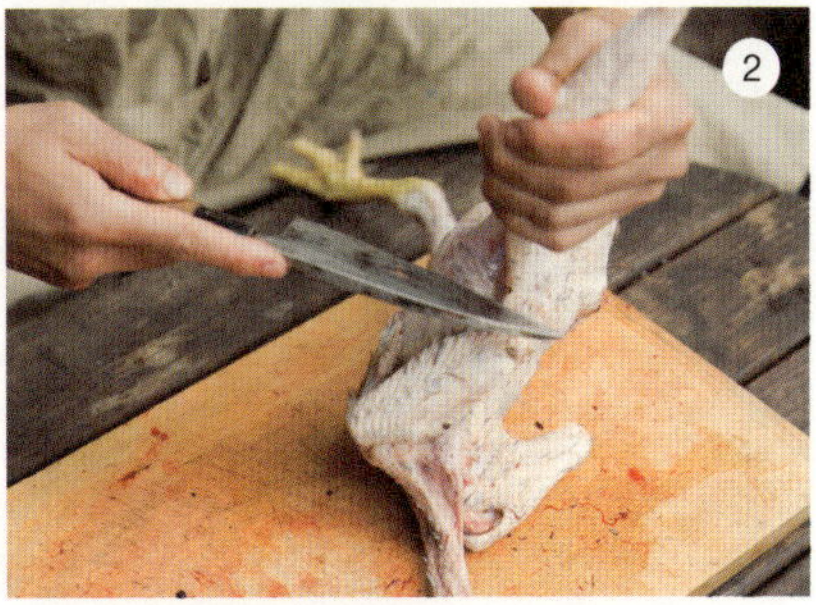

ここは哺乳類と同じ構造。刃を入れていくとグリグリ(股関節)にぶつかる。

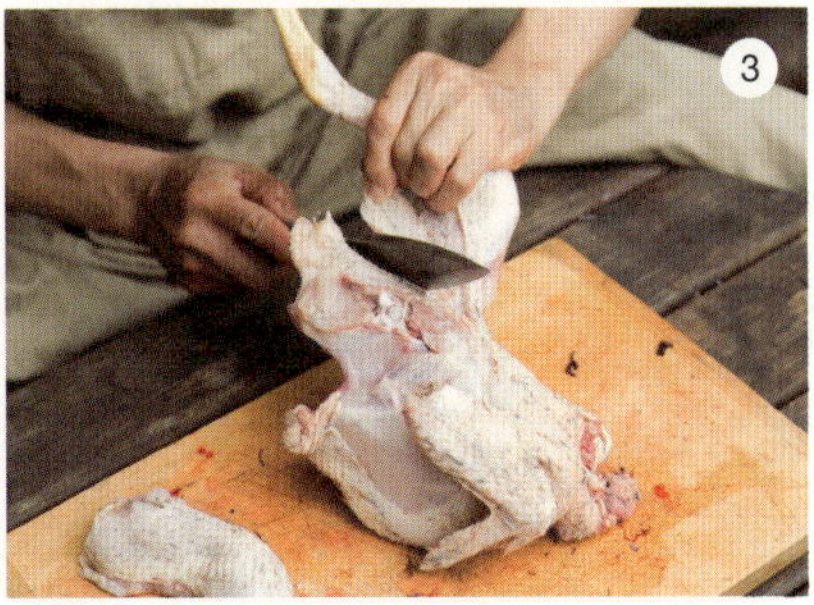

中央の丸く白く見えているのが、グリグリ。股関節の軟骨を切って、骨盤から肉を削ぐように切っていくとモモがはずれる。

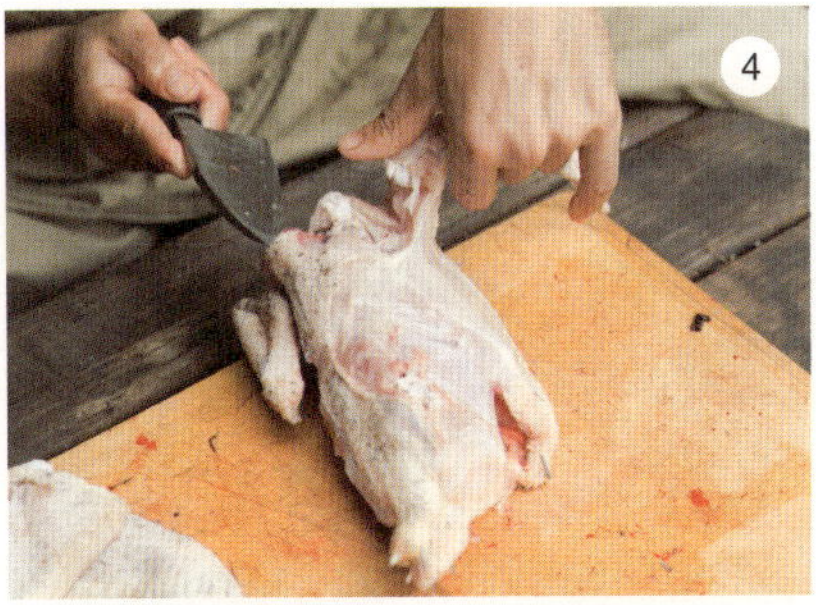

羽も哺乳類の前脚と同じ構造。肩甲骨とアバラの間に刃を入れていくとはずれる。

羽ばたくための筋肉が胸肉。鳥の体では大きな肉。アバラにそうように刃を入れてはずす。

胸肉のインナーマッスルがササミ。胸肉が外側、ササミが内側の二重構造になっている。

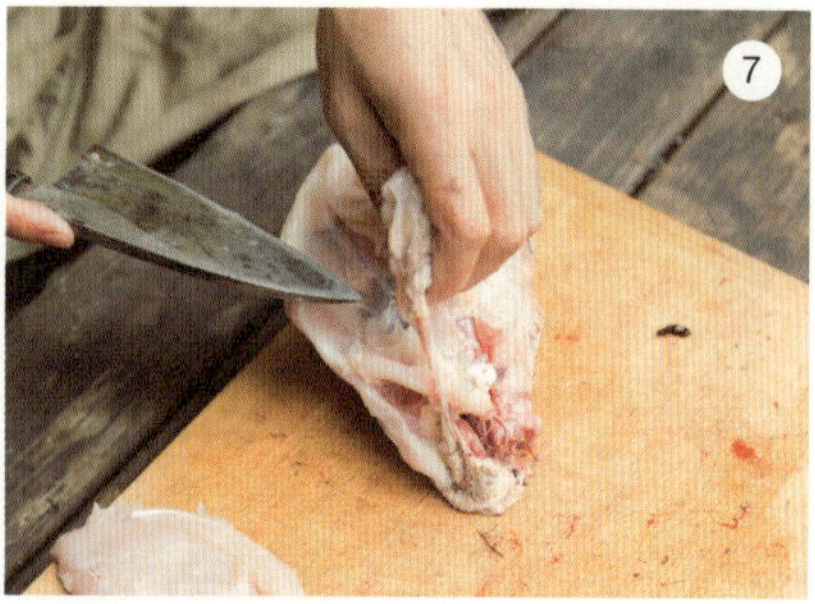

ササミは高級部位。骨に残らないように丁寧に刃を入れたい。

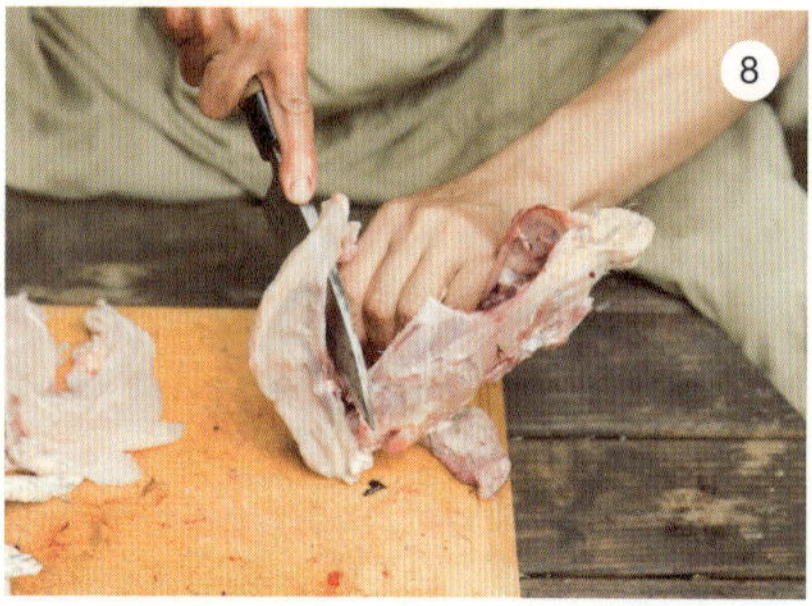

関節に刃を入れて、ガラをバラす。叩き切ると切り口が鋭利になるので食べるとき危ない。

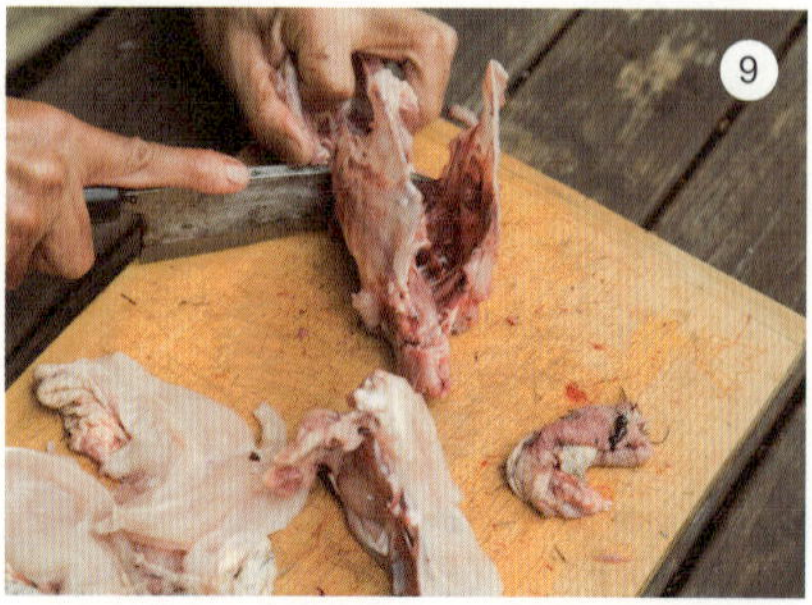

軟骨部分に刃を入れていけば、骨は簡単にはずれる。ガラスープを作りやすい大きさにバラす。

お尻の先から、ぼんじりをはずす。脂がのっていておいしい部位。

バラバラになった。部位ごとに適した料理がある。モモが脂が多くて焼いても煮ても旨い。

足はちょっとグロテスクだが、コラーゲンが多く、豚足のように食べられる。関節に刃を入れれば簡単に切り離せる。

若鶏ならそのまま鍋になる。肉も柔らかく、脂も旨い。老鶏は肉が固いので、圧力鍋をかけてから使う。

潰す前は神妙になるが、こうなると、ただ旨い。さっきまで歩いていたのに……。

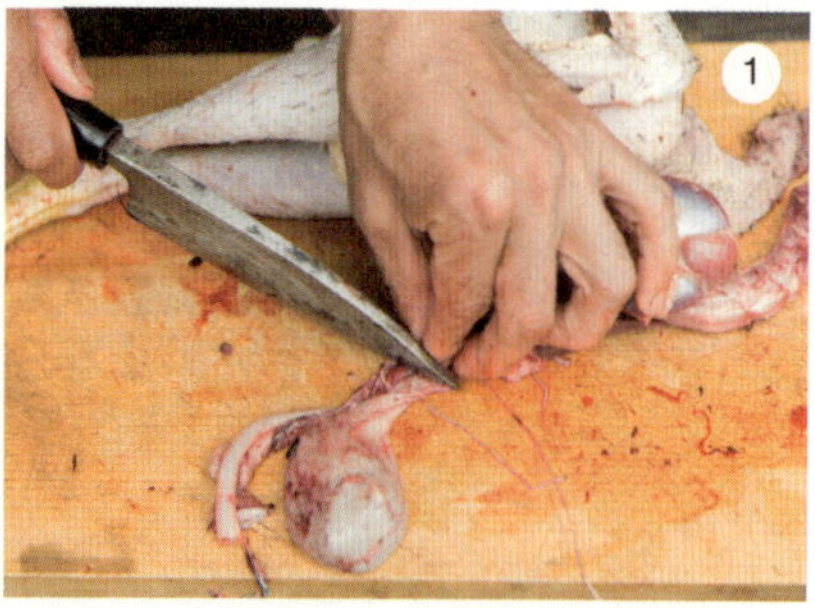

嗉囊（そのう。食べ物を一時的に溜める部分）をはずす。嗉囊の中身は投げておけばほかのニワトリが食べる。

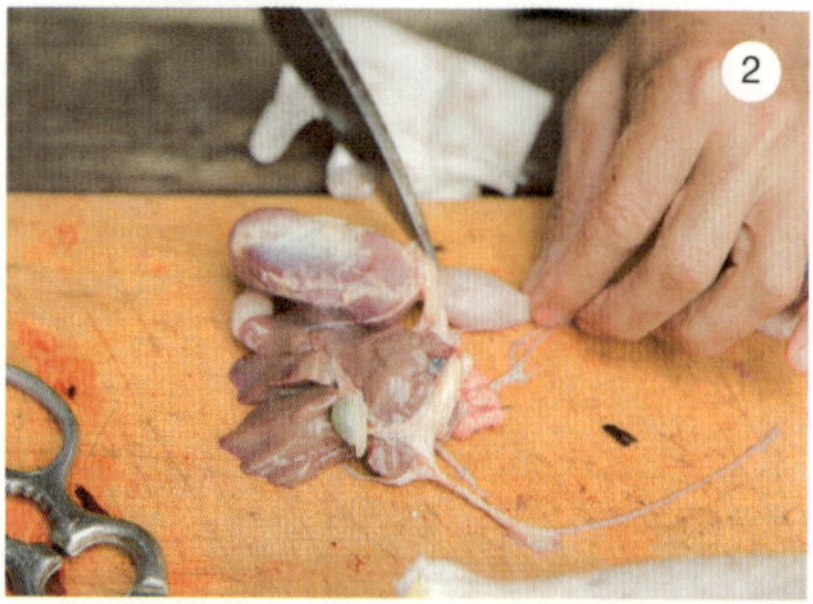

食べる部分と食べない部分をわける。写真中央の緑の玉は苦玉（胆のう）。傷つけて胆汁が出ないように気をつけて肝臓からはずす。

砂肝の切断面。強力な筋肉でエサをすりつぶして消化する。すりつぶされたエサと胃壁にあたる固い皮（④参照）は食べない。

砂肝を開いた状態。黄色い部分が胃壁の固い皮で、つまんでペリペリとはがすことができる。砂肝の肉は繊維を切断する方向に切る。

スライスした砂肝。よく発達した筋肉のため、歯ごたえがありうまい。内臓では人気がある部位。チャーハンの具などによい。

アズキと呼ばれる丸肝（脾臓）。炒めてしまうと肝臓（レバー）との見わけはつかない。食感もよく似ている。

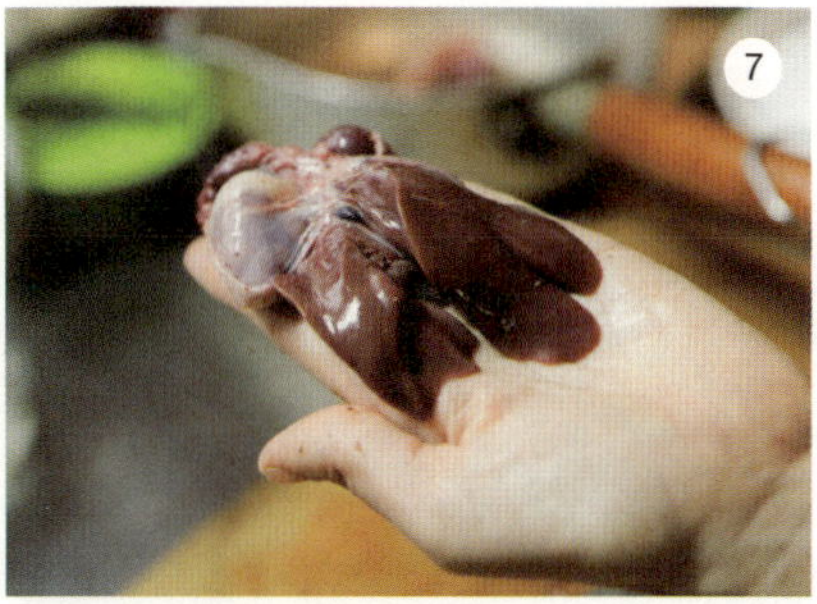

肝臓。左の白い部分は心膜におおわれている心臓。モツ炒めの主要な素材部位。若鶏の新鮮な内臓は美しい。

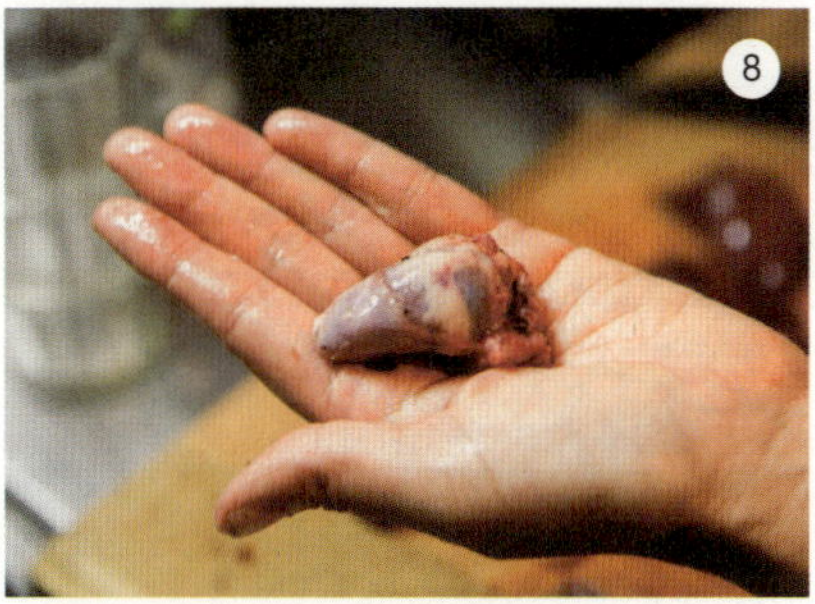

心臓、ハツ。薄い心膜に覆われている。一生動き続けるため、筋肉が発達していて歯ごたえがあり、おいしい。

モツ炒め。臭い系の野菜（ニラ、ニンニク、ネギ、ショウガなど）といっしょに、油で炒める。量が少ないので全部ごっちゃで。

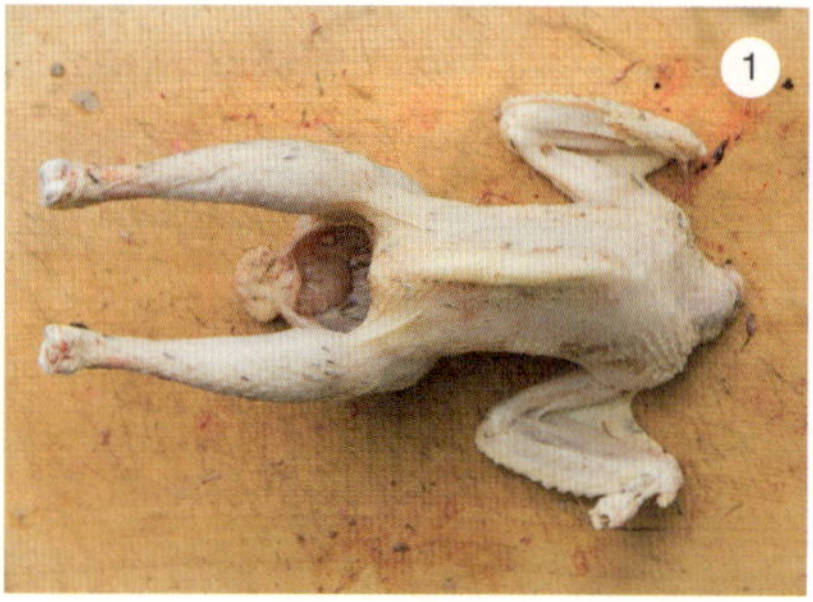

夏の終わりに温めはじめた卵が秋に若鶏になる。薪ストーブで丸焼きを作ってみる。

羽や脚が伸びないように凧糸で縛り、塩コショウ、スパイスなどで軽く下味をつける。

火をおこして、オキ火をつくり、鶏を入れる。薪ストーブの燃焼室を使う料理では、炎は料理を焦がしてしまう。

焼け具合を見ながら、鶏を回して焼き進めるが、なかなか難しい。

まんべんなく焼きたいが、奥のほうが反射熱が強いので焦げやすい。

仕上げにオリーブオイルをかけてみる。てかりが出てくれるのではないかと予想していたのだが……。

ちょっと目を離した隙に焦げてしまった。ものすごく落ち込む。購入した食材で失敗したときには感じないうしろめたさ。

中はほどよく火が通っていて旨かった。鶏鍋とは違って、すぐに食べ終えてしまう。ガラを集めてスープにした。

自家製ハチミツは雑味がなく、とても美味しい

2016年の春から友人の勧めで西洋ミツバチを飼いはじめた。かねてから日本ミツバチを飼ってみたいと思い、いろいろ調べていたのだが、西洋ミツバチも日本ミツバチもそれぞれ長所短所があるようで、種にこだわらず、とりあえず手近な西洋ミツバチからはじめることにした。

西洋ミツバチは飼いならされているぶん、ハチミツの収穫量が多く、飼いやすいが、害虫や外敵などに弱いのが特徴。日本ミツバチは野生なので、ハチミツはそれほどとれず、気分次第で巣ごといなくなってしまうこともあるが、病気や外敵には自分たちだけで対処できるようだ。

西洋ミツバチは約1万匹の群れを3万円くらいで売っている(販売シーズンは春)。

インターネットで申し込めば、巣箱ごと送ってくれる(ミツバチは運送できる)。

〈1〉管理の仕方

燻煙器や刷毛など周辺機材がいろいろあるようだが、一群を趣味で飼う程度なら、まずは巣箱と巣枠があればよい。巣箱は友人に使っていない箱をもらい、巣枠は自分で作った。つなぎの作業服と白いタオルくらいが必要な装備である。ミツバチが衣類に入り込むと混乱してさすこともあるらしいのでつなぎの服、クマが天敵なのでクマの毛色に似ている髪の毛はタオルで隠している。秋にはスズメバチがミツバチの成虫や幼虫を狙って巣を襲いにくるので、スズメバチトラップやミツバチ飼育用帽子(p43)が必要になる。

新たに女王蜂が生まれると、旧女王蜂とケンカになるため、一週間に一回ほど、女王蜂の幼虫が育っていないか、王台と呼ばれる特別な幼虫室を探してつぶす。そのほか群れの規模に合わせた巣枠の数を保ち、寄生虫(ダニ)の確認、スズメバチ対策。ダニが出たら薬を入れ、夏の終わりからスズメバチトラップをかける。ダニの薬を入れたら蜜はとらない。

〈2〉ミツバチとの接し方

春から夏にかけては穏やかで、人間をさしたりすることはない（悪天の日は気が立っている）。私はネットをかぶらず、素手で作業しているがまったく問題ない。コツは常にミツバチの気持ちを想像して、ゆっくり動くこと。

ニワトリも犬や猫もさされていない。ニワトリはミツバチの存在をほとんど意識していないようだ。

秋にスズメバチが出はじめると気が立ってくる。ちょっとした作業でバチンとさされてしまう。ハチ毒に急性のアレルギー反応が出て呼吸困難になる人もいるようだ。私は子供のころから何度もさされているがアレルギー反応は出ていない。

〈3〉ハチミツのとり方

ハチの幼虫やサナギをそのままに、蜜だけ回収する遠心分離機があるが、高価なうえに場所をとるため、一群だけのわが家では必要ない。蜜が貯まっている巣を、そのまま、お玉などですくいとってハチミツを回収している。

自家製ハチミツは素直で雑味がなく、非常に美味しい。ハチミツ観が変わる味である。近くのパン屋さん「パンデモモ」のシンプルなパンにつけて食べると絶品だ。自家製ハチミツを利用した料理の研究はこれからの課題である。

ハチミツをいただく。ミツバチといっしょに冬を越えた巣枠は、ダニ対策の薬が付いていることがあるため食べない。食用になるのは春から貯めはじめた新しい蜜になる。

約1万匹用の巣箱

わが家の傾斜地に置かれたミツバチの巣箱。日当りがよく、前面に障害物のない飛び立ちやすいところに設置する。とんとんと巣箱を叩いて挨拶してから、作業に入る。普段は穏やかだが、天気が悪い日は蜜集めに行けず気が立っていることもある。

ミツバチの出入り口。換気役のミツバチが、羽で巣箱内の熱くなった空気を外に出している。寒くなったら木片を置いて入り口の大きさを調節することで、温度調節してやる。

ミツバチの気持ちを想像して、ゆっくり作業するのがよいようだ。いきなり巣枠をつかんだりすると、向こうも驚いてさしてくる。

自作の巣枠

新しく入れた巣枠に群がって巣作りをはじめたミツバチ。蜜が貯まれば、いただくことができる。

ミツバチの巣箱用 巣枠の作り方

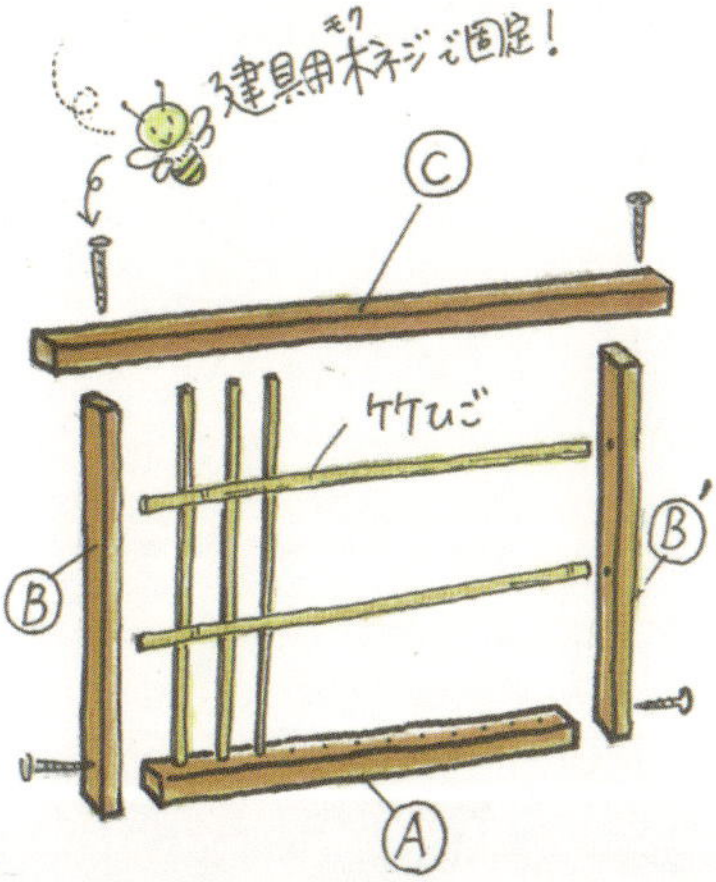

① 建具用の桧材 1820mm×9mm×24mm を巣箱の大きさに合わせて切る。

② 巣板の枠ⒶⒷⒷ'Ⓒそれぞれに竹ひごが入る穴をドリルで空ける。

③ ⒶにⒷ、Ⓑ'を固定する。

④ 同じようにⒸを固定する。

⑤ 竹ひごを穴に差し込んで完成。

夏になって蜜を貯めはじめた巣枠。たくさんのミツバチが働いている。この時期は穏やかなので、素手で作業ができる。

巣枠の上のほうに蜜を貯め、中から下側には幼虫が入る。蜜をとるためには巣を壊すことになるが、自家消費なら遠心分離機などはいらない。

女王蜂の幼虫室。「王台」と呼ばれる。新たに生まれた女王蜂は旧女王蜂とケンカするので、王台を見つけたらつぶす。

巣枠にたれたハチミツを舐めるミツバチ。巣を壊されてもどんどん修繕していく。

オス

ちょっと変わった顔をしているオス蜂。ほかの巣の新しい女王蜂と交尾する以外、なにをしているのかよくわからない。英語の「オス蜂」には「ごくつぶし」という意味があるらしい。

女王

女王蜂に色をつけて見やすくしている。ときどき女王蜂が健在か確認したい。卵の存在で確認することもできる。女王蜂が増えると巣がわかれて（分蜂）、群れの一部が飛んでいってしまう。

③ ネコとイヌを飼う

ネズミ対策と狩猟の相棒として

ニワトリを飼いはじめてから、飼料や残飯に引きつけられたのか、ネズミが出るようになった。罠で数匹捕ったた(ニワトリのエサになった)が、への突っ張りにもならない。家に侵入する場所を完全に塞ぐか、ネコでも飼うか。家のネズミ穴をゼロにすることはおそらく不可能なので、ネコを探しはじめた。

山岳ガイドのK藤さんの家で半野良のネコがたくさん子猫を産んでいるという。1匹もらえないか聞いたら、何匹でも持って行けとのこと。黒猫が性格が良いと聞き、メスのほうがネズミを獲るので、メスの黒猫の子猫をもらって帰ってきた。クロネコなので名前はヤマト。

北海道のカメラマンK次さんからきた連絡の最後に、近所に居着いている野良犬が子供を産んだと書き添えられていた。イヌを飼うというのは子供のころからの夢だったので、ちょっと惹かれるものがあった。詳細を聞くと、いまどきは野良犬の存在そのものが珍しく、その野良の母犬はアーバンサバイバーとしてかなりのやり手らしい(タヌキなどの小動物を獲って食べている)。写真を確認すると面構えが良く、惚れてしまった。

K次さん宅は札幌近郊。子犬は飛行機で運ぶこともできる。というわけで1日だけ休みをとって、北海道に飛んだ。メスを1匹もらってその日のうちに帰った。

最初はてんやわんやだったが、慣れて落ち着いてきたようだ。エサ、糞の始末など苦労も多いが、イヌネコ同士も子供たちとも相性もよく、プラスのほうが断然多い。

とりあえず、ネズミが家の中を走り回ることはなくなった。干したシカ肉をやっていれば、ドッグフードやキャットフードもいらない。ナツは2016年の冬から、いっしょに出猟している。シカを見つけるのは人間より早いことが多い。忍び猟を理解するにはもう少し時間がかかるかもしれないが無駄吠えもしないので、よいパートナーになってくれると期待している。

ナツ

北海道の自然写真家K次さんちから飛行機でやってきた。ちょっと臆病だが、いろいろ考えているようだ。

ヤマト

真っ黒ではなく、太陽光の下ではきれいな縞が出る。気が優しくて、家族を引っ掻いたり、噛んだりしたことは一度もない。

ブレーメンの音楽隊状態になってきた服部家の縁側。一番強いのは雄鶏のキングである。

なぜダメなのかを考えている時間が楽しい

庭に種を蒔き、日々の生活を繰り返しているうちに、作物ができて、食べる。そんなことができたら楽しいに決まっている。うまく育てばうれしいし、食べて美味しく、健康にもよい。

だが、実際に野菜を育てるのはそれほど簡単ではない。ソラマメを腹いっぱい食べられるほど育てようと思ったら、かなりのスペースが必要だ。自分の畑だけで自分を養うことになったら、日当りのよい、広い土地に加えて、労力、知識、技術、試行錯誤が求められる。昔のように飢餓のリスクを負っていれば、失敗しちゃったでは済まされない。

家庭菜園は人生の彩りのつもりでやっている。あまり期待せず、試みのつもりで蒔いた種でも、うまく育つとうれしいものだ。逆に、そうではないと、落ち込む(ニワトリに食べられると頭にくる)。そして、なぜダメなのかを考える。考えている時間が楽しい。

〈1〉土づくり

日当り、土壌、肥料など畑ははじめのハードルがやや高い。日当りを改善するのは難しい。土壌に関しては一般的な庭は酸性なのではないかと思う。庭の植物に勢いがないので、土壌酸度計を購入してみた。土に刺すとpH値(水素イオン指数)がわかる機械である。野菜を育てるには6・0~6・5の弱酸性がよいとされる。わが家の庭は4・0だった(酸性)。これだけで地球環境のことを真剣に考えた。

以来、冬から早春は、土に灰を撒いて酸性になった土を弱酸性に戻している。といっても薪ストーブから出た灰を庭に捨てているだけ。はじめは、土壌をダメにしてしまうのではないかとおそるおそるだったが、灰のアルカリ度はそれほど高くないようだ。昔話の「花咲か爺さん」は灰を撒くと植物に良いという教訓だと聞くが、本当だろうか?

窒素系の化学肥料(※)を入れている近所の畑と、わが家の家庭菜園を比べると、化学肥料の作物は驚きの早さで育ってゆく(すこし怖い)。わが家は有機肥料でやっている。最初は堆肥だけだったが、最近は鶏糞と人糞（p206参照）が加わった。ニワトリ小屋にたまった糞を土に混ぜこむと肥料となって野菜の育ちがよい。ニワトリ小屋の近くのキュウリはよく育っている。

庭の隅には堆肥置き場がある。落ち葉を集めて積んでおくだけ。堆肥をとり出したら、また落ち葉を積み上げて、ニワトリにほじくり返されないように蓋をしておく。堆肥は鍬で土に鋤きこむ。季節にあった作物を植えれば、野菜を育てるのは一年中可能だが、わが家では植物の一般的なサイクルに合わせて、春から秋まで野菜を育てるようにしている。

〈2〉作物をニワトリから守るには

ニワトリを飼う（放し飼いする）ようになってから、作物の一番の敵はニワトリになった。

簡単な柵を作り、防御しておいても、ちょっとした風でできた隙間などから侵入して、食べてしまう。収穫間近の作物を食べて、とぼけているニワトリは「つぶして食べてやる」と思うほど憎らしい。

ニワトリをしつけることはできない。閉じこめるか、しっかりした柵を作るかどちらか。ニワトリは庭に放してこそだと考えているので、柵を作るしかない。ニワトリ除けの柵は、どういうものがよいのか、現在試行錯誤中である。

チンゲンサイなどの菜ものの種の上に、1×2メートルの木枠にネットを張った「ニワトリ除け」を設置（これは有効だった）。

キュウリとトマトの苗のまわりには、4本の竹の支柱を立てて、スーパーのレジ袋でぐるっと覆う。結局、レジ袋だけでは防げず、後日畑のまわりに柵のように鳥獣防止用ネットを張った。ネットは1メートル400円程度。この出費に見合う作物が育つだろうか。

※窒素系の化学肥料

肥料の主要素である窒素は植物にとって、リン酸、カリウムと並んで成長に不可欠な三要素の一つである。

20世紀初頭までは、窒素を人工的に作りだす（空気中の窒素を固定する）ことができず、窒素を含む油粕や鶏糞などを肥料として利用していた。人口が増えるにしたがって、田畑が増えたが、そのぶんの肥料（窒素）は間に合わず、肥料の値段は高騰した。それどころか、人口増加分に見合う肥料がないことで食糧難という問題が現実味を帯びて、人類の前に立ちはだかってきた。

1906年に空気中の窒素を固定するハーバー・ボッシュ法が開発され、人工的な「窒素固定」が可能になった。窒素固定は現在、増えすぎた人類を支える生命線のひとつであるが、意識されることはほとんどない。もし、窒素固定ができなかったら、人類の食料事情はもちろん、地球そのものが現在とはまったく違うものになっていたはずである。肥料と農業と飼料に関しては『雑食動物のジレンマ』（東洋経済新報社）などに詳しい。

堆肥

孟宗竹で土止めを作り、落ち葉を溜めている。ニワトリが来る前は生ゴミを入れていたが、現在は落ち葉だけ。奥から腐葉土をとる。

鶏糞

ニワトリ小屋の掃除で出た鶏糞や、小屋の土を畑の土に入れる。シカの骨などを入れることもある。手をかけた土にはミミズが増える。

薪ストーブの灰

薪ストーブから出た灰を撒く。山のウメや柑橘類などの根元にも撒くため、灰は供給が追いつかない。

ニワトリ除け

柵で囲うことでニワトリ除け。下の写真は柵内にヒナを放している（親鶏がいじめるため）。キュウリやトマトなどはある程度大きくなればついばまれない。

かぶせ型のニワトリ除け。チンゲンサイやシュンギクに使えて、移動できるのが利点。背の高くなる作物には向かない。ニワトリが上を歩くためネットがへこんでしまう。

簡単な柱を立てて、スーパーの袋の底を抜き、ガードしてみた。効果なく、ニワトリについばまれた。袋を大きくする必要がある。

〈3〉定番の作物の育て方

キュウリ（春から夏）

種からでも、苗からでもできる。

苗を植えて、支柱を立てる。支柱は竹ヤブから竹の幹（直径3センチ×長さ3メートル）を切り出してくる。枝はツルが絡みつくように20センチくらいの長さに切りそろえる。支柱は土に刺し、上部は家の1階バルコニーの柵にひもで固定する。

支柱にネットを巻きつけるとよりキュウリが安定するようだ。

トマト（春から秋）

私はトマトを好んで食べないので、妻や娘が植えている。大きく育てばニワトリにつつかれないので手間がかからない。

苗を買ってきて、連作にならないところにニワトリ除けの柵を作り、1メートルほどの竹の支柱を立ててから植える。トマトとバジルは農作でも料理でも相性がよく、苗のそばにはバジルの種を蒔くとよい。トマトは元々乾燥した地域の作物で、長く雨にあたると勢いがなくなる。雨があたらないところで育てたいが、そこまで気を遣っていない。

チンゲンサイ（春から秋）

短期間でできて、手間が要らず、うまいので、適当に蒔いている。ニワトリさえ避けられれば、放っておいてもできる。

エダマメ（春から夏）

庭では日当りが悪く、収穫量が少ないが、とても美味しいので作物の隙間に植えている。ニワトリも好きで、なかなか育たない。

ツルムラサキ（春から夏）

荒れ地に強く、ニワトリもつつかないので、放っておけばよい。手間いらずなので野菜というよりは雑草のようだ。ちょっとしたスペースに植えておき、新芽を摘んで炒め物に入れたり、湯がいておひたしにしたりする。味はよい。納豆との相性もいい。

オクラ（初夏から秋）

気温が上がってからのほうが元気なので、焦らず梅雨明けごろに、空いているところを探して植える。出たばかりの芽はニワトリにつつかれるので保護が必要。朝の排便後に収穫し、卵とともに納豆に入れて朝食にするのが定番。

ダイコン（通年）

一年中育つ強い品種が売っている。ニワトリが好むアブラナ科なので保護が必要。ダイコンは連作したほうが調子がよくなるので、収穫したその穴に、また、種を蒔いておけばいい。２粒３粒いれて、後で間引く。

パクチー（春から秋）

これはニワトリが食べないので放っておけばよい。ただ、実をつけると枯れるので、花が咲いたらドンドン摘まなくてはならない。

ハーブ（通年）

ハーブはニワトリもつつかないので、適当に放ってある。バジルはシカスパイススープカレー（p182）にタップリ浮かべたいのでたくさん育てて干しておきたい。

農家の友人がワケギの球根を送ってくれるので、適当に植えておく。ネギが切れたときも夫婦ゲンカが起きないので安心（わが家では、ネギ、納豆、牛乳が切れると管理責任者（妻）が糾弾される）。

シソは秋に落ちた種が勝手に生えてくる。庭が傾斜地なので、少しずつ斜面の下に下がっているようだ。ときどき種を斜面の上のほうに蒔いている。

レモンバームやローズマリー、サンショウなどはほったらかしである。ほかは多年生だったり、秋に落ちた種で勝手に生えてくる。

若ダイコン、チンゲンサイ、ツルムラサキ、ミョウガ……。その気になればいろいろ集まる初夏の庭。

キュウリ

採りたての若キュウリは驚く旨さ。若キュウリというところがミソで、後半に収穫できるものはボケてくる。ニワトリも大好き。

裏山からキュウリを這わす（上に伸ばす）ための竹を切り出してくる。竹にネットを巻き付けて登りやすいようにしたほうがよい（竹の枝だけでは登れない）。

トマト

苗のうちはなんらかの方法で保護してやる。大きくなってからは、適当に収穫して食べる。家族は喜んでいるが、私はあまり好みではない。

ある初夏の収穫。単純にうれしいし、無農薬有機栽培で安心。味もおおよそうまい。

チンゲンサイ

手間がかからないうえに、野菜炒めにするとおいしいので、春から秋にかけて、何巡か栽培する定番野菜。

ツルムラサキ

植えはじめたころは放っておけばいくらでも採れたが、ニワトリが食べられるということを覚えたようでついばまれるようになってきた。

ツルムラサキの炒め物

葉やツルの先端部分を集めてニンニクや小エビといっしょに炒める。定番のオカズ。チンゲンサイやシュンギクなどといっしょでもよい。ツルムラサキはゆがいて納豆と混ぜても旨い。

パクチー

パクチーは花を摘んで実をつけさせなければ長く楽しめるのだが、長期山行中に実をつけて枯れてしまう。

シュンギク

放っておけばできる。チンゲンサイといっしょに種をバラ蒔く。先端部分を摘めばまた生えてくる。

オクラ

種を2粒ずつ10cm間隔で蒔く。バジルの種もパラパラと蒔いておく。夏の終わりから晩秋まで収穫できる。

時なしダイコン

連作すればするほど調子がよくなるのがダイコン。ニワトリにやられないようにするのがポイント。

〈4〉果樹の育て方

庭は日当りのよい傾斜地なので、本来は畑ではなく、果樹を植えて果樹園にしたほうがいいと思っている。現在はウメ×2、柑橘系が数種類、ビワ、カキ×3、キイチゴなど、自生から、植えたものなどいろいろ生えている。

グレープフルーツ

実家で実生させた鉢をもらってきて庭に植えたもの。日かげから日当りのよい場所に植え替える。スコップで根を掘り起こして苗をとり出す。植え替える場所の土を掘り、そこに根をすとんと落として、土を固める。植え替えたときは、苗のまわりに水ばち（水止めの土手）を作り、泥沼状になるくらいたくさんの水をやる。そうすると細かい根の間まで土が入ると聞いた。

ハッサク

庭の西側にあるハッサクは、実家にあった鉢植えを移植したもの。長崎に住む親戚からもらったハッサクの種をたわむれに鉢に蒔いてみたのが5歳のころ。それから40年、紆余曲折あり、今の家にきて5シーズン目に実がなった。ハッサクの実は高枝切りバサミで切り落とす。

オリーブ

30センチほどの苗が3年で3メートルに。複数の木がないと結実しないらしいが、実がなっている。観賞用で食べることはできないらしい。

日当りのいい場所に植えておく必要がないので、空き地に移す予定。

ビワ

西側の日陰にある自生の大木。周辺の枝を落とした年は、日当りがよくなり、甘みが増す。ハクビシンとカラスとのとり合いになる。

クリ

クリが好きだから、裏山にクリの木の苗を植えてみた。3年で3メートルに伸びた。自家受粉はしないので、結実させるには、もう1本植える必要があり、現在庭に1本育てている。

ときどきようすを見にいって、まわりの雑草を刈り払ったほうがいいのだが、なかなか難しい。夏になるとクリの木が見えないほどクズが生い茂ってしまう。

カキと干し柿作り

庭の西に生えているのが甘柿で、東に生えている3本が渋柿（食用は1本だけ）。干し柿は渋柿でも甘柿でもできる。

カキは熟れたころに、木に登って収穫する。甘柿は食べるが、多くは干し柿にする。干し柿は登山の行動食によい。カキの皮をむいて、雨のあたらないところに干しておけば

干し柿ができる。ひもに吊るしやすいように枝を残しておくことと、皮をむいたら、カビが出ないように、焼酎などアルコール類で洗っておくのがコツである。

グレープフルーツ

もらったグレープフルーツを植えたところが、日当りが悪かったので、日当りのよい斜面に移す。大きく根ごと掘り出して、できるだけ土をつけたまま移動し、泥が隙間に入り込むように水をドボドボにやっておく。

ハッサク

接ぎ木をしていないので、安定した結実まで40年かかった。日当りがいまいちなので、甘味もいまいちだが、柑橘類のなかではもっとも好きである。

カボスなど

ユズ、カボスなどを植木屋の親方にわけてもらった。傾斜が急すぎて作物に使えない土地に植えた。これは接ぎ木してあるので初年度から収穫があった。

ビワ

庭に自生しているカシの樹の枝をばっさり落とした年は日当りが良くなり、甘かった。だが、ほとんどがハクビシンにやられた。

クリ

山の中に植えてみたが、なかなか難しい。クリは大好きなので広いクリ畑を所有し、穀類をクリだけで1年間すごしてみたい。

オリーブ

流行に乗って？ 妻が植えたが、観賞用のため食べられない。ドンドン大きくなってスペースをとるので植え替える予定。

西のカキ(甘いほう)の収穫。登って、高枝切りバサミで切り落とし、下の人が網でキャッチする。難しくちょっと危険。

カキの木は４本あるが、食べられるのは２本。たくさん実をつけた年は干し柿も作るため、枝を残したまま収穫する。

干し柿作りで面倒なのは皮むき。家庭で消費する程度なら、地道にむくしかない。登山の行動食にもなる。

皮をむいたら、カビが出ないように、軽く洗うように焼酎などアルコール類にくぐらせる。

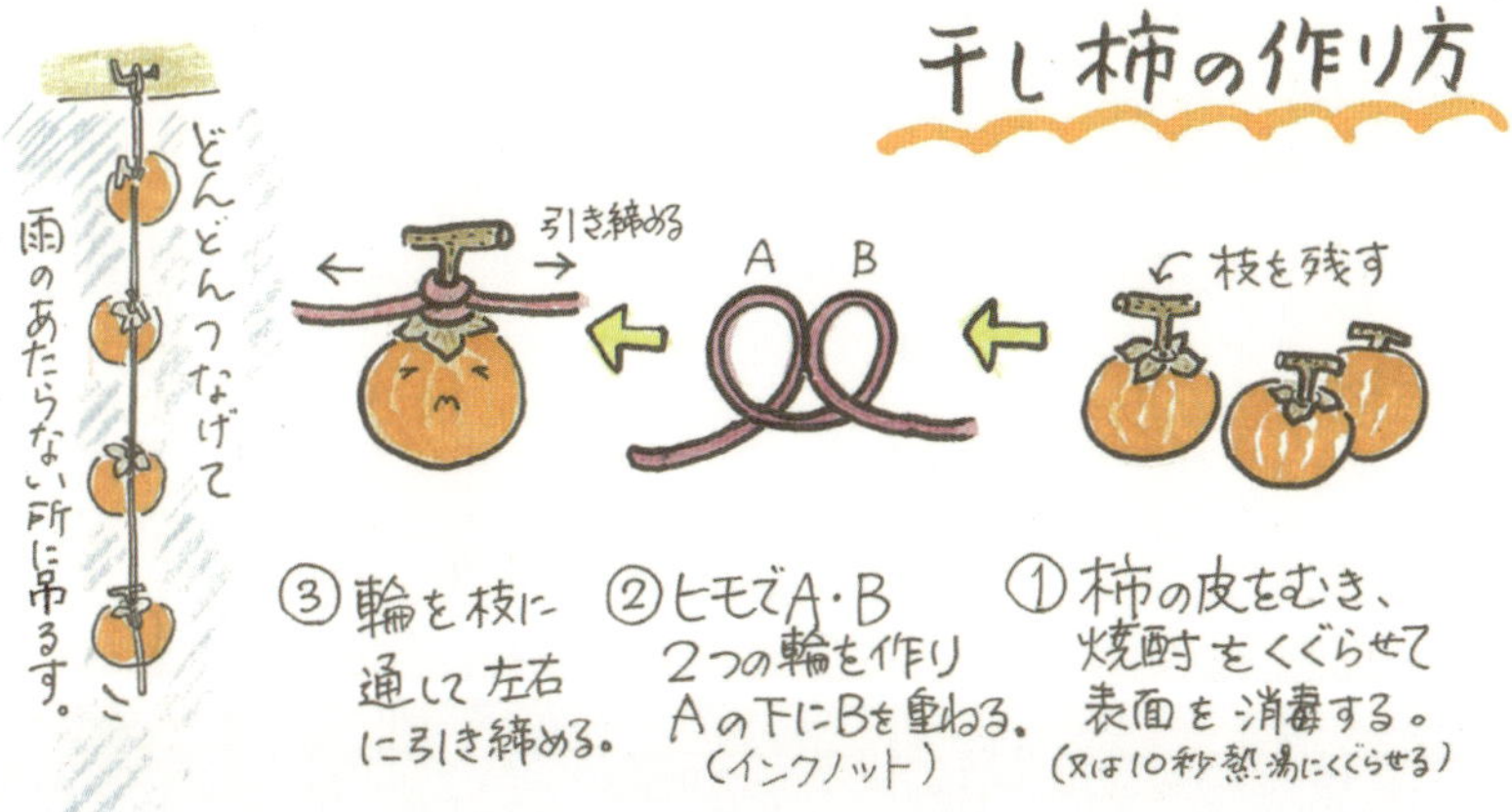
干し柿の作り方
枝を残す
① 柿の皮をむき、焼酎をくぐらせて表面を消毒する。(又は10秒熱湯にくぐらせる)
A B
② ヒモでA・B 2つの輪を作り Aの下にBを重ねる。(インクノット)
引き締める
③ 輪を枝に通して左右に引き締める。
どんどんつなげて
雨のあたらない所に吊るす。

〈5〉庭木の枝打ち

家の敷地に抱えられないほど大きな樹が4本生えている。なかなかの枝振りである。風よけになるし、目隠しにもなるため、そのままにしておきたいのだが、果樹への日当りが悪くなったり、隣家にドングリが落ちたりするので、数年に一度、枝を落とす。

クライミングの道具と知識、経験があるので、確保システムや登攀システムを応用して、高所作業をしている。クライミングは心身を健康にするだけでなく、木登りや屋根登りなど、アーバンサバイバルに応用できる。

樹に登る方法

❶一番下の枝に登る

ハシゴが一番下の枝まで届く場合はハシゴを使い、届かない場合は、一番近い太い枝にロープを投げて掛け、ロープの末端を別の樹にしっかり固定する。そうしてロープを頼りにして、最初の枝まで登る(登高器を使用)。

一番下の枝から上は枝が多いので木登りの要領で登ることができる。ソロクライミング用の器具とソロクライミングのシステムで安全を確保することもある。

❷ぶら下がる

樹のてっぺん近くまで登り、強固な支点を作って、ロープを垂らして、それにぶら下がりながら作業する。

❸枝を落とす

ノコギリでまず枝の下を少し切り、次に上から切ると、切り口がきれいになる。下に何もなければどんどん枝を落とせばいいが、家屋などがある場合、落とす枝をロープで結んでおき、落としても大丈夫なほうに投げる。大きな枝は確保システムを作ってロープに連結させ、切り落とし、ぶら下がった枝をゆっくり下げる。ロープシステムの知識がないと難しい。大きな枝を確保して落とすのはロープの本数分しか落とせないので、ひとりでは面倒な作業になる。

❹移動

必要なだけ枝を落としたら、ロープにぶら下がって、となりの樹に移り、てっぺん近くに支点を作ってまた作業する。高いところに支点があって、ロープが下がっていれば、作業は安全にできる。

装備

クライミングに使うハーネス、ロープ(数本)、カラビナ、スリング(輪状のロープ)に加えて、アッセンダー(登高器)やソロイストなどの特殊器具を使っている。そういう器具やロープワークの知識がない場合は、やや難しい作業かもしれない。庭師などに頼むと、高所作業はかなりの料金がかかる。

ロープの片側を固定し1、自分にはインクノット2で結んで、中間支点3のカラビナにロープを通しながら登れば万一落ちてもぶら下がる。

上に登って支点1を作る。これにロープ2を垂らす。安全のためスリング3で確保。

②の2でぶら下がっている状態。アッセンダー1と下降器2がついている。

枝をスリングで確保1、2したまま切る3。切り落とした枝はロープにぶら下がる。

重い枝をゆっくり下ろす。屈曲点1、2を増やせば、小さな力で重いものをぶら下げられる。

2

6
1

作業が終わったら、ロープを二重にして強度のあるところに通し 1 、懸垂下降で下りる 2 。下りて片側を引っ張ればロープを回収できる。

身につける装備

ノコギリと剪定バサミ以外はクライミングに使う装備である。クライミングは楽しく、身体の鍛錬にもなり、そのシステムは屋根や樹などの高所作業にも生かすことができる。経験も知識もアーバンサバイバルにあるとよい。

ロープ
皮手袋
ハーネス
ロープ
スリング
カラビナ
ノコギリ
剪定バサミ
アッセンダー
下降器

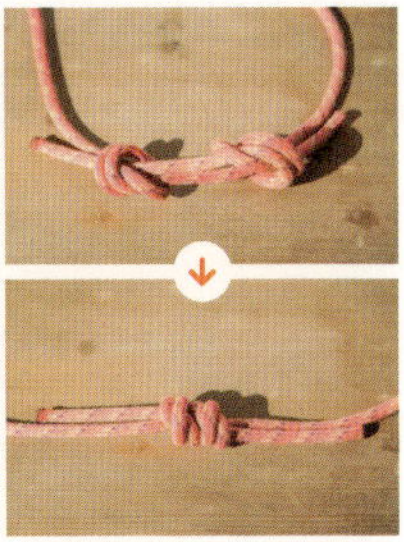

ダブルフィッシャーマンズノット（スリングの結び目）

5 野草や木の実を採る

味や見た目は売り物に劣っても無農薬で安心

散歩をしながら観察すると、近所の空き地、駐車場の脇、公園の荒れ地などに果樹があったり、美味しい野草や山菜が生えている。収穫されないまま土に帰るものも多い。

季節の味を楽しむため、すこし収穫させてもらってい る。観賞用に植えているものや街路樹の木の実に関しては、管理している場合もあるので、採取はもちろん、落ちた実を拾う場合も気を遣ったほうがよい。一方で、一般家庭の庭から落ちた柑橘類などがゴミになっている場合もある。そういう木の実を拾うのは、嫌がられることはないと思う。

都会の庭では、カキや柑橘類が、落ちるままにされたり、カラスのエサになったりしている。庭の果実は味や見た目は売り物に劣っても、無農薬の安心果実なので、私はよろこんで食べる。

ギンナンやドングリなどもおいしく食べられる。

〈1〉春の雑木林にて

ノカンゾウ

ノカンゾウ（野萱草）は、くさみのないニラのような食感。エグ味がなく、口当たりのよい草。かじるとほのかに甘みがする。おひたしにしてしょうゆとかつおぶしをかけて食べるのがおすすめ。マメ科のカンゾウ（甘草、中国原産で漢方の原料として有名）は別種。

タラノメ

タラノメ（タラノキの若芽）は、大きくなる前の新芽を折り採る。枝に鋭いトゲが生えているので、手袋をするなど対策をする。天ぷらや炒め物など、油との相性がよい。

ハリギリ

ハリギリはタラノキの仲間。タラの芽と同じように、若芽を摘んで食べる。枝に鋭いトゲが生えているので、採取するときは手袋をしたほうがいい。写真（p112）のものは少し葉が開きすぎてしまっている（食べられる）。

ミツバアケビ

ミツバアケビ（別名キノメ）は、先端の柔らかい茎と葉を摘む。湯がいて、生卵の黄身とあえて食べるのが、春の決まりである。

クズ

クズもツルの先を天ぷらにして、食べることができる。芋のデンプンは葛餅などの葛粉になる。

キクラゲ

いろいろなところに生えているキノコ。街で見るのはアラゲ（荒毛）キクラゲのことが多く、山で採るホンキクラゲのほうが美味しい。

キノコはほかに、ナラタケを公園のクヌギなどで見かける。家の庭にはイグチが出る。裏山にアミガサタケ。探せばもっとありそうだ。ただ、なぜか街中で拾うキノコは登山中に拾うキノコほどおいしくない気がする。

〈2〉春の荒れ地にて

ウド

枯れたウドの根のそばから、新芽が出ているのでそれを探して採る。根元は皮をむいて、生で食べても美味しい。味噌をつけるとなおよい。茎は薄切りに、先端はざっくり切って、炒め物にする。天ぷら、素揚げ、豚汁の具にもなる。

ウドと豚肉の炒め物

皮をむいて短冊形に切ったウドと豚肉を炒める。豚肉に塩コショウしておき、ニンニクや干しエビを入れると味に深みが増す。

フキ

ウドが生えるような場所にはフキも生えている。フキは春先の花のつぼみ（フキノトウ）であれば、天ぷらやフキ味噌のほか、味噌汁の薬味にするとやみつきになるおいしさ。横浜のフキノトウは2月ごろだ。成長したものは茎と葉を煮物に。

ノビル

近所にたくさんあるが、生でたくさん食べると胸焼けする。炒め物に入れたりする。塩漬けも美味しいかもしれない。

キクラゲ
ノカンゾウ
ミツバアケビ
ハリギリ
ミツバアケビ
タラノメ

ミツバアケビ

アケビのツルはどこにでもある。たくさん集めないと食べた気がしないので集めるのが大変。ほろ苦い春の味である。

家の裏にある山をゆっくり歩くといろいろな発見がある。うしろに広がるのは東京の街。横浜も昔は関東の田舎だった。

ノカンゾウ

ユリ科の野草。ユリのような花が咲く。球根で増えるため固まって生えている。癖もなくおいしいが、たくさん食べたいとは思わない。

ハリギリ

裏山には巨大なハリギリの木が生えており、そこから種が飛んで小さなハリギリがたくさん生えている。タラに比べるとアクが強い。

キクラゲ

よその家の半分枯れた樹の幹などでも見つけられる。細かく切って炒め物に入れる。

タラノメ

裏山では1カ所に固まって生えているため、日々の生活に追われている間に収穫時期を逃して悔しい思いをする。

ウド
フキ

フキの茎と葉の処理

ほろ苦さがおいしい！
ゆでてから
うす皮をむく

茎　適当な長さに切り
塩を少々入れた熱湯で
ゆでる。

ふきと油揚げの
炊き込みご飯

葉　茎をゆでたあとの湯
でさっとゆでて、細かく
刻んだあと水にさらして
水気を切る。

フキ

多年草なので、毎年同じ場所で採れる。その年の気候を見て、出てくる時期を予想するのも楽しい。

枯れた根
新芽

ウド

登山では重要な山菜（食材）であり、特徴的なフォルムなので、すぐに目につくため近所で生えている場所はほとんど把握している。

ウコギ科の山菜は油と相性がよい。天ぷらにしたり、豚バラ肉などと炒めるとおいしい。

ウドの処理
早春の香りが存分に楽しめる！
葉の部分は炒め物の最後に加えるか天ぷらに。
茎はざくざくと斜めうす切りにしてにんにく、豚バラ肉と炒めると「ウマい!!」
根に近い部分は短冊切りにしてキンピラに。

〈3〉春の河川敷にて

横浜の北部で暮らしている。鶴見川は野遊びや食料調達などさまざまな意味で重要な存在である。ニワトリの項で触れたが、春から初夏にかけては、帰宅ついでにアブラナや、カラスノエンドウを摘んできて、ニワトリにやっている。人間用にヨモギ、クワの実などを採ることもある。秋はバッタを捕って、ニワトリのエサにする。

ヨモギ餅の作り方

先端の葉だけちぎってゆでる（茎は使えない）。ミキサーにかけてペースト状にする（ペーストは冷凍保存できる）。1回につき200～300グラム（写真）の葉を使う。上新粉300グラムにほんの少し砂糖を入れて水で練る。ヨモギと練り合わせて蒸す。手や棒で搗《つ》いて手で丸める。きなこをまぶして食べる。

〈4〉春の竹林にて（タケノコ掘り）

掘り方

まず、竹林の斜面を丁寧に歩いて、タケノコを地道に探す。タケは地中に地下茎を伸ばして増えていく。地下茎との位置関係を想像するのが、うまくタケノコを見つけるコツである。タケノコを見つけたら、先端の曲がり具合をよく観察する（p119のイラスト）。タケノコは地下茎から三日月型で生えていることが多く、先端が向かっているのと同じ側にタケの地下茎がある。地下茎とタケノコがつながっている部分を切断すれば効率よくタケノコを収穫できる。

先端が向かっている側（三日月の弦の側）の土を鍬《くわ》で掘る。鍬の刃をタケノコの根に向かって振り下ろせるくらい広く深く掘っていく。

タケノコと地下茎との位置関係がおおよそわかったら、つながっている部分を切断するように、鍬を打ち込む。地下茎は切らないように注意する。地下茎が残っていれば、来年もタケノコが生えてくる。掘った穴はちゃんと埋めておく。掘ったあとに米ぬかなどを肥料として入れる人もいる。

一つの地下茎からタケノコは何本も生えてくるので、1本見つけたら近くを見渡して親竹を想定し、親竹と見つけたタケノコを結ぶライン上を探すと、ほかのタケノコが見つかる可能性が高い（p119のイラスト）。

アク抜き

タケノコの食べる部分は、中の白い部分である。

皮を大雑把にむいて洗う。先端を切り落とす。米ぬかを入れた水で30分くらいゆでて、そのまま冷ますとエグ味がとれる。当日に採った新鮮なものは米ぬかなしでもエグくない。米ぬかは米屋で売っている。わが家は家庭用精米機で玄米を精米しているので、米ぬかが常備されている。

刺身

ほとんど地面から出ていなかった小さいタケノコは、エグ味が少なくて刺身によい。ゆでたものを薄切りにしてワサビ醤油で食べる。

薪ストーブ焼き

皮をむかずに薪ストーブの端に入れる。30分くらい焼いて、皮に焦げ目がついたらとり出す。皮をむいてスライスして食べる。

春先のまだ柔らかいヨモギのさらに先端部分だけを集めて、ミキサーにかけ、上新粉と混ぜ合わせる。春の楽しみ。

タイカレー

エグ味を抜いたものを、タイカレーの具にして入れるだけ。普通のカレーに入れても旨い。3月はシカ肉の残りと、タケノコのカレーがわが家の定番になる(少々飽きる)。

炒め物

エグ味を抜いたものを、好みの具材と炒める。タケノコに味を染み込ませたければほかの具材より先に入れる。

ヨモギ餅

ニワトリ用の春の青葉を摘むついでにヨモギを集めて、春の香りを楽しむ。

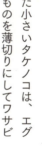

先端が曲がっているほうに地下茎があることが多い。上写真なら右側やや手前に切断すべき根があると予想できる。

根があると思われるほうを掘る。勘で鍬を入れるとタケノコを台無しにしてしまう。しっかり掘るほうが結局は早い。

地下茎とつながっている部分（根）に鍬を入れて、タケノコを回収したい。

地下茎側をしっかり掘って、つながっている根の部分がおおよそ確認できたら、そこにざっくりと鍬を入れる。

うまく根を切れていたら、そのまま鍬を起こすと、キズついていないタケノコがごろりと転げでてくる。

おいしい部分まで気持ちよく採ったら、土を戻して穴を埋めておく。地下茎の伸び具合を参考にして別のタケノコを探す。

タケノコの探し方

タケノコは地下茎でつながっているので
穂先の出ているタケノコを見つけたら
親竹と結ぶライン上を探すと見つけやすい。

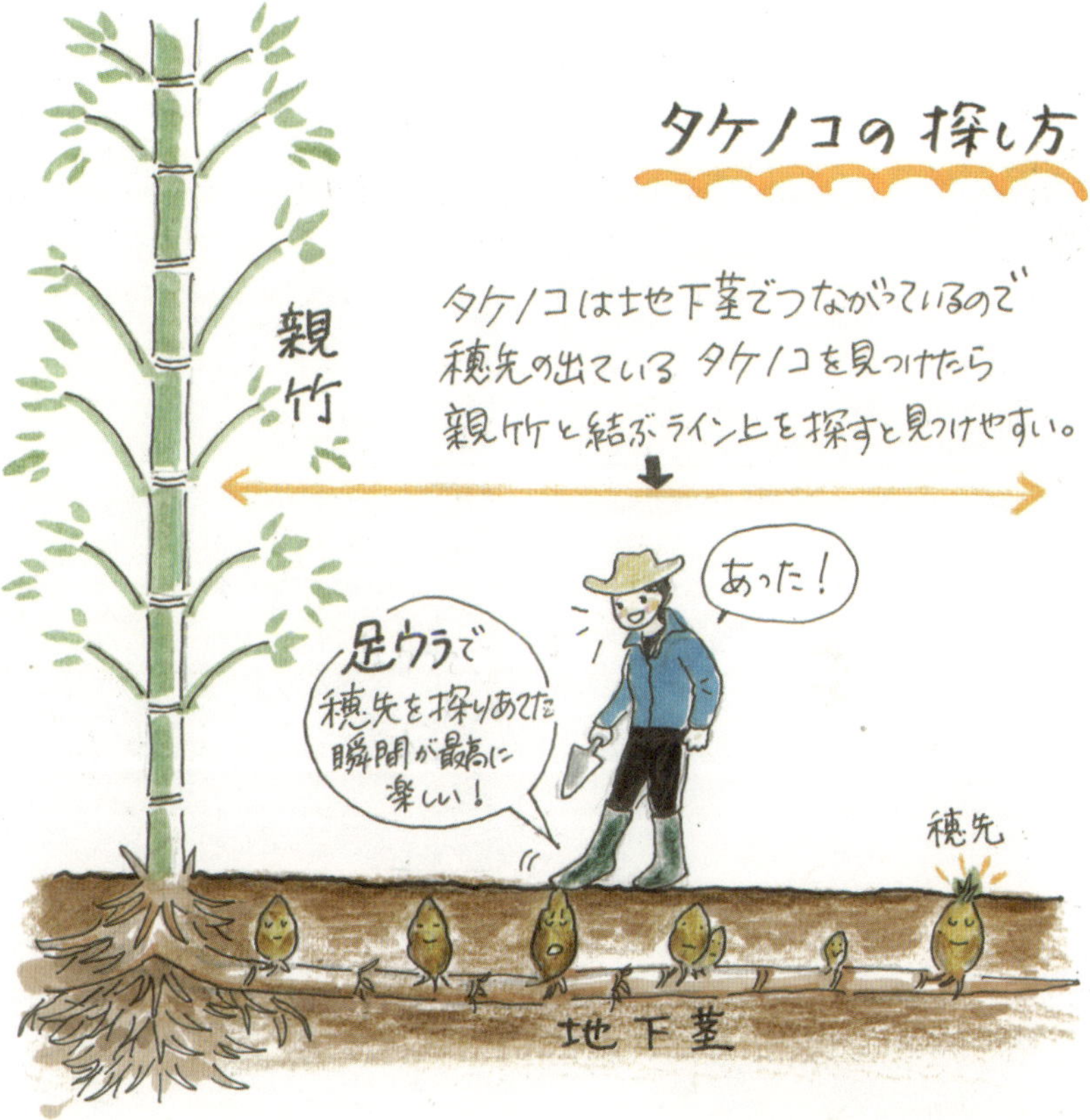

タケノコの掘り方

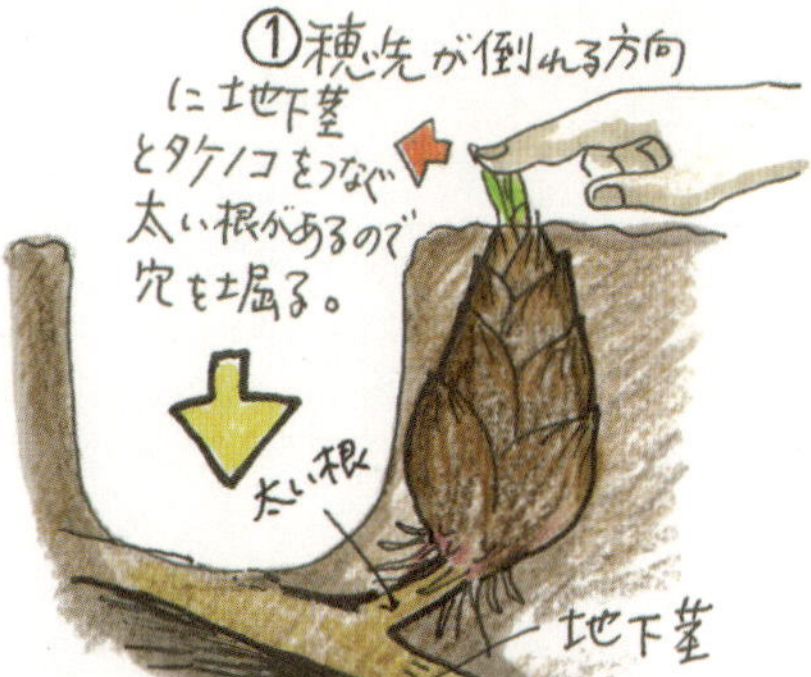

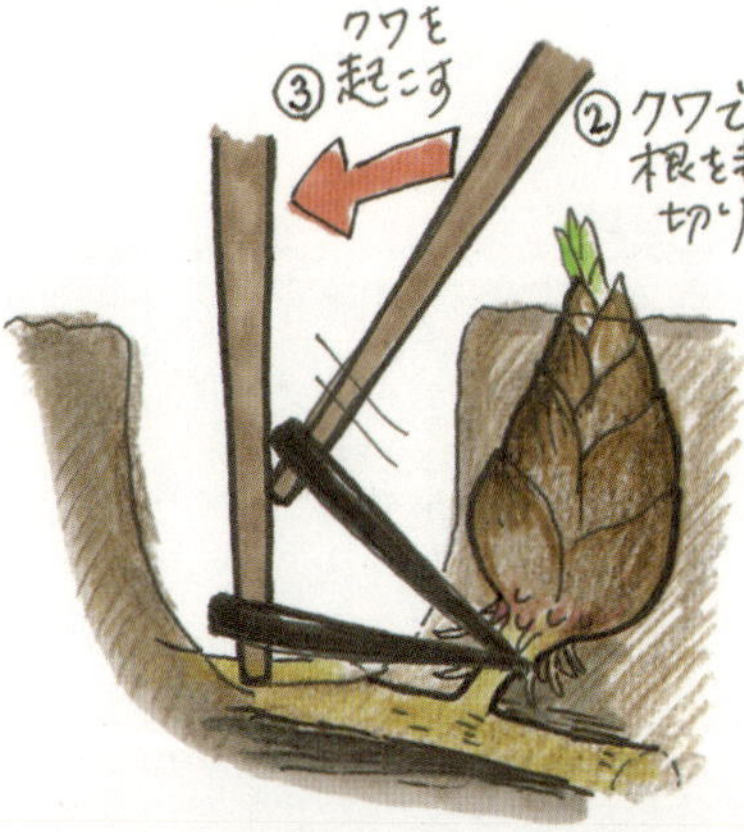

料理前のアク抜き

①皮をむいて先端を切り落とす。②水に米ぬかとタケノコを入れて、火にかける。沸騰したら火を止めてそのまま放っておく。ぬかの代わりに酢や大根おろしでもできるらしい。

薪ストーブ焼き

初タケノコと出会うころは、まだ薪ストーブに火が入っている。皮が付いたままストーブに投げ込んでおいて蒸し焼きに。

刺身

ほとんど地面から出ていない小さなものを見つけたら、軽くアク抜きして刺身でいただく。

タケノコでメンマをつくる

① 鍋にごま油大さじ2を熱し、タケノコ600g を強火で炒める。

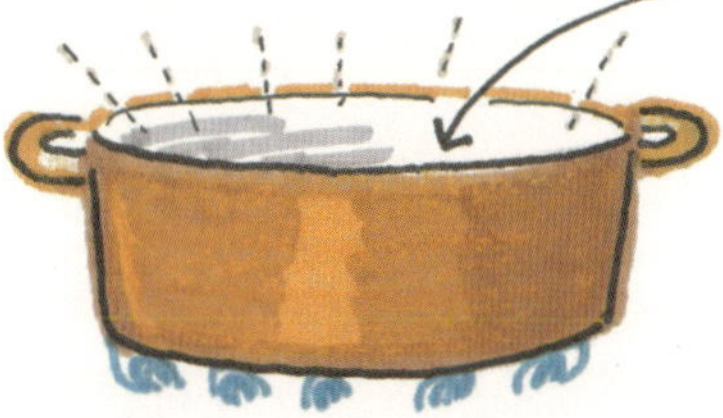

短冊状に切った
タケノコ
（根に近い部分が良い）

② 中華スープ400cc、
しょう油大さじ3、酒大さじ2、砂糖大さじ1弱
を加えて、汁気がなくなるまでコトコトと煮る。

ラー油を回し入れて完成!!

ラーメンやあたたかいご飯とどうぞ!

タイカレー

薪ストーブと同じく、シカ猟の最後もタケノコの季節と重なっている。シカ肉とタケノコでタイカレーやスープカレーを楽しめる。

〈5〉6月の梅林にて（ウメの実拾い）

自宅の庭と、裏山の雑木林にウメの木がある。ウメの木をゆらしたり、枝をノコギリで切り落としたりして、地面に広げたビニールシートの上にウメの実を落とす。木登りにじゃまな枝は剪定バサミで切り落とす。「サクラ切るバカ、ウメ切らぬバカ」ということわざがあるとおり、ウメは枝を切っても問題ない。最後にビニールシートに落ちたウメを拾って、ビニール袋に入れる。もともと地面に落ちて傷がついていたウメときれいなウメは別のビニール袋に入れておくと、あとで分別する手間が省ける。

冬に木の下に肥料として灰を撒いたせいか、2015年はそこそこ実のなりがよかった。

食べ方

ウメシロップ（砂糖漬け）は、熱湯で消毒したビンに、少量の焼酎（消毒用）とウメと砂糖と入れておくだけでよい。浸透圧の働きでウメから自然と水分が出てシロップになる。

梅干は、手間がかかるのでやっていない。個人的には、黄色っぽく熟したウメを使った梅干が好みである。黄色く熟したものは生でも食べられる。アンズのような味がする。

ウメシロップの出がらしになったウメはそのまま食べることもできるし、火にかけてジャムにしてもおいしい。これも干し柿と同じで、山登りの行動食にもなる。

〈6〉夏の庭にて

ミョウガ

庭の斜面の下にまとまって自生していた。増えすぎたために植え替えたものもある。

春はまず、ミョウガタケを楽しむ。地中から出てきた細いタケノコのようなミョウガを採る。そのまま味噌を付けて食べてもよいし、味噌汁の具にしたり、炒め物の具にしたりする。

初夏から夏にかけて、土の中から出てきた花のつぼみ（花穂）を食べる。薬味にすることが多いが、炒め物に入れても美味しい。味噌漬け、ぬか漬けもよい。

キイチゴ

大きなくくりではベリーの仲間なのだろう。もとは近所の家の庭に自生していたのだが、建て替えるというのでわが家の庭に移した。カジイチゴだろう。

キイチゴ系は多年草で、さまざまな種類が季節を変えて実をつけるので、どこに生えているか、いつ実をつけるのかを覚えていると、春から秋まで楽しめる。

ウメ

しっかり管理すれば100 kgくらい収穫できるポテンシャルがあると思うのだが、なかなか手が回らない。6月初旬が収穫の時期。

カジイチゴ

キイチゴはほとんど雑草である。手間がかからないので放っておけばいい。食べられる植物はトゲがあることが多い。キイチゴにもトゲがある。

ウメの実の採り方と食べ方

ウメの木に登って実の収穫。管理しきれていないので登りにくい。

大きなブルーシートを広げて、揺すったり、切ったり、叩いたりして実を落とす。

先端についている実は厄介だ。枝ごと切り落として収穫することも。

最後にシートの上に落ちた実を熟し具合別に集める。

ウメジャム

熟し気味の実から作る。もしくはシロップのかすから作ることもできる。シロップのかすから作ると種の処理が面倒。

ウメシロップ

青い実を漬けるとさわやかな味に、熟したものを漬けると濃厚な味になる。シロップを飲んだら実を食べる。

ミョウガの採り方と食べ方

ミョウガ

斜面の一画がミョウガ林だった(ミョウガ付き物件)。7月ごろから、ヤブ蚊と戦いながら、数日おきに収穫する。

春のミョウガタケ。出たばかりのものを選んで、そのまま食べたり、薬味にしたりする。

地面から出てくるタケノコ状の花穂を主に食べる。写真は花が咲いた状態(やや収穫が遅い)。

ミョウガの味噌漬け

短い季節にいっせいに出るので、食べきれない。ごっそり薬味にしたり、炒め物の具にしたり、ぬか漬けや味噌漬けにする。味噌漬けは安い味噌に埋めておけばできる。

〈7〉秋の公園や神社にて

スダジイの拾い方・食べ方

実りの季節。クリやドングリは見ているだけで幸福感に包まれる。われわれの遺伝子にドングリを食べてきたことが染みついているからだろうか。ドングリは見ていてかわいいが、アクが強いものが多く、手間いらずで食べられるのは、スダジイくらいである。マテバシイも食べられるが、スダジイより味が落ちる。登山に行くとトチの実が落ちていて、シカやカモシカ、サルは、そのままバリバリ食べている。人が食べるにはアクを抜く必要があり、水をたくさん使うので、家のそばにきれいな流水がないと難しい。

近所にあるスダジイの樹はほとんど頭に入っている。年によって実のつきが違うので、実がついた樹を観察して狙う。ほんのり甘く美味しいが、クリとは比べるべくもない（クリのほうが圧倒的に美味しい）。山に行動食で持って行ったこともある。腹持ちはよい。

軽く炒《い》って、中の実を食べる。日が経つと固くなっていく。

ギンナンの拾い方・食べ方

イチョウは生きた化石とも言われる裸子植物で、雄株と雌株があり、雌株に実がつく。果肉には排泄物のような異臭がある。果肉はむきとって、種の中を食べる。

樹によって種の大きさが違い、大きな種をつける樹のギンナンは人気があり、拾うのは争奪戦である。一方、あまり大きくない種は朽ちるままになっていることが多い。味は変わらない。

薪ストーブの上に転がして、炒《い》ってから食べる。食べすぎるとギンナン中毒になると聞く。

〈8〉冬の雑木林にて

庭では、ハッサクが色づいている。冬の野草を採ろうと思うなら、ノカンゾウの球根やクズの芋くらいだろうか。自然薯が庭に生えているが、掘っていない。

葛粉の作り方

野生環境から採取できるデンプン質というのはそれほど多くない。縄文時代まで遡れば、クリとドングリが炭水化物だった。葛粉に興味があったので、繁茂している裏山の空き地で、クズの根を掘り出して、葛粉を作ってみた。

❶クズの芋を掘る

太いツルを探して、見当をつけてクズの根を掘りだす。芋というよりは、太い根である。

❷掘り出した芋を洗う

できるだけ芋（根）をきれいに洗う。

❸芋のデンプンを水に溶かす

芋を丹念に叩いて、繊維をバラバラにして、デンプンが溶け出すようにして、水につける。アクと泥で水は茶色くなり、粉がでているかわからない。

❹デンプンを沈殿させて上澄みを捨てる、を繰り返す

ゴミをザルでとって、沈殿と水換えを繰り返すと、白いデンプンが底に溜まってくる。芋の重さの1割弱ほどとれるようだ。わが家の第一回目の挑戦は、春先におこなったため、出張中に発酵をはじめてしまった。一人前の葛餅を作れるくらい白い粉は溜まりはじめていたのだが……。

近所のスダジイのあるところはほぼすべてチェック済み。豊作は毎年ではないので、たくさん樹を知っているほうがよい。

落ちたばかりのスダジイの実は、柔らかく、炒って食べるとおいしい。時間が経つと固くなる。味はクリに劣る。

スダジイ

実がハカマで包まれているのが特徴。日頃の散歩でこのハカマを探しておきたい。ハカマの先端が３つに割れて実が出てくる。写真下の１粒はコナラのドングリ。

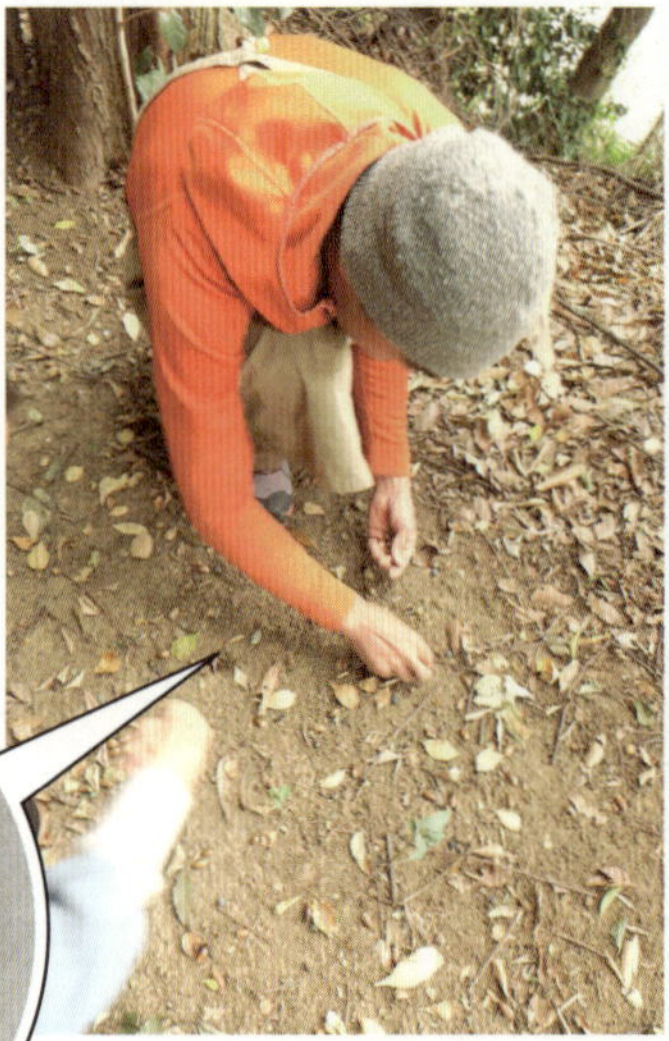

近くの神社の裏に大きなスダジイがある。野遊び好きの子供にハカマを見せてスダジイの場所を教えてもらう。

そのままも食べられるが、軽く炒ると殻も割りやすく、味も上がる。ただ、炒ったスダジイは冷えると固くなる。

殻を歯で割るなどして、中の実を食べる。ほんのり甘く、エグ味もなく、ナッツのよう。

ギンナン

臭いのある果肉は油脂があり、触ると手がかぶれるようだ。手袋をはめて拾う。大きな種をつける樹は競争率が激しい。

ギンナンはイチョウの雌株に実る。独特の臭いがあるので、近所にあれば、すぐにその存在がわかるはずだ。

薪ストーブの近くに置いておき、ときどき炒って食べる。うまい。食べ過ぎは中毒症状が出ることもあるという。

ある程度果肉をとったら、面倒なので素手で洗ってしまう。手はやはり油脂でべとべとになる。

① クズの芋を掘る

ウメやクリの成長を妨げるクズのツル。芋で葛粉をとれるか試してみる。芋というよりは太いツルが地中に埋まっている感じ。

② 掘り出した芋を洗う

掘り出すのは重労働だった。適当なものを持って帰り、泥をよく落とす。

3 芋のデンプンを水に溶かす

芋の中にあるデンプンを水に溶かすためには、まずハンマーで叩くなどして繊維をバラバラにしなくてはならない。これが一番の重労働。

4 デンプンを沈殿させる

できるだけ繊維をバラバラにして、芋の中にあるエキスを水に溶かすようにする。沈殿させ、うわずみ（写真上）を何度も捨てて、デンプンだけをとり出す。

みんなが食べれば外来種問題は解決する

都市人口の数パーセントでも自宅周辺で食料調達をはじめたら、ウシガエル、ブラックバス（以上特定外来生物）、アメリカザリガニ、ミシシッピアカミミガメ（生態系被害防止外来種）などの外来種問題は解決するかもしれない。

外来種を食べるまでにはハードルがいくつかある。まず、つかまえても生きたまま運搬することが法律で禁止されていることが、その一つ。

法に則るなら、ウシガエルは、現場で〆てから持ち帰らなくてはならない。だがそれでは生きのいいまま料理することができず、味が落ちてしまう。

法律の目的は特定外来生物の生息域をこれ以上増やさないことである。外来種を減らすという意味では、捕獲して食べることは法律と目的が一致している。

「確実に殺して食べる場合は生きたまま運んでよい」という但し書きを法律に加えてもらいたいが、近所の池に放そうとしているのか、食べようとしているのかは区別できないので、そんな但し書きが書き加えられることはないだろう。食べるために獲った場合は生息域が広がらないように確実に食べることを実践したい。

第二のハードルは化学的な汚染である。鶴見川で捕獲した生物を食べるとき、化学物質や重金属が含まれていないか嫌な想像が頭をよぎる。

汚染の元凶は人間である。人間はどうやら繁栄しているようだし、生活は快適になっているようなので、多少の汚染はわれわれにとって、繁栄と豊かさのための必要経費みたいなものと考えることもできる。だが、ほかの生き物はとばっちりだ。といいたいが、うまく人間の尻馬に乗って繁栄している生物も存在する。

文明と都市生活は同じ意味である。その都市生活に行き過ぎたものを感じて、身のまわりのものを獲って食べている。その食べ物には自分たちが出した汚物が濃縮されているかもしれない。この堂々巡りを考えると人間はあまり賢いとは言えないようだ。

〈1〉ミドリガメ

圧倒的に旨い。街中ではもちろん、山中を含めても、一般的に調達できる食べ物のなかで味は特級である。超高級地鶏（なんてものを食べたことがないがたぶんそんな感じ）の味だと思う。

正式名はミシシッピアカミミガメ。水質汚染にも強く、ペットだった個体が都市部の河川や沼で繁殖し、天気のいい日には甲羅干ししている。イシガメなどの日本原産のカメの生息を脅かす要注意外来種と見なされている。

昔話や童話の影響により「カメを助けると夢のような場所に連れて行ってもらえる」「カメは努力家でウサギより速い」などの先入観が日本語文化圏には染みついており、カメを捕獲していると、たとえ外来種でも咎められることがある。そんな文化的ハードルが立ちふさがった場合、「生態調査である」と言い切るとよい。日本人は学術研究にも弱い。作業着など、それっぽい服装だと説得力が増す。

捕獲

小川などでは、甲羅干ししている個体を探し、そっと近づいて、網ですくう。膝ぐらいの水深であれば、泳いで逃げる個体にも追いつくことができる。

池で捕獲するときは、小石を投げるとエサだと思って寄ってくるので、網で素早くすくうとよい。パンやお菓子を撒けばさらに捕獲率は高まる。

大きめの河川では、魚の切り身にハリを付けて、投げ込んでおいても釣れる。ナマズ用のルアーでも釣れる（ハリをはずすのが面倒）。ザリガニを釣っていて捕れることもある。

捕獲したら噛みつかれないように注意が必要。イメージはのろまだが獰猛である。

泥抜き

大きな桶に入れてエサをやらずに1週間ほど飼って、泥抜きをしている。解体時に内臓を上手にとれば、泥抜きをしなくても臭くないのではないかと思う。ただ、捕獲から3日間くらいは水がすごく汚れるので、消化器官にはたくさんの消化物が入っているようだ。ミドリガメはまだ特定外来生物に指定されていないので、生きたまま持ち運ぶことができる。ただ逃げられた場合、不用意に生息域を拡大させてしまうことになる。泥抜きをする場合は、ゆっくり殺しているくらいのつもりで、責任を持ってとり組みたい。

解体

服が濡れたり汚れたりしないように、前掛けをしたら、タワシでこすって洗う。

噛む力が強いため、首を切り落としてから作業したほうが安全である。ひっくり返して首を出すのを待ち、首を伸ばしたら、しっかりつかんで切り落とす。剪定バサミ、ハンティングナイフ、出刃包丁と試してみたが、出刃包丁が一番やりやすいようだ。個体によっては、なかなか頭を出さない。その場合は、のどにむりやり包丁をつき刺して首を強引に引っぱり出しておいて、首の根元をもうひとつの包丁で切り落とす。左手には手袋をする。

首を落としたら甲羅の両側をノコギリで切ってから、腹側の甲羅にそって丁寧にナイフを入れていき、腹側の甲羅から肉をはがす。ここは出刃より、ハンティングナイフなど、刃がカーブしたものがやりやすい。

この状態でも、足はずっと動いている。生きているとは何かを考えさせられる絵柄である。

次に背側の甲羅から肉および脂と内臓を切り離すが、首と尻のところで肉と甲羅が関節でつながっているので、そこを丈夫なハサミ(剪定バサミ)で切る。

背側の甲羅から肉と内臓を切り離したら、肉、脂と内臓を切りわけていく。胆《い》は苦く、膀胱は臭いので、このふたつを破かないように気をつける。心肺器官や消化器官はニワトリのエサにするが、寄生虫などを避けるために湯どおししている。肝臓に囲まれている胆は取り出して、ヒモにつるして干しておく。クマの胆ならぬカメの胆。写真のカメはメスだったので卵が入っていた。丸い黄色いものは卵になる前段階のもの。卵は肉とは別にゆでて食べる。

食べ方

肉をさっと湯がいてから料理しているが、それほどアクは出ないので、直接料理をしても大丈夫だと思われる。

肉と手足を適量の水と日本酒とともに鍋に入れて火にかける。煮立ってきてアクが出たら丁寧にとる。味を見ながら塩を入れて完成。

普通の鍋のように野菜などを入れてもよいが、カメの旨味をダイレクトに楽しむならシンプルなカメスープ鍋がおすすめ。お好みで醤油などを入れてもよい。スープは金色に輝き、肉は鶏肉と似た味。脂はあっさりしている。卵の黄身は鶏と似ている。白身は熱で固まらずニュルンとしている。

スッポン、今後の課題

新月の夜にスッポンが獲りやすいと聞いた。次男が食べてみたいと言っていると、獲物仲間に伝えたら、大きいのを一匹持ってきてくれた。ところが大雨の日に逃げられてしまった。スッポン君は鶴見川までたどり着けたのだろうか？

カメを食べるためのハードルは、泥抜きしている間に、情が移ってしまうことである。

ミドリガメ（ミシシッピアカミミガメ）

鶴見川の支流や近所の池にたくさん生息している。大きめの個体がおいしいようだ。やや化学汚染が気になる。

ひっくり返して首を出すのを待ち、首を伸ばしたら、しっかりつかんで切り落とす。個体によっては、なかなか頭を出さない。

解体したら日本酒と水でゆっくり煮てゆく。アクをとるついでに味見をすると、とてもおいしいダシが出ている。

なかなか首を伸ばさない場合はアゴの下に丈夫な金属棒などを入れて引きずり出す。

首を切り落としたら、洗面所などで切り口を下にして血抜き。頭を洗う。

甲羅の側面をノコギリで切り離す。甲羅はあばら骨が進化したものらしい。

甲羅の下側と肉との間に刃を入れて切り離す。刃がカーブしているナイフがよい。

蓋のような下側の甲羅がとれた状態。筋肉はまだまだ激しく動いている。

前脚と首のまわりの甲羅にへばりついている部分に刃を入れて切り離す。

後脚と尾のまわりの甲羅にへばりついている部分に刃を入れて切り離す。

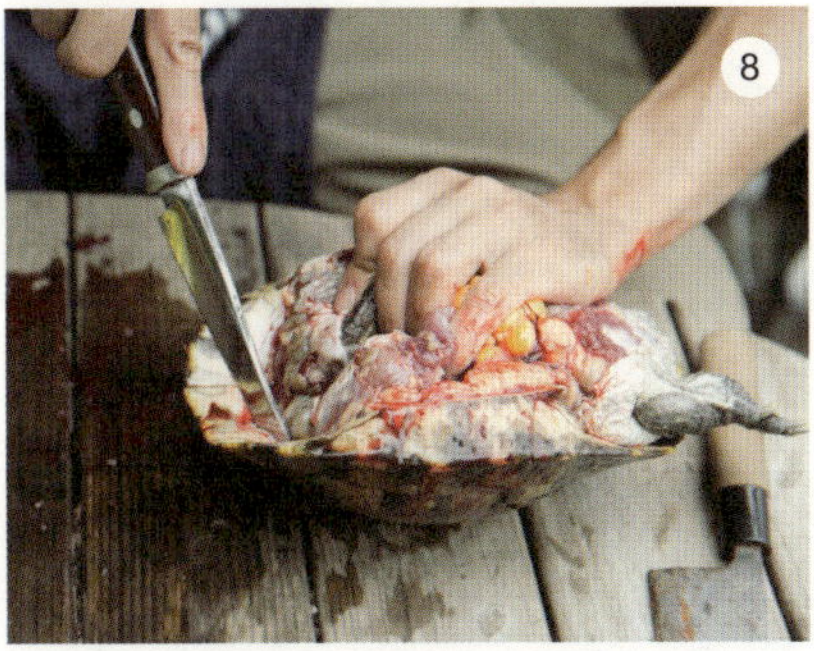

甲羅にくっついている肉をはがすように丁寧に切り離していく。

甲羅と体をくっつけている固い筋（前後２カ所）を剪定バサミなどで切り離す。

再び甲羅と肉を分割するようにナイフを入れていく。

体全体（筋肉と内臓）と甲羅が完全に分離する。難しい作業ではない。

筋肉と内臓を分ける。膀胱と胆のうを破かないように注意。手にしているのは卵の元。

体を解体する。骨の構造はシカなどの哺乳類とほぼ同じ。

体と甲羅の間に脂がたまっている。適当に脂を切り離していく。

前脚後脚は関節にナイフを入れれば、簡単にはずすことができる。

肛門から腸を切り離す。腸の内容物を肉につけないように気をつける。

胆のうは肝臓にへばりついているので、破かないように注意してとる。

カメの肝(い)を干す

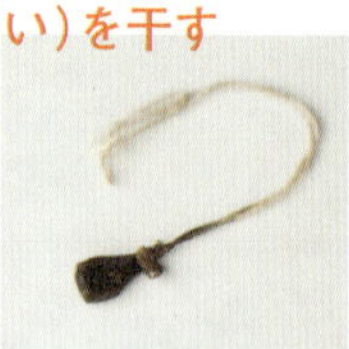

効用があるのかどうかわからないし、服用する予定もないのだが、猟師の端くれなので胆があるととり出して干してしまう。

心肺器官と消化器官をわける。膀胱を破かないように注意。

筋肉を食べやすい一口サイズにする。顕著な関節を切れば簡単に切り離せる。

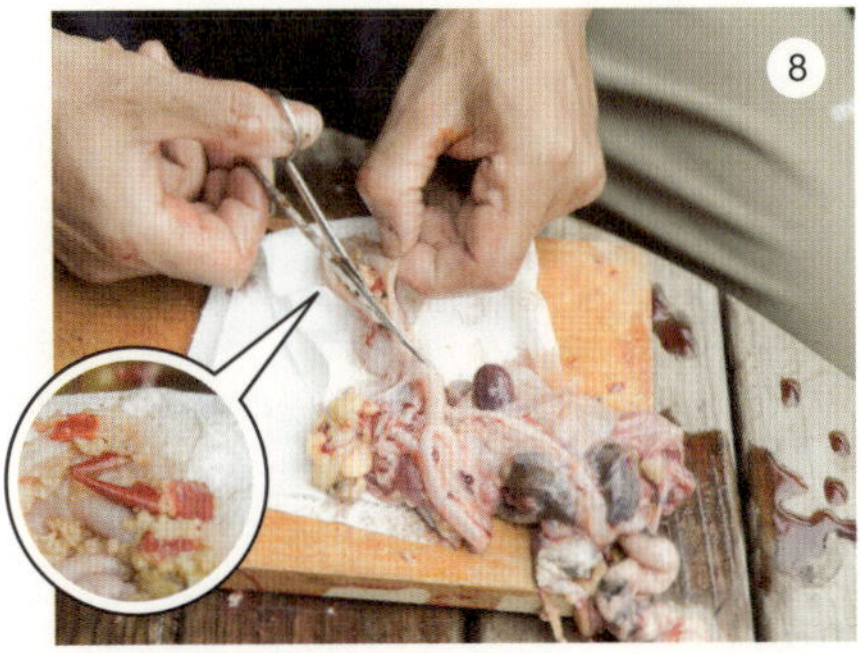

胃の中にはザリガニのハサミが入っていた。内臓はニワトリのエサ。

1匹をバラバラにした状態。中央の細長いのが背ロース。あまり使われないのかインナーマッスルのようにピンク色。

内臓はゆでて ニワトリのエサに

内臓や余分な脂などは軽くゆがいてニワトリにやる。喜んで食べている。化学的な汚染がすこし心配。においはそれほど生臭くない。

前脚後脚などの大きな部位を一口サイズにする。骨は固いので関節で切る。

手のひら、足のひらにもナイフの先で切れ目を入れておく。

血と皮膚表面のヌメリを洗う感じでゆがく。アクはそれほど出ない。

鍋に肉と脂、水を入れ、日本酒を少々入れてゆっくり火を入れる。

多少はアクが出るのですくう。黄色いのがカメの脂。

最後に塩で味を調え、醤油で色付けすれば完成。臭いはなく、スパイスなどはいらない。

カメ鍋

素直で深い旨味がある濃厚なダシの鍋になる。鶴見川の支流から獲ったことが少し気になる。最後は卵ときにして、ごはんにかける。好みで薬味を浮かべて。

わが家の子供たちはグルメである。3人が黙ってとり合うように食べたので、相当うまいのだと思う。

〈2〉ザリガニ

もはや日本中にはびこった外来種、アメリカザリガニ。汚い水でもしぶとく生息し、「マッカチン」と呼ばれる大きな赤い個体は貫禄充分、幼いころ憧れの獲物だった。住宅街で育った私にとって、もっとも身近な水生生物であり、水生生物の捕獲の基本はアメリカザリガニから学んだといってもいい。

子供のころは食べなかった。都会のどぶ川に生息する個体を食べるのはやや尻込みするが、泥抜きして食べれば旨い。

捕獲方法

素手でも、網でも、釣りでも捕れる。大物を効率よく捕るには釣りがよい。

仕掛けは、1〜2メートルほどの棒（竹がよい）に2メートルほどの凧糸をつけるシンプルなもの。釣り場の広さや水深、使用する網の柄の長さで凧糸の長さは調節する。エサはアジの干物の頭など匂いの出る魚介類ならなんでもよい。シンクの排水口などでゴミを受ける網の袋（小さな網の袋）にエサと小石（オモリ）を入れ、竿につけた凧糸で縛る。この仕掛けを三本ほど用意する。

近くの川の砂利穴（※ザリガニがいかにもいそうなところ）に、適度な間隔でエサを投げ入れ、竿を置いて、ザリガニがエサにへばりついてくるのを待つ。数分待ってから、ゆっくり竿をあげてみる。ザリガニがエサの網袋にへばりついていれば、手応えがある。手応えなくへばりついているときもあるので、網袋が見える水深までゆっくりあげる。

エサの網袋にザリガニがへばりついていたら、網をゆっくり近づけて、エサの網袋ごと素早くすくう。

エサの臭いにザリガニが寄りはじめれば、入れ食いになるので、3本の竿を順番にゆっくりあげて、ザリガニを捕獲していけばよい。

泥抜き

泥抜きをするかしないかで、味（臭い？）が違うようだ。泥抜きをしたほうがもちろん旨い。大きな容器に入れて、2、3日放っておけばよい。ただ、水を深くした場合は、エアポンプを入れないと酸欠になる。容器に対してザリガニの数が多い場合は、水を浅くしておくと酸欠にならない。

料理

ゆでる、焼く、揚げる、とやってみた。シンプルな塩ゆでが一番うまいようだ。ちゃんと泥抜きすればかなりいけるが、クルマエビには負ける。

※砂利穴　本来、砂利を採掘したあとに水が流れ込んだ溜まりを指すが、河原などにある池を全般的に砂利穴と呼んでいる。

ザリガニの釣り方

これが基本的な仕掛け。ひとり3本用意すると効率が良い。4本以上になるとやや忙しい。

雨上がりでやや水が多かった。2、3m間隔を置いて、エサを沈め、待つ。

竿をそっと立てて、ザリガニがついていないかをチェック。ついていれば網ですくう。

全長20cm級の大きな個体がマッカチン。写真はマッカチンレベルではない。

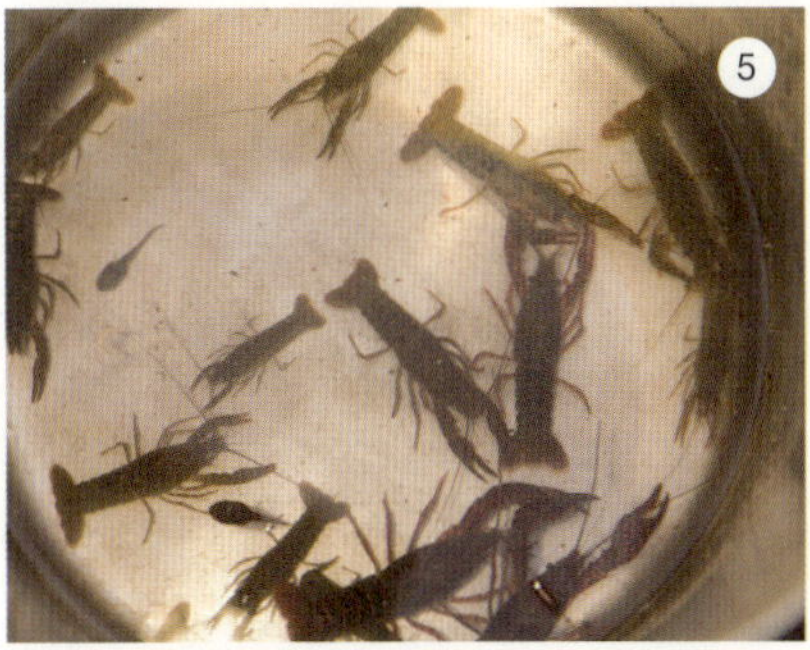

ザリガニが多く、食いが立っていれば、小一時間で20匹くらいはすぐ捕れる。

道具がなくてもできるもっとも
シンプルな調理として網の上で
じっくり焼いてみた。

味付けに少しヌクマム（ベトナム魚醤）をたらす。

網焼き

足の先端などは焦げてしまったが、シンプルなザリガニ焼き。味は濃いが、ちょっとぱさぱさ感があった。

旨味を逃がさないように、多めの油で炒めてみた。

強火で一気に炒める。味付けはここもヌクマム。

油炒め

見た目も美しい油炒め。寄生虫が怖いのでしっかり火を通したい。尾の肉だけを炒めたら美味しいだろう。殻付きでは油の意味がない。

塩ゆで

結局一番おいしかった塩ゆで。みずみずしく、ぷりっとしており、むきやすさなど、扱いもしやすい。

基本的な塩ゆで。本場？ アメリカでは定番のようだ。

入れた瞬間は暴れる。半生にならない程度（数分）ゆでれば充分。

服部家一番の食いしん坊玄次郎と試食会。評価は同じで、塩ゆでが一番だった。

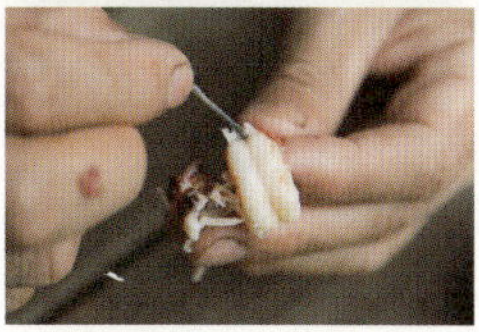

背ワタをとる

背ワタという糞が詰まった部分はそれぞれとって食べた。先のとがった棒などで簡単にとることができる。

〈3〉ヘビ

住宅街に適応していて、暖かくなるとしばしば見かける。近所の家でカキの木に大蛇がいると110番し、パトカーが出動する騒ぎになったことがある。事件を目撃した次男が「ちょっと大きいアオダイショウだった」と鼻で笑っていた。わが家の庭にも1メートル級が住んでいた(食べた)。

ヘビを捕るには、先が二又になった棒を用意して、それで押さえてから首をつかむとよい。棒が2本あると確実性が増す。毒蛇(マムシやヤマカガシ)ではない場合、手でそのままつかまえてもいいし、足で軽く押さえつけて、首をつかんでもよい。シマヘビもアオダイショウも毒はなくても歯は鋭いので噛まれると皮膚が切れる。手袋をしているとよいだろう。

すぐ食べる場合は頭を落として処理すればよい。生かしておく場合は、すこし水を入れたペットボトルに入れ、空気穴をあけて、涼しいところに置いておく。そうやって日時をおき、消化物を除くと内臓も食べられる(美味)。エサをやらなくても3カ月ほどは問題なく生きている。マムシをマムシ酒などにする場合も同じようにして、消化物を腹から抜いてから酒に漬ける。

ニワトリ小屋に卵を狙ったアオダイショウが侵入したことがある。ニワトリが騒いだので気がつき、捕獲して食べた。アオダイショウは青臭い物質を出すが、肛門近くの臭腺から出る物質が肉につかないようにすれば、美味しく食べられる。

〈4〉ウシガエル

大きな河川に隣接した沼などで見つけられる。もともと食用に輸入されたもので、ひところは年間900トン以上をアメリカに輸出していたという。捕獲はさほど難しくない。見つけたら鼻先に毛バリをぶらさげてチョウチン釣りをする。もしくはいそうなところにハリのついたエサや疑似餌をぶらさげる。気温が上がりはじめる梅雨のころから、夏の終わりまでが季節。

ザリガニを凧糸で結んで、水面でじゃばじゃばやり、じっくり飲み込ませてから持ち上げても釣れる。その場合はハリを使わないので、カエルにキズがつかない。ウシガエルは外来生物法の特定外来生物に指定されているので、生きたまま運搬することが禁止されている。

処理

両後脚を持って、頭を固いものに叩きつけたり、包丁で頭を落としてもいい。動きを止めたら、皮を引っ張って切れ目を入れ、むく(頭を落としている場合は、切り口からむけばよい)。腹を切り開いて内臓を出し、関節に刃を当てるようにしてバラバラにする。

料理

鶏肉と同じように料理すればよい。どんな料理にも合う。

ヘビを生きたまま保存しておく場合や消化物を腹から抜きたい場合は、少し水を入れた瓶やペットボトルに入れて涼しいところにおいておく。水はときどき替える。

5月にタケノコを掘っていて見つけ、捕獲したシマヘビ。シマヘビの肉は素直な味でとても美味しい。昔は食用ヘビの筆頭だった。

シマヘビの処理の仕方

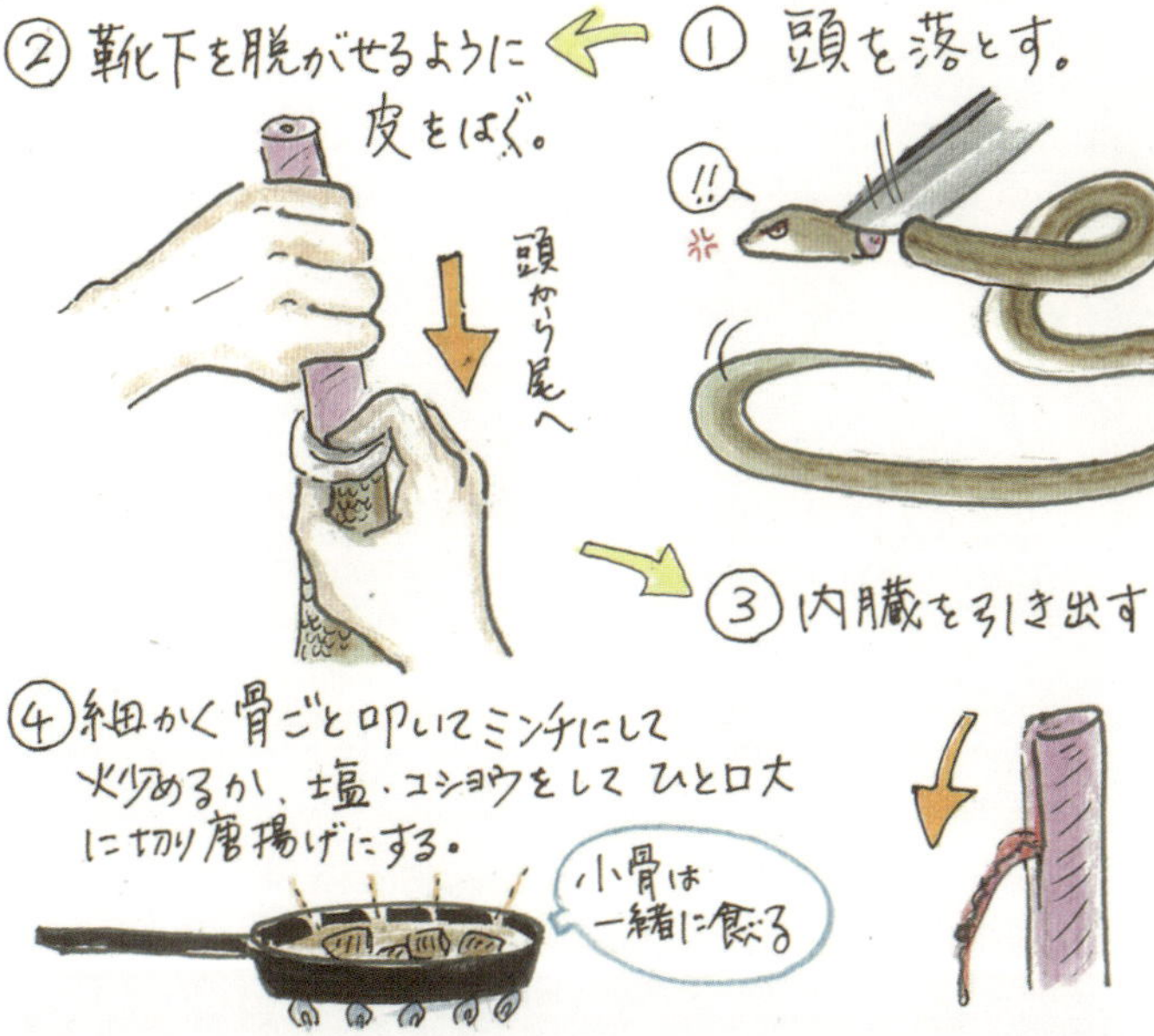

アオダイショウの食べ方

アオダイショウは肛門（排出腔）付近にある臭腺から青臭い液体を出す。それが肉に付かないように処理するのがポイント。

ニワトリ小屋に侵入してお縄となったアオダイショウ2匹。食べてみたいという友人がいたので、ペットボトルで保存する。

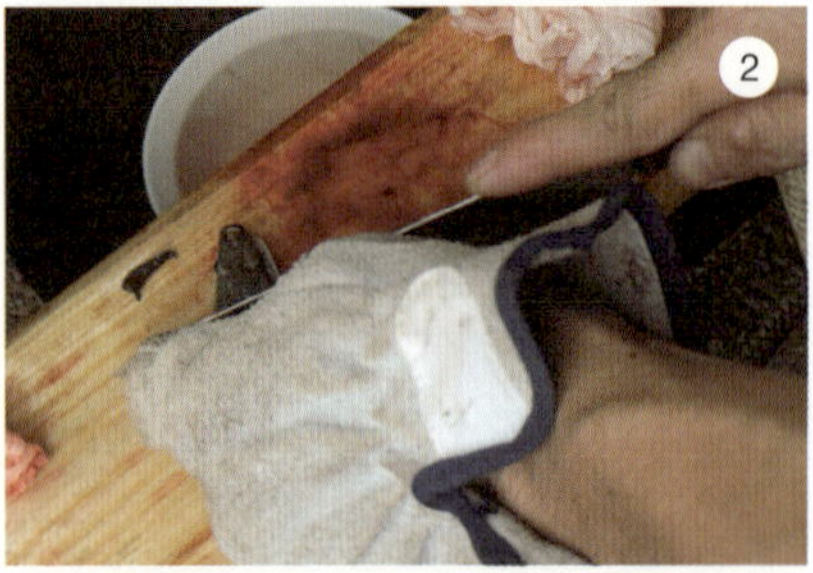

首を切り落とす。マムシなどの毒蛇の頭を切り落とすときは噛まれないように注意する。

靴下を脱がすように皮をむく。糸口をつかんで一気にやりたいが、ぬるぬるするので力がいる。

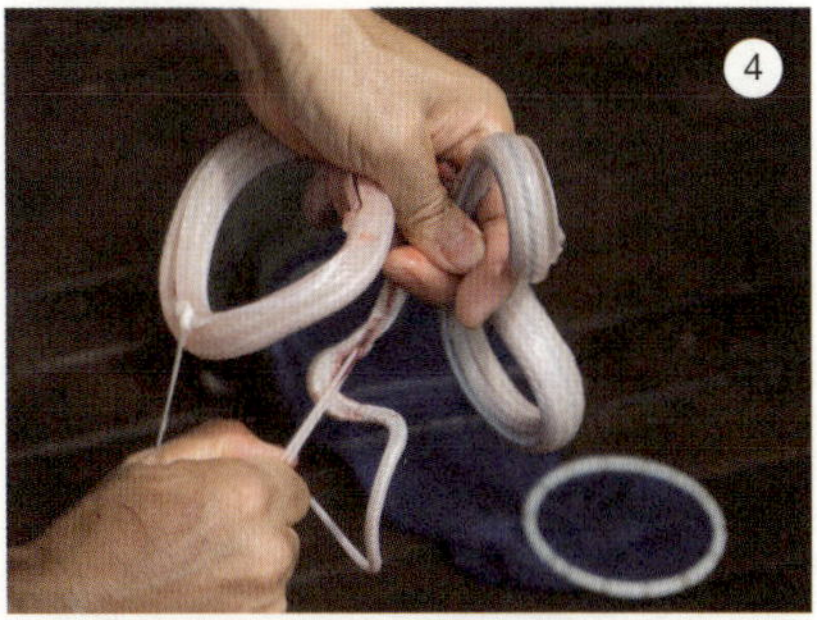

皮がむければ、内臓は簡単にとり出すことができる。消化物が入っていなければ、内臓は脂が多く美味しい。

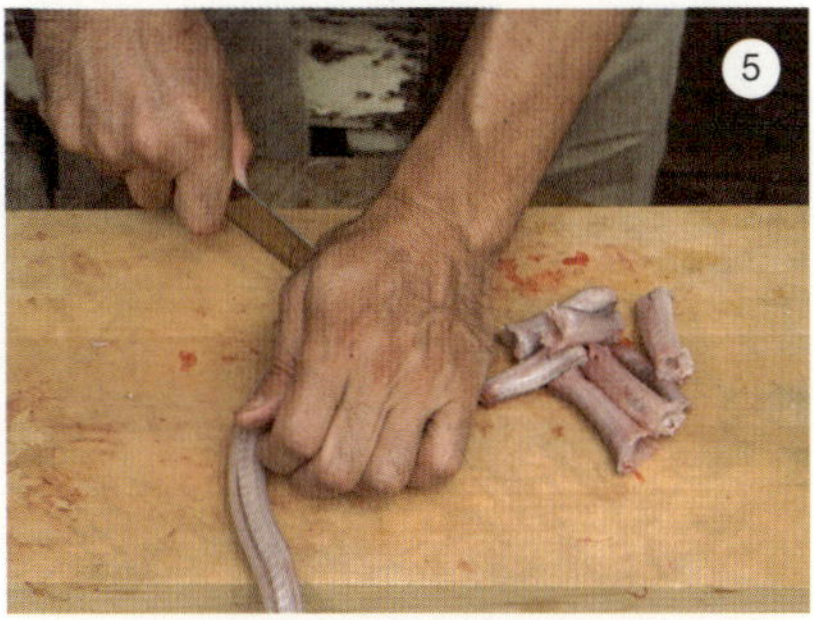

胴体をぶつ切りにする。ヘビ料理は骨の処理が一番の問題。肉と骨を分離することはほぼ不可能。叩いて骨ごとミンチにするか、揚げるかする。

塩コショウして揚げる。骨まで食べられるように弱火でじっくり。胴体の太い部分は肉をこそぐように食べることも可能。

アオダイショウも肉そのものは臭くない。素直な肉の味。ただ、食べるところはそれほど多くない。

ウシガエルは夜行性で、夜になると警戒心がゆるむので、夕方から釣りに行く。

疑似餌はなんでもいいようだ。毛バリでもナマズ用のルアーでもよい。ちゃぽちゃぽ音を出していると飛びついてくる。

長め（5m以上）の竿が有利。ウシガエルを見つけたらその顔先で疑似餌を揺らしてやれば飛びついてくる。エサをくわえるのは上手ではない。

ウシガエル

涼しい日は、飛びついたかと思ったら、まったく反応しなくなったりと、やや神経質な感じがする。食いが立っている季節はいくらでも釣れるようだ。激しく食いついてくるので、釣っていて楽しく、食べても美味しい。

食用蛙などよりは蝦《ひき》蟇《がえる》の方がよほど美味い
らしい。
北大路魯山人
（一八八三～一九五九）

頭を叩き付けて殺す。生体の運搬は法律で禁止されている。

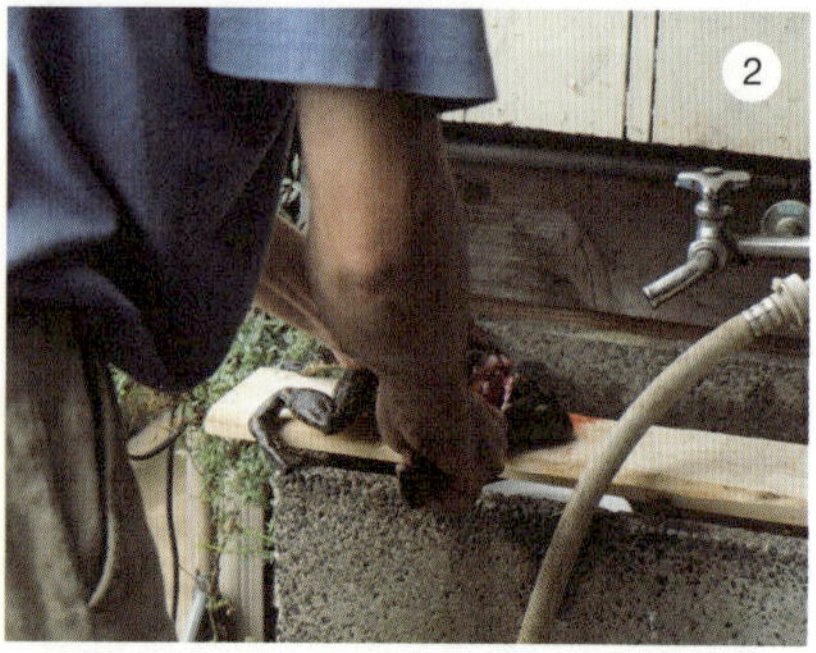

すぐに頭を落としてしばし血抜きをする。臭いはない。

服を脱がすように皮をむく。筋が強く、思いのほか、力がいる。

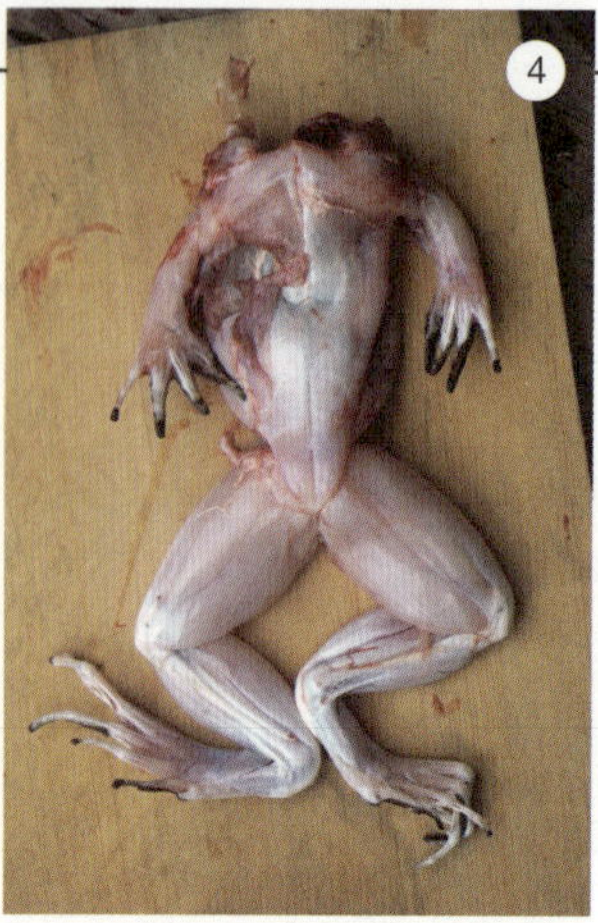

頭を落として皮をむいた状態。見た感じからして美味しそうな肉である。

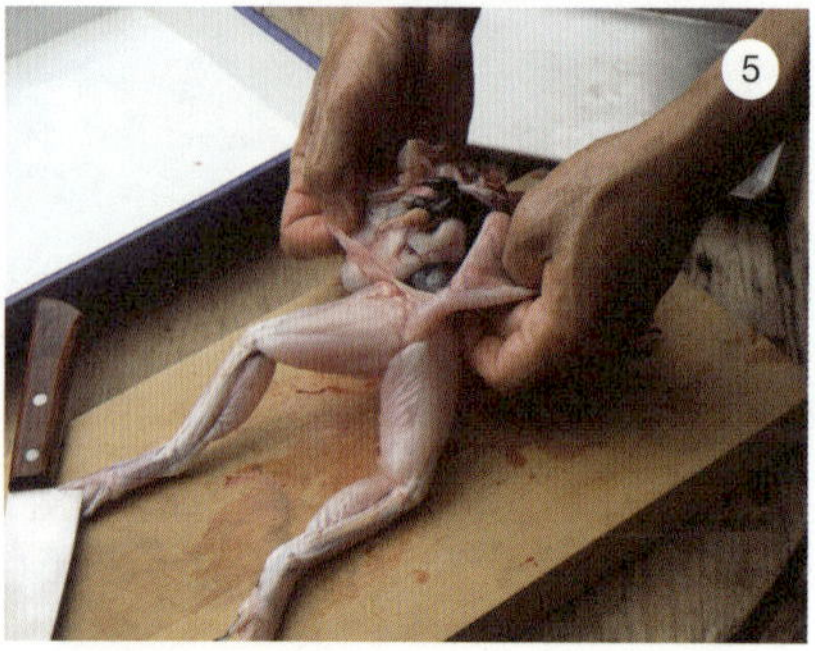

お腹を開いて内臓をつまんで引っ張り出す。やや生臭い。

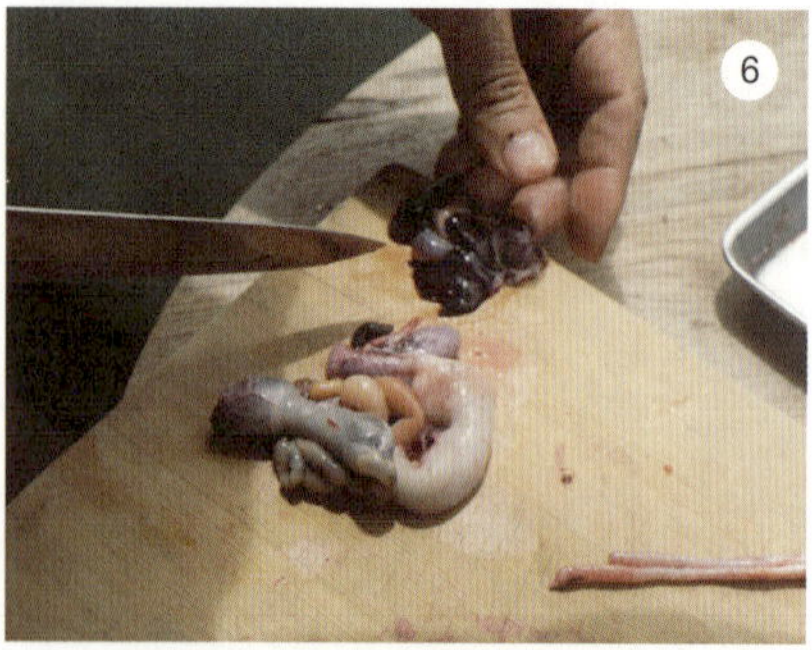

内臓は消化物を出し、湯がいてニワトリのエサにする。心臓はまだ動いている。

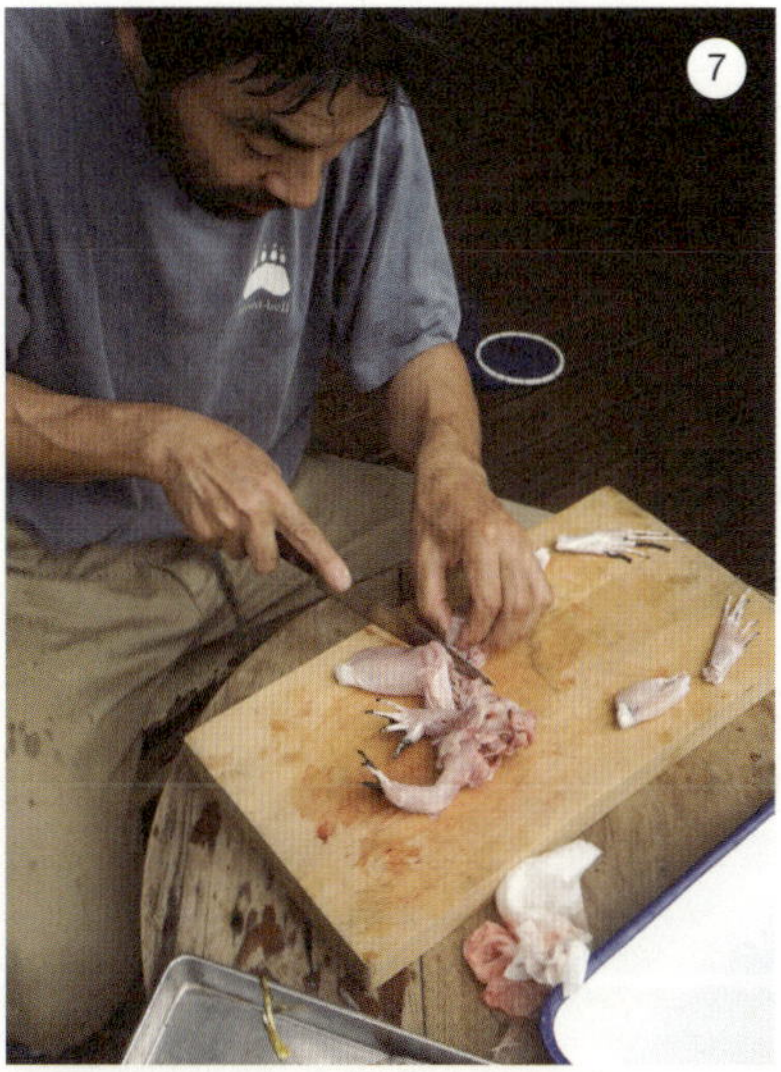

関節に刃を入れてバラバラにする。構造は哺乳類とほぼ同じ。

処理が済んだウシガエル。レストランではモモ肉しか使わないようだ。

強火で炒める。肉片のサイズを揃えたほうが火の通りが均一になる。

ウシガエルの素揚げ炒め。香ばしく、美味しそう。ヒキガエルよりややジューシー。

塩を振ったあとに少し時間をおいて、小麦粉をまぶして揚げたほうがいいかもしれない。

〈5〉ハクビシンおよび小型哺乳類

ハクビシンが家庭菜園や果樹を荒らして、屋根裏に糞を積み上げていく。どうやら、行方不明になったニワトリ（ジャンボ）はハクビシンが持ち去ったらしい。本来は狩猟期間中にしか獲ることができない動物（狩猟鳥獣）だが、近年は農業被害や糞尿被害が拡大しているので、有害獣駆除として正当な理由があれば、申請して許可を得て、捕獲することができる地域が多い。横浜市に申請を出したら、すぐに許可を得ることができた。

ジャコウネコ科で果実を好んで食べるため、肉は美味しい。現代都市の新しい食肉である。

捕獲は市販されている箱ワナでおこなう。大きなワナ（90センチ）のほうが小さいワナ（60センチ）よりかかりがよいようだ。バナナをエサとして設置し、さらに細かく切ったバナナを撒いて誘引する。

ワナをかけて3日目にかかった。有害獣の駆除は安楽死が原則である。ワナごと水に沈める、大きめの麻袋などに移して叩くなどで処理する。狩猟期間中に狩猟可能区であるなら、空気銃で処理することもできる。獲物は命懸けで反撃してくるため、生半可な気持ちでは人間側が大ケガをすることになる。歯は鋭く、噛む力も強い。非情になり、細心の注意を払って、本気でとどめを刺さなくてはならない。

ハクビシンは見た目に愛嬌があり、ワナにかかっているとかわいそうになるが、放してはいけない。一度ワナを経験した動物はハクビシンに限らず、二度目はかかりにくくなる。

轢かれて死んだ（ロードキル）小動物も状況と種類によって、美味しい肉となる。轢かれたばかりの動物は、回収して食べたい。

解体の仕方

生きている個体を処理したら、心臓が止まる前に頸動脈を切り、放血したい。叩いてぐったりした状態なら、まだ心臓は動いているので、手早く処理すればよい。

頸動脈を切って頭を下にして吊るし、出てくる血がなくなったら、首回りの毛皮に切れ目を入れ、首を縛り上げるように吊るす。毛皮と肉の間の筋は強いので、力をかけられるしっかりしたところに吊るしたい。

お腹側の毛皮に、首からお尻まで切れ目を入れてから、首の切り口から毛皮を引っ張って、服を脱がすように毛皮をはいでいく。筋が強くややはぎにくい。脚の部分は、ある程度毛皮をはいだ時点で、人間でいう手首、足首を切り離せば、肉と毛皮をわけることができる。手首足首は関節部分に刃を当てれば簡単に切り離すことができる。

ハクビシンの糞はネコに似て臭いので、内臓にとりかかる前に吊り下げた状態で、まず、後脚、前脚、背ロースをはずしてしまったほうがいい。シカと違い小動物の背ロースはそれほど太くない。

とれるところをとったら内臓をとり出す。胸をノドまで開き、心肺をとり出せるように引き出しておいてから、腹を開いて消化器官を出す。直腸と肛門がつながっているので、肛門のまわりを切りとって、内臓をすべてとり出す。

食べ方

中国ではハクビシン料理があり、日本でも肉は食べられている。果物を主食とする動物なので、肉は臭みがなくて旨い。脂も素直である。キツネ、テン、アナグマも美味しい。タヌキは臭いようだ。

小動物は肉をブロックでとり出すことはできないが、筋はそれほど固くないので、モモや前脚から肉をそぐようにとり出して、好きな料理に使えばよい。

切り揃えて、塩コショウし、焼き肉や、肉野菜炒めの具、チャーハンの具など。シンプルな料理でその旨味を充分に楽しめる。前脚や後脚をそのままグリルで焼いて、かぶりつくのもいい。

骨に残ってしまう肉や筋は、骨ごとイヌやネコに与えると人気である。背骨や骨盤は叩いてニワトリに与える。

皮をはぐ

バナナをエサにすぐにワナにかかったハクビシン。害獣だが見た目はかわいい。

袋に移して叩き、ぐったりしたらすぐに頸動脈を切る。この瞬間だけは非情になること。

結構ずっしりしていて、美味しい、いい肉がとれる。

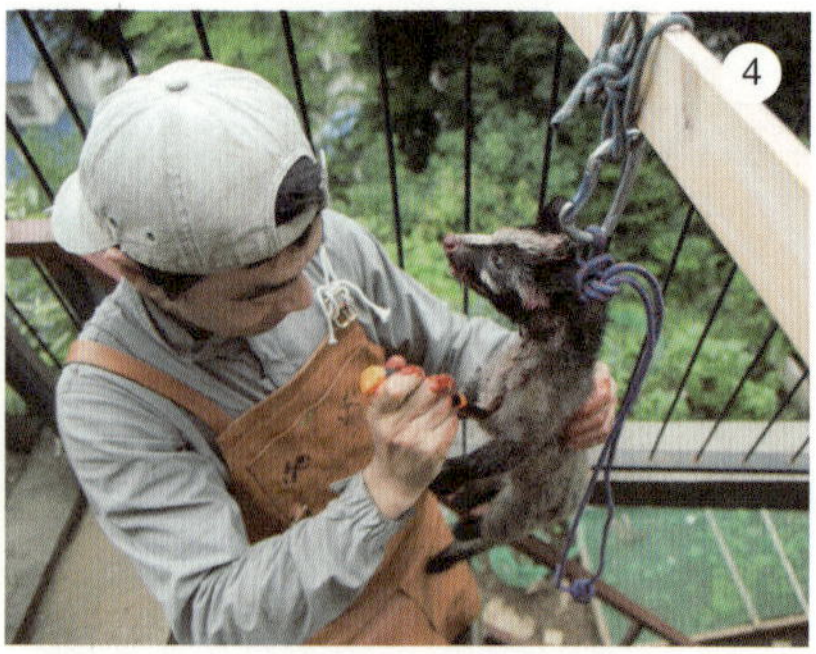

誤解をまねく光景なので、地域の住人から見えないところで解体する。

首のまわりの毛皮をまずグルリと切る。皮は薄くやや繊細。強く引っ張ると切れてしまう。

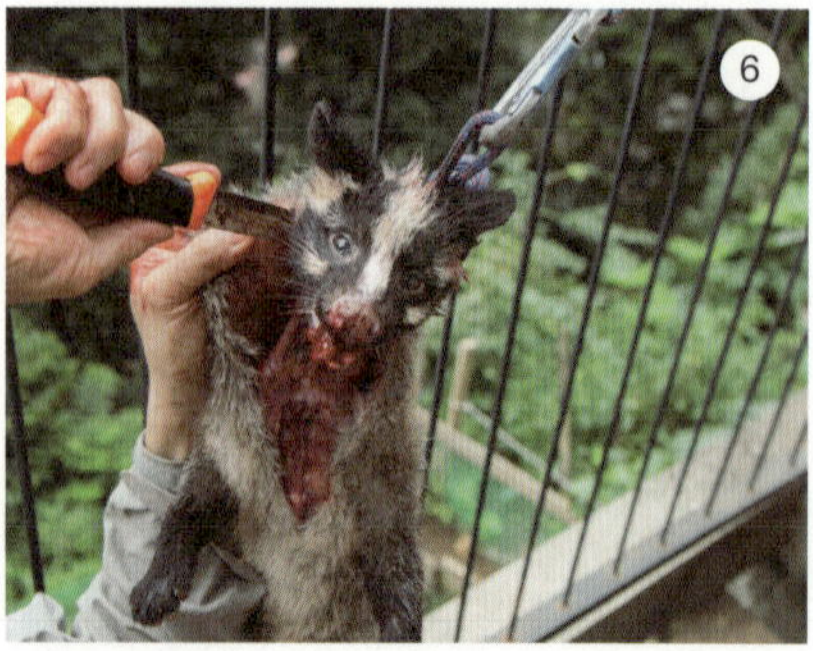

毛皮は柔らかく、なにかに活用できそう。軽く観察した感じでは、寄生虫はいない。

首側から毛皮をはいでいく。頭側から尾のほうにむいていくほうが順目でむきやすい。

ほかの食肉目と同様に薄い筋膜が強く、シカのように簡単にはいかない。

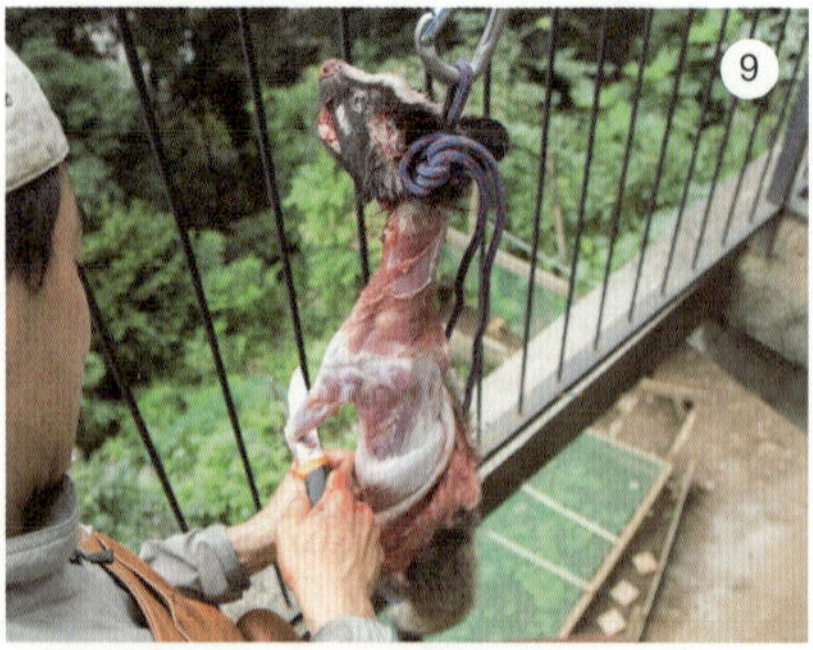

前脚の部分は複雑なので前足首から切り落としてしまう。

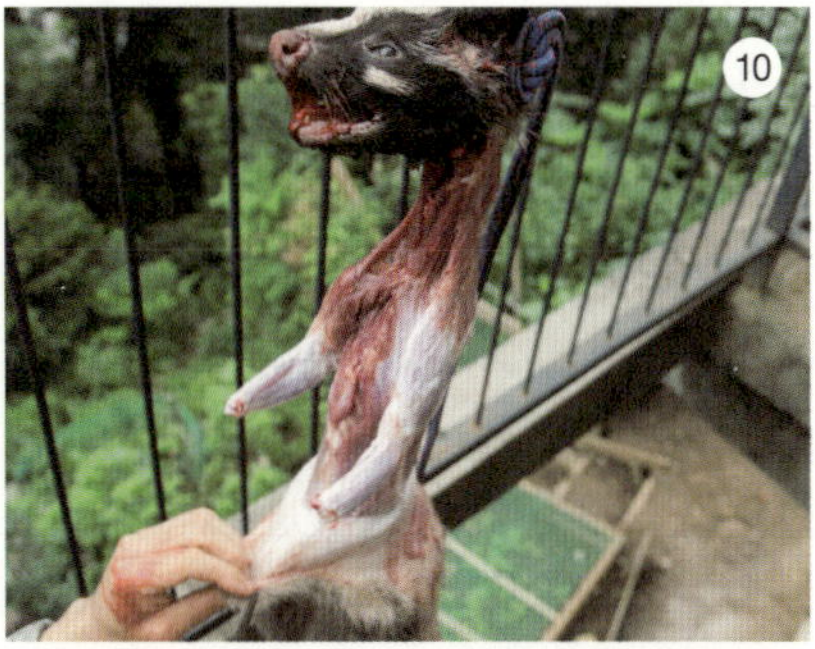

さらに皮をむいていく。ネコと同じく糞が臭いので、内臓を出すのは後でおこなう。

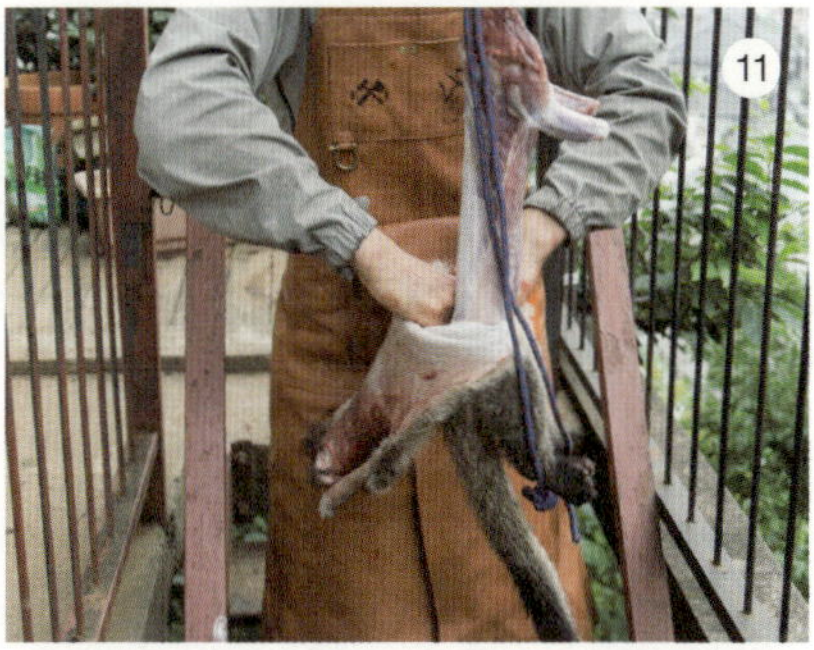

皮をちぎらないように、かつ、肉が皮に残らないようにむいていく。

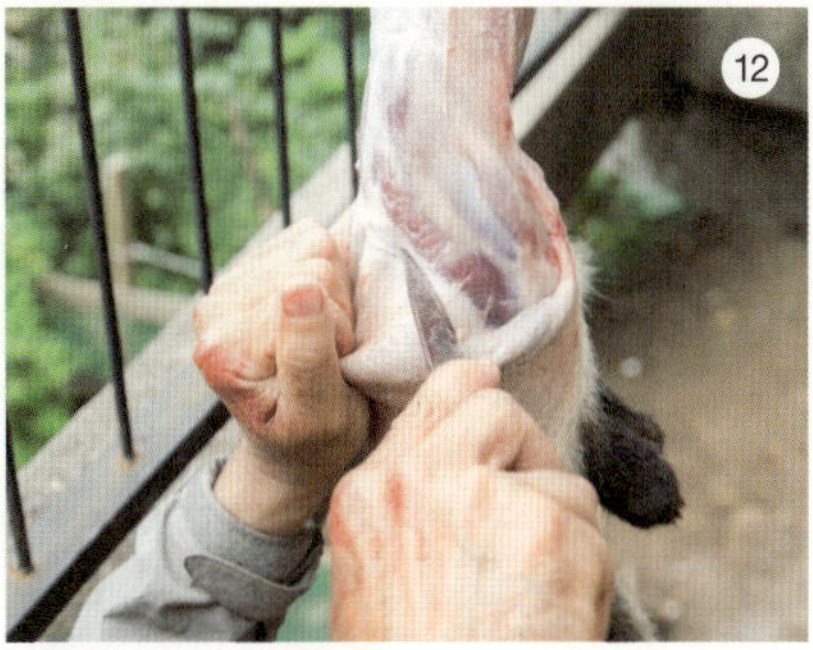

尾の部分や、後脚の部分、肛門の周辺などは複雑になる。

襟巻きにするなら、尾っぽの毛皮は重要。毛皮にキズをつけないように肛門を処理する。

思い切って引っ張る。ヘビをむくように、尾っぽの毛皮もむける。

肉体と毛皮が分離。頭側を下にして毛皮を持った状態。尾っぽは向こう側に隠れている。

見た感じから美味しそうな肉がついているのがわかる。臭みもない。

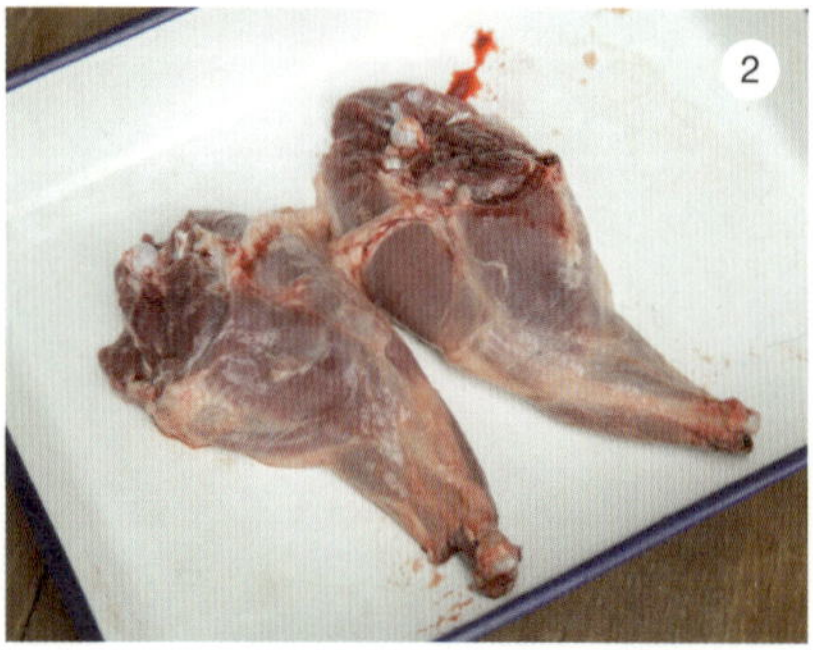

後脚をはずす。肛門から漏れる糞に注意。とてもよさそうな肉だ。

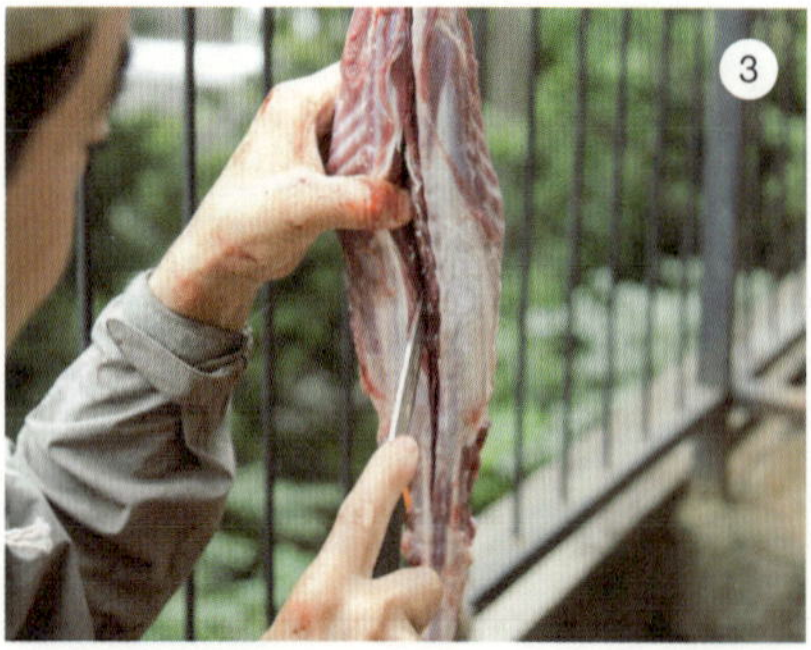

肩甲骨と肩ロースは重なっているので、まず前脚をはずしてから、背ロース(背筋)をとる。

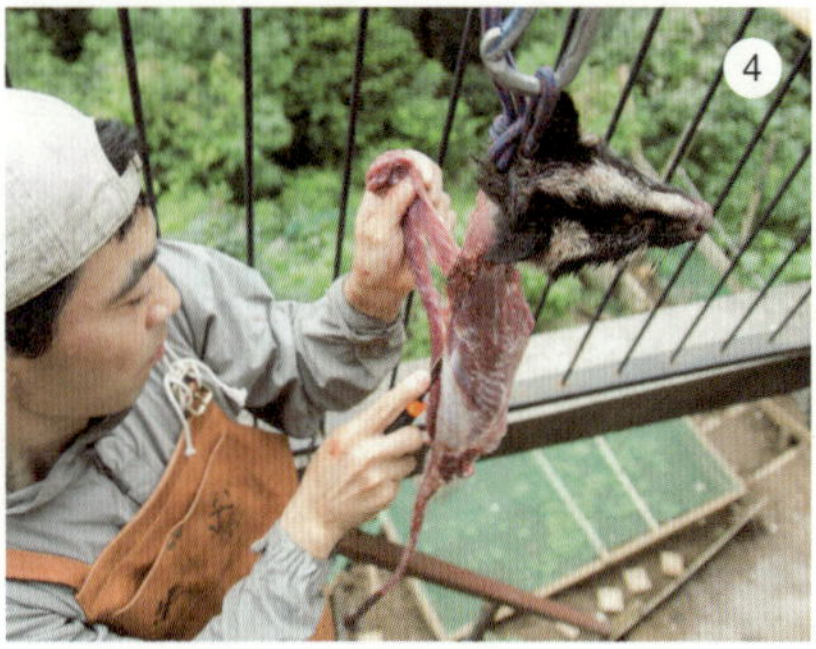

背ロースをはずす。細い肉だがよく締まっている。背骨に残さないようにとりたい。

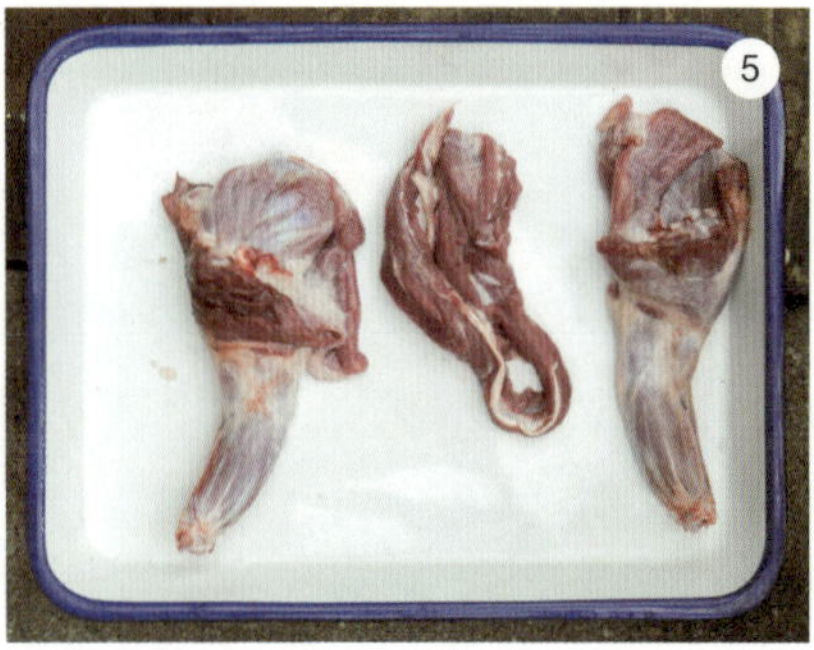

背ロースと前脚。解体に慣れるとよい肉は触ってわかるようになる。

主な部位をはずしたら、内臓にキズをつけないように注意しながら胸骨を開ける。

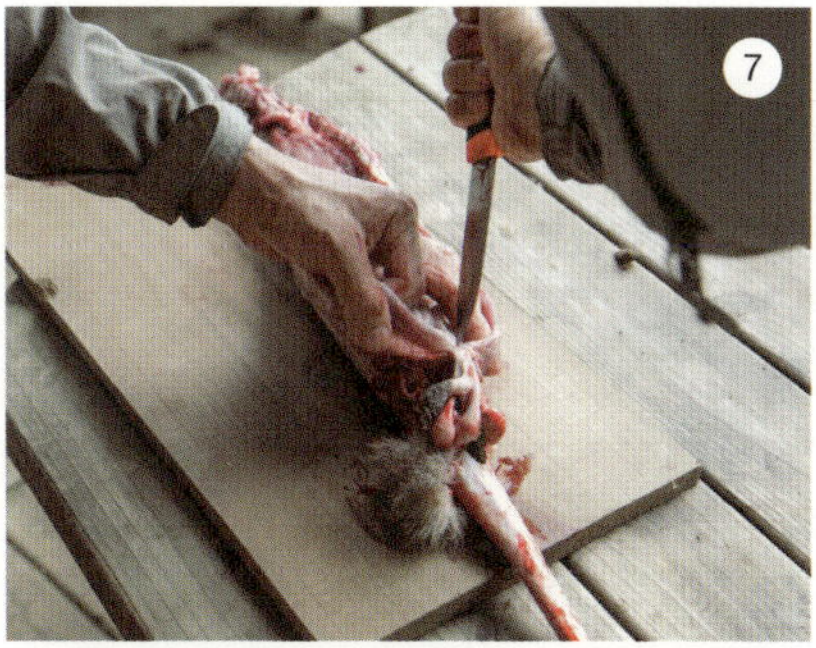

心肺器官を軽くまとめておいて、消化器官にキズをつけないように腹膜を開ける。

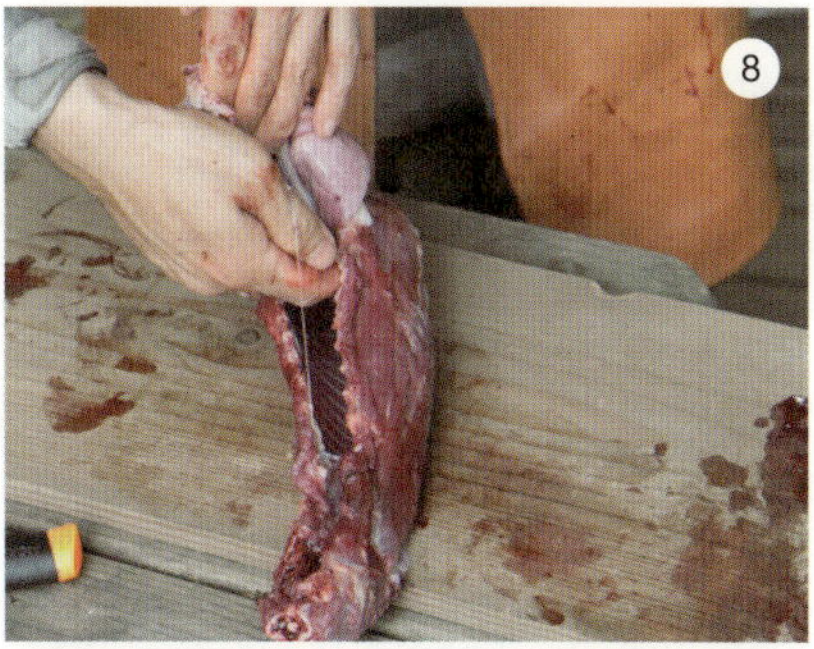

食道と心肺をいっしょにとり出せば消化器官もとれる。

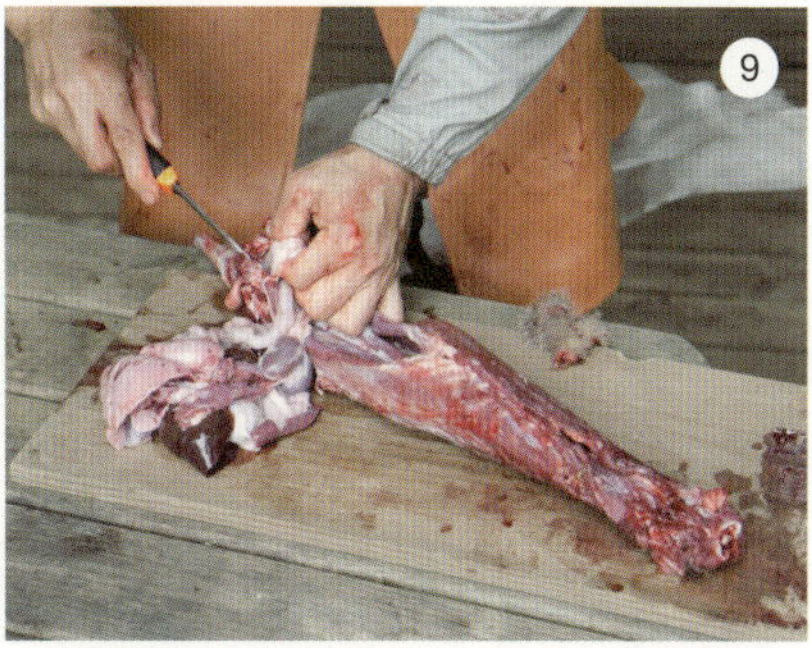

内臓もきれいで、美味しそうだ。肛門を処理して内臓をとり出す。

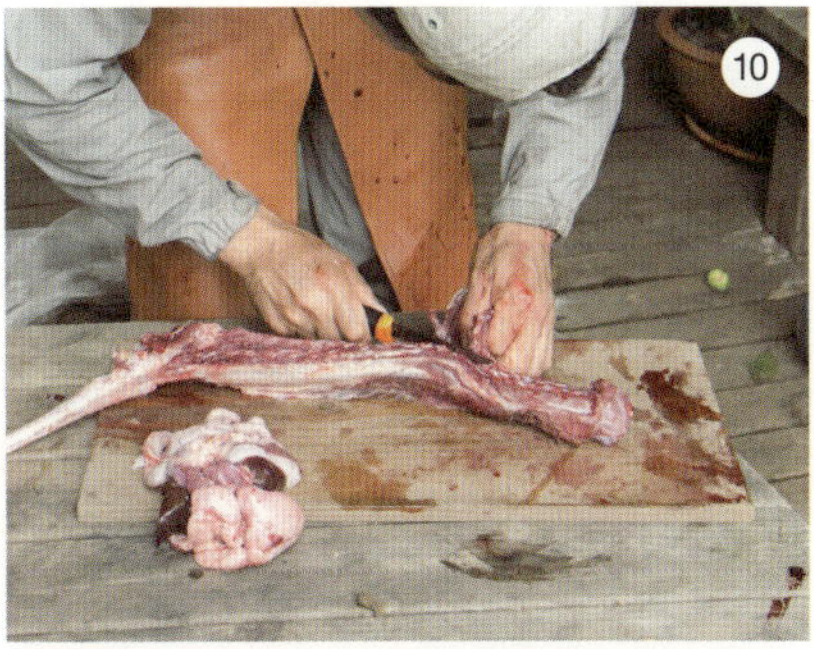

アバラの付け根に刃を入れて、アバラ全体をはずす。

刃の入れやすい関節から、骨をバラバラにする。ガラはハクビシンスープに。

皮をはる

皮を活用するべく、塩を振って、とりあえず干した。脂が多く処理が必要。放置していたらカツオブシムシがわいていた。

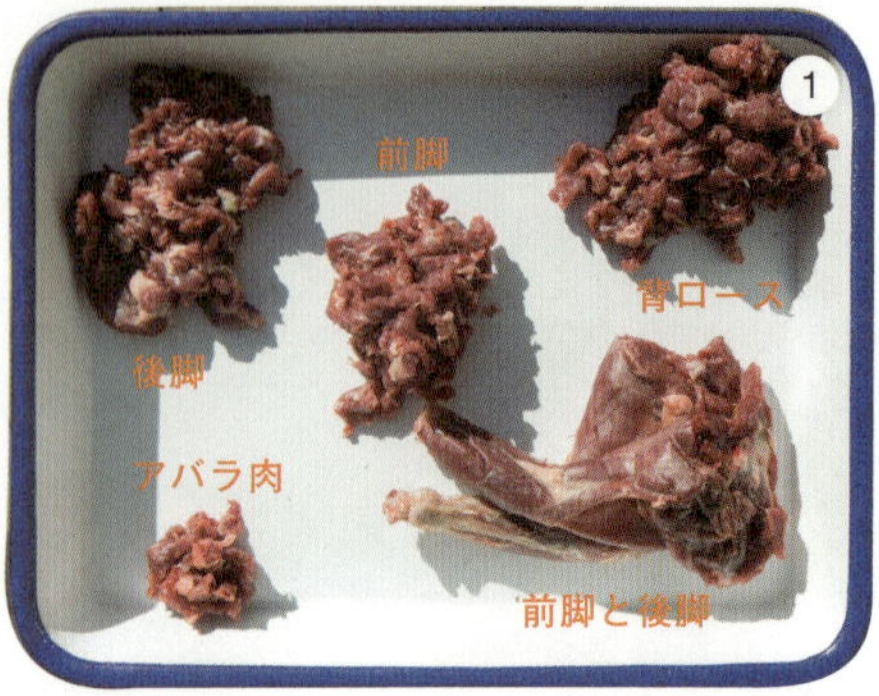

焼き肉、チャーハン用に細かく切った肉と丸焼き用の前脚と後脚。

塩コショウで下味をつける。チャーハン用の肉にはやや強めに塩を振る。

塩をもみこんで、すこし時間を置くと味が馴染んで美味しくなる。

ロードキルのテンを回収。頭を踏まれて死んで間もなく、食べるには理想的だった。内臓は回収後すぐに摘出済み。

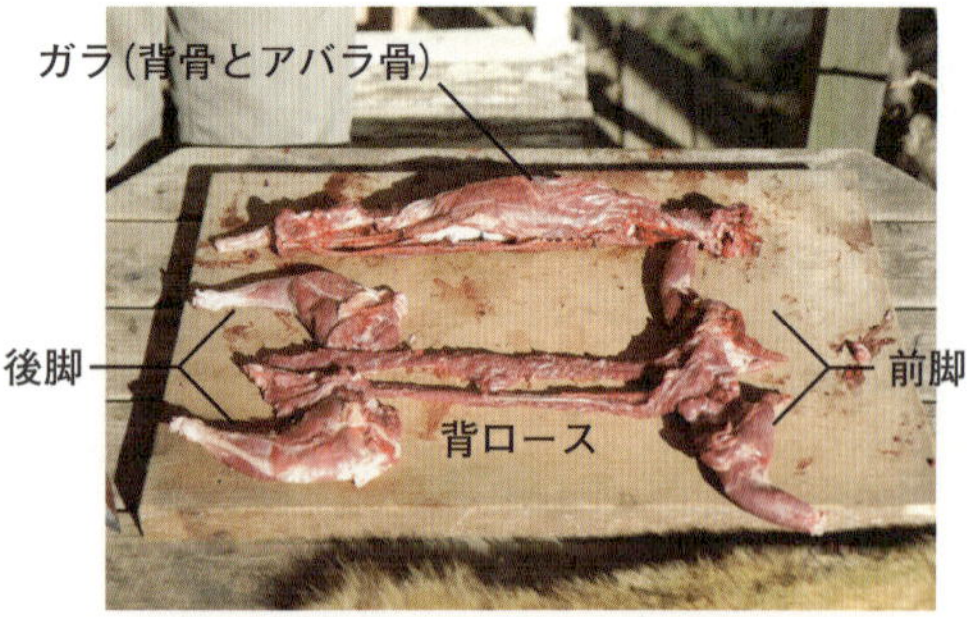

皮むきや解体はハクビシンと同じ。テンの肉はやや赤いようだ。肉体に傷んだ部分はなく、血抜きもできていて、よい肉だった。

脚の丸焼き

薪ストーブのオキ火で、前脚と後脚をじっくり丸焼きにしてみた。脂はほとんどないが、肉は柔らかく、簡単に噛みちぎることができて美味しい。子供たちに食べられてしまった。

背ロース（左）と脚の焼き肉

大きなブロックをとり出せないので、細切れサイズになってしまうが、さっぱりしていて美味しい。モモ肉はすこし酸味があり、背ロースのほうが味はよい。

背ロースと脚のチャーハン

チャーハンのコツは、肉にやや強めに塩を振り、最初に多めの脂（イノシシ脂）でしっかり炒めること。溶き卵とごはんは同時に炒め、最後にネギのみじん切りをたっぷり入れる。

チャーハンの作り方

肉を焦げ目がつくまで炒め、ニンニクと干しエビを投入。

エビが焦げる前に卵を入れ、その上にごはんをすぐ投入。

ネギをたっぷり入れて、味を調えながら炒めて完成。

哺乳類の解体技術はほかの脊椎動物にも応用できる

哺乳類を解体するのはそれほど難しいものではない。都会に暮らしていても身につけておきたい技術である。カエルやカメなどの脊椎動物はすべて同じように処理できるし、解体を知っていれば、猟師から獲物をもらってもあわてることがない。轢かれて傷ついた動物を見つけたときにもお互いにとって理想的な対処が可能になる。

私は猟期にシカを主な獲物として狩っている。狩猟が趣味なのか仕事なのか分類するとしたら、狩猟でお金は稼いでいないので、趣味ということになる。日常生活のリフレッシュになっている部分もある。だが、仕事以上に生きることそのものに近い活動であり、けっして娯楽ではない。人生の質（クオリティオブライフ）をトータルで高めてくれるライフワーク的な行為である。

地球でともに生息する生き物は、すべて食べることができるはず。そんな視点から、世の中を見回してみると景色が変わる。命とはお互い食べたり食べられたりしながら、この世に同時に存在しているものにほかならない。食べ物は生き物であり、生き物は食べ物。同時代をいっしょに生きる「命の仲間」である。人間は、一方的に食べるばかりなので、ちょっと実感がないだけだ。

ともに地球に生きている「命の仲間」が、ある生物にとって獲物なのか獲物ではないのかの境界線は、つかまえて食べたとして、その労力やリスクに見合う旨味やエネルギーや栄養素を得られるかどうかにある。ただ、人間社会では、味や栄養以外にも、獲物にまつわる法律や文化や道徳が加わってくる。

ハクビシンは美味しい。イヌもサルも美味しいようだ。カタツムリはまずくはないが、驚くほど旨くはなかった。さて、ヒトは？　なんていったら不謹慎だろうか。文化や習慣、モラルとの兼ね合いからも、食べたなんて言ったら友人を失う生き物（犬、猫、馬、人など）もいる。

自分自身はどうだろう。私は美味しい食べ物だろうか。

〈1〉シカの解体の仕方

ここでは、日ごろ狩りしているシカの解体を簡単に紹介する。シカ狩りについては姉妹書の『サバイバル登山入門』を参照してほしい。

野生肉の味は、性別、年齢、季節、地域、エサ、健康状態、気象などさまざまなことに影響を受ける。それゆえひとつの個体を食べて、その味が、その種の味だと決めつけるのは早計である。一方で、ある個体をできるだけ美味しく食べるための方法は、ほぼ決まっている。素早く血抜きをして、早く内臓を出し、肉をできるだけ冷やすとよい。

傷ついた動物をつかまえて食べる場合は、傷ついている時点でかなりのストレスがかかり、ストレス物質が体内に溜まっていると思われる。

心臓が動いている状態で捕獲して、血抜きをおこなうのが理想である。心臓が止まってから時間が経っているようでは、美味しく食べるのは難しい。棒で叩くなどして、昏倒させても、しばらく心臓は動いているので、できるだけ早く頸動脈か大動脈を切るとよい。

狩猟期間中に狩猟鳥獣(※)を規制のない方法で獲ることに制限はない。シカなら木の棒で殴ったり、素手でつかまえたりしたうえで、頸動脈を切ればよい。

狩猟鳥獣以外の生き物を獲ることは法律で通年禁止されており、狩猟鳥獣であっても、狩猟期間でなければ獲ることはできない。銃や罠など特定猟具を使う場合は免許と登録が必要になる。

轢かれて傷ついた動物をとらえて食べることも、厳密には何らかの法的な規制があるのかもしれない。だが、傷ついた動物にとっても、見つけた人にとっても、さっさと処理して食べてしまうのが一番よいと私は思う。

放血

シカを獲ったら、心臓が動いているうちに、放血する。そのあと、消化器官を傷つけないようにできるだけ早く内臓を出し、腹を開けたままにして放熱する。

ただ、これらの手順は理想であって、どのように仕留めるかなどで、変わってくる。銃猟の場合は、どこに弾が当たったかで変わる。

銃猟でシカを獲る場合は、平首といわれる首の根元や、首、もしくは頭などに弾を当てて、素早く頸動脈や大動脈を切るのがよい。肺や大動脈を撃ち抜いた場合は、体腔内で血抜きができている。心臓は急所だが、撃ち抜いてしまうと血抜きができない。

血抜きができずに心臓が止まってしまった獲物はやや肉の質が落ちる。車に轢かれ、死んでいる動物も同じ理由で肉の味は落ちることが多い。

内臓を出す

大きな獲物の場合、内臓を出すのは吊り下げないほうがやりやすい。積雪があれば雪を踏んで窪みを作り、仰向けに獲物を寝かせる。雪がなければ倒木や斜面を使って、仰向けの状態を維持できるようにする。ウサギなどの小さな生き物は吊り下げて、あらかた肉をとってから内臓を出す。

まず体前面の皮を少しむく。みぞおちから胸の中心を通って、首、喉まで皮を切り開き、皮を数センチ両側にむいておく。次に、みぞおちから下(股)の方に、腹部の膜を切らないように、皮だけを切り開き、胸部と同じように数センチむいておく。数センチむくのは、そうしたほうが解体時に毛が肉に付きにくいからである。几帳面にやる必要はない。

腹側の皮がむけたら、まず、胸を開く。獲物が小さければ、肋骨が合わさる胸の中心にナイフをあて、力を加えれば軟骨を切り開くことができる。獲物が大きければ、木の枝などでナイフの背を叩いて、切り開く。

開いた胸の奥に手を入れ、気管と食道をひとまとめにして握り、力任せに引っ張って、とり出す。シカが大きく筋《すじ》が強い場合は、ナイフで筋を切る。

心肺器官と背骨をつなぐ筋を引きちぎったら、今度は腹を開ける。みぞおちのあたりの前腹壁をまず小さく開き、開いた穴から指を入れて胃袋を押し込む。前腹壁と消化器官との間に空間を作り、胃や腸を切らないよう(消化物を出してしまわないよう)に注意しながら、腹を後脚に向かって切り開いていく。

気管と食道が背骨から離れていれば、肺、心臓が芋づる式にとれ、そのまま横隔膜をちぎるか切るかすれば、胃袋と肝臓を出すことができる。胃袋は米袋のように重く、ぬるぬるしているうえに柔らかいので、引き上げるのではなく、胃袋の奥に腕を回し、抱えるようにしてずり出す。続く腸も破かないようにやさしく出していく。

消化器官がおおよそ出た状態で、肛門に詰めものをする。雪があれば雪、なければ落ち葉や新聞紙などをどんどん肛門から詰めていき、同時に骨盤の奥に手を入れて、直腸のどのあたりまで雪や落ち葉が入ってきたかを手で探る。腸に入った糞を体腔内にこぼさないように、詰めものといっしょに直腸を切りとれば、消化器官がすべてとり出せる。詰めものをせずに、肛門をぐるりと切りとって、全部いっぺんにとってしまってもいい。

最後に膀胱が残っているが、下手に切って、小便を肉につけるより、そのままにして、解体をすすめたほうがよい。とる場合は、恥骨の真ん中にナイフを当てると切り開くことができる。開いて、直腸や肛門といっしょにとる。恥骨をノコギリで切り開く方法もある。

皮むき

内臓を出したら皮をむく。樹に吊るしておこなうことが多い。地面に置いたままでもできるが、肉に土がつかないことに気を遣い、作業が複雑になる。皮は首から尾にかけてむいていくほうが、筋が順目になるためむきやすい。そのため頭を上にして吊るすほうがよい。シカやウサギなどは服を脱がすようにむけるが、イノシシやクマは肉と皮との間に脂が多く、労力がかかる。

内臓を出す工程で、腹側は切り開かれている。前脚と後脚の内側の皮に切れ目を入れ、首まわりもぐるりと皮を切って、服を脱がすようにむいていく。前足首、後足首、肛門の部分で皮を切って、体と分離させる。

精肉

種や個体により、肉の付き方が少々違う。肉が多いのは後脚、背ロース、次に、胸肉、前脚、首肉、内ロースなど、胸肉と内ロースが美味しいようだ。

前脚と胴体の連結部分には関節がなく、肩甲骨を覆う膜のような筋肉で、体とつながっている。その膜のような筋肉を切れば前脚をはずすことができる。後脚は股関節で骨盤とがっちりつながっているので、骨盤に沿って肉を切りながら、股関節を切り離す。

前脚と後脚をとりはずしたら、背ロースをとる。背骨に近い肋骨の上にナイフを滑らすようにして、とりはずす。胸肉や内ロースはシカのようにサイズの大きな動物でないと、ブロックではとれない。

前脚、後脚は筋肉ブロックがより合わさってできているので、ブロックごとにはずしていく。筋に沿ってナイフを入れていくと、ブロックごとにはずすことができる。芯玉、棒肉など、うまいブロックには名前がついている。

以上が基本であり、実際は状況に応じて臨機応変に対応する。

保存

スジ肉や雑肉は圧力鍋で塩ゆでして、瓶詰め（p181）にしている。きっちりやれば、常温で猟期の再開（11月）まで保存できる。1週間冷蔵庫で熟成させたあとに冷凍するという方法も数シーズン前から試している。オスの肉でもやわらかく旨くなるが、焼き肉にするとすこし臭いがでるようだ。冷凍庫のスペースも限られている上に、電気代もかかっているなどの問題が残る。屋外用の冷凍庫の経済効率（電気代）はどうなのだろう。イヌネコが来てシカ肉を食べるメンバーが増えたので、シカ肉の保存法を考えているが、これぞというものはない。シカを猟場に放し飼いにしておくのが一番よい保存法のようだ。やはり食べ物とは生き物である。

カレー

煮込む料理では、背ロースや内ロースなどのやわらかいブロック肉ではなく、ふくらはぎや前脚など筋《すじ》の多い肉を使う。スジ肉を軽く湯がいてから、圧力鍋にかける（圧力鍋がなければ長時間煮込む）。中華鍋でタマネギのみじん切りをたっぷり飴色になるまで炒めて（イノシシ脂を使う）、塩とガラムマサラ（自家配合）で味を調えて、シカ肉をゆでている鍋にそのまま入れる。さらに塩やスパイスで味を調え、乾燥バジル、生パクチーなどを薬味で加えて、できあがり。

春であればタケノコとココナッツミルクを入れた、シカタイカレーなども（p121）。

シカ肉ギョウザ

できればシカ肉の大きいブロックを使う。モモや背ロースなど。大きなブロックをできるだけ細かく切る。ひと手間かけて、まず包丁を研いだほうが作業が早い。ミンチマシンがあればそれでもよい。

具はシンプルに、シカ肉とパクチーと塩コショウのみ。もちろんいろいろなバージョンがあってよい。塩コショウはやや強めにする。

既製品の皮、もしくは、自作のギョウザの皮に包んで、焼くなり蒸すなりする。

燻製

わが家には、水洗になる前のポットン便所のウンコ溜めスペースがある。そこを燻製室にして燻製を楽しんでいる。チップは公園のソメイヨシノの枯れ枝をナタでけずる。

燻製は人の手間が作るのではなく、時間が作るものである。適当に塩して、干し、適度に煙をかけて、放っておけばよい。登山用のガスストーブ（コンロ）と使いかけのガスカートリッジを使い、チップを金属の皿などに載せて、下から火であぶって、煙を出し、いぶす。

干し肉

ニワトリのエサ用に骨や雑肉、内臓を干している。ナタで細かく叩いてやると、人気のエサだ。イヌとネコも好物である。梅雨のころになるとカツオブシムシがわきはじめ、肉部分は食われ、きれいな骨になってしまう。

※狩猟鳥獣（鳥獣保護管理法）

鳥類（28種類）カワウ、ゴイサギ、マガモ、カルガモ、コガモ、ヨシガモ、ヒドリガモ、オナガガモ、ハシビロガモ、ホシハジロ、キンクロハジロ、スズガモ、クロガモ、エゾライチョウ、ヤマドリ（コシジロヤマドリを除く）、キジ、コジュケイ、バン、ヤマシギ、タシギ、キジバト、ヒヨドリ、ニュウナイスズメ、スズメ、ムクドリ、ミヤマガラス、ハシボソガラス、ハシブトガラス

獣類（20種類）タヌキ、キツネ、ノイヌ、ノネコ、テン（ツシマテンを除く）、イタチ（雄）、チョウセンイタチ（雄）、ミンク、アナグマ、アライグマ、ヒグマ、ツキノワグマ、ハクビシン、イノシシ、ニホンジカ、タイワンリス、シマリス、ヌートリア、ユキウサギ、ノウサギ

庭の木にシカを吊るす

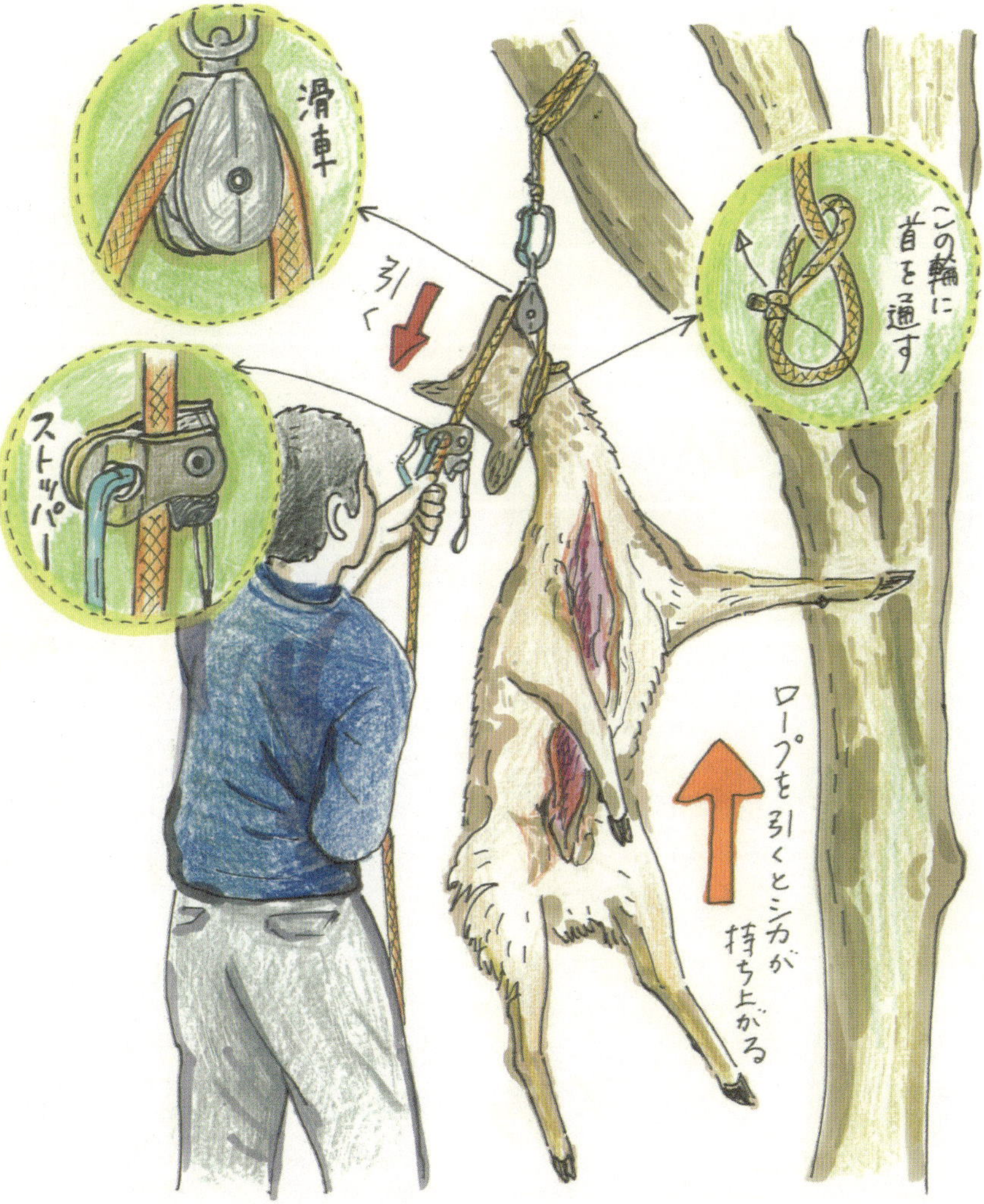

① 滑車を利用してシカの身体を吊り上げる。

② シカの身体が解体しやすい高さまで上がったら、ストッパーを滑車の下まで上げてロープを固定する。

仕留めたシカは内臓だけ出して、できるだけ丸のまま持ち帰る(骨や雑肉も利用するため)。

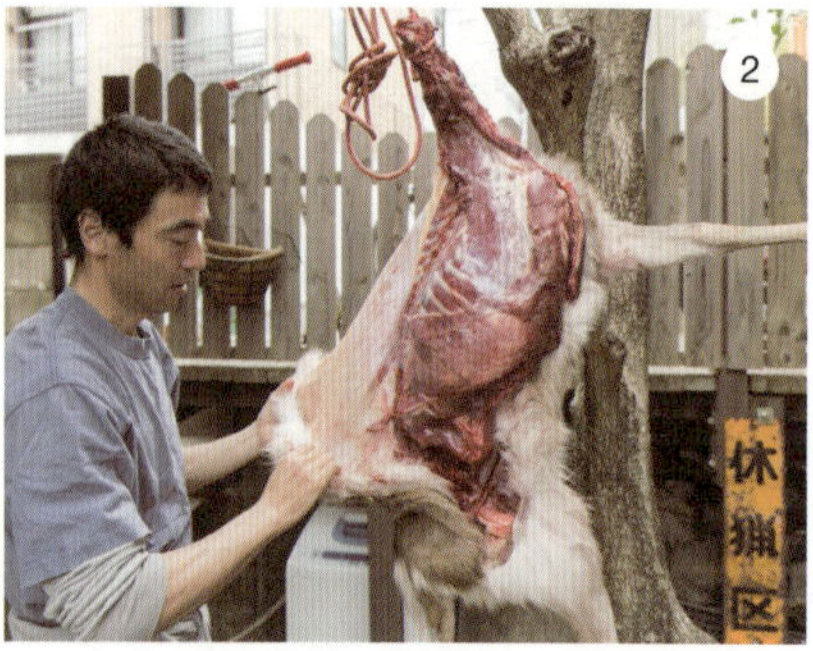

このシカは山中で前脚と後脚、背ロース半分を食べたため、半身になっている。

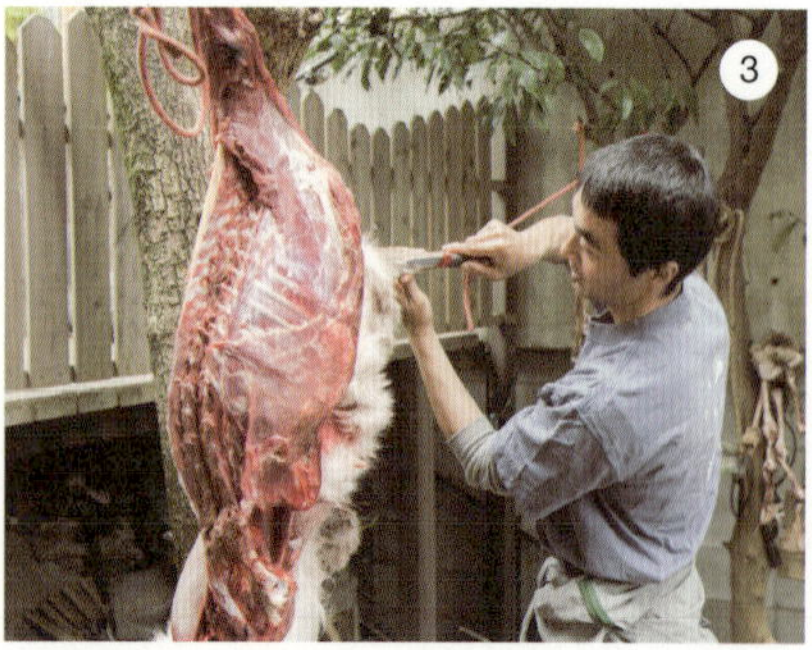

頭を上にしたほうが、筋が順目になるためむきやすい。前脚の内側に切れ目を入れる。

子ジカなので引っ張れば服を脱がすように皮をむくことができる。

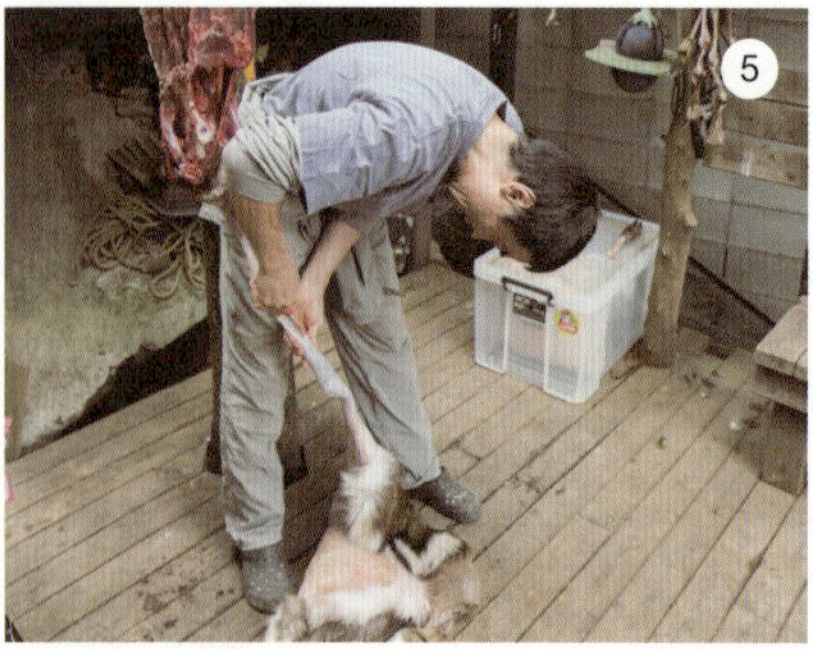

後脚の人間のかかとにあたるところは固く、ナイフが必要。

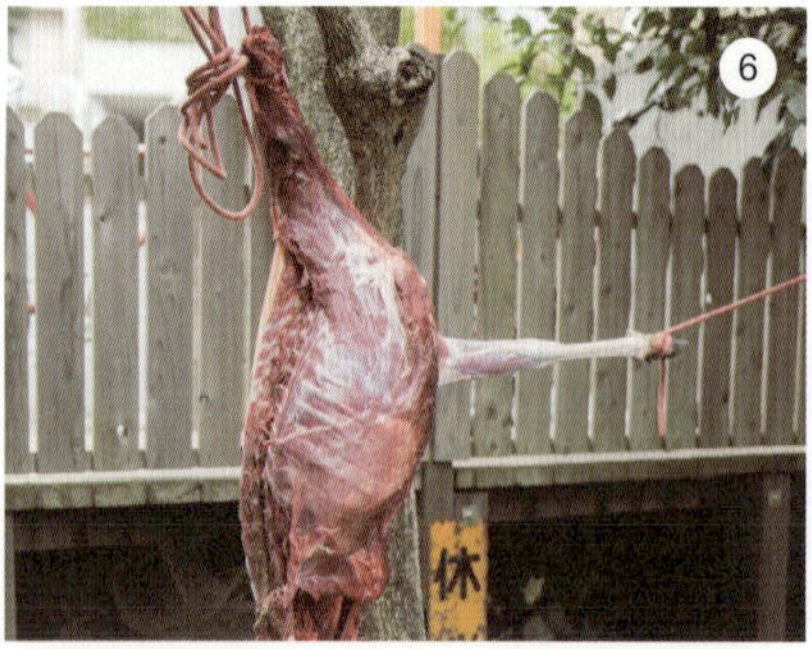

皮がむけた状態。片足を結んでいるのは、揺れと回転防止。

後脚をはずす

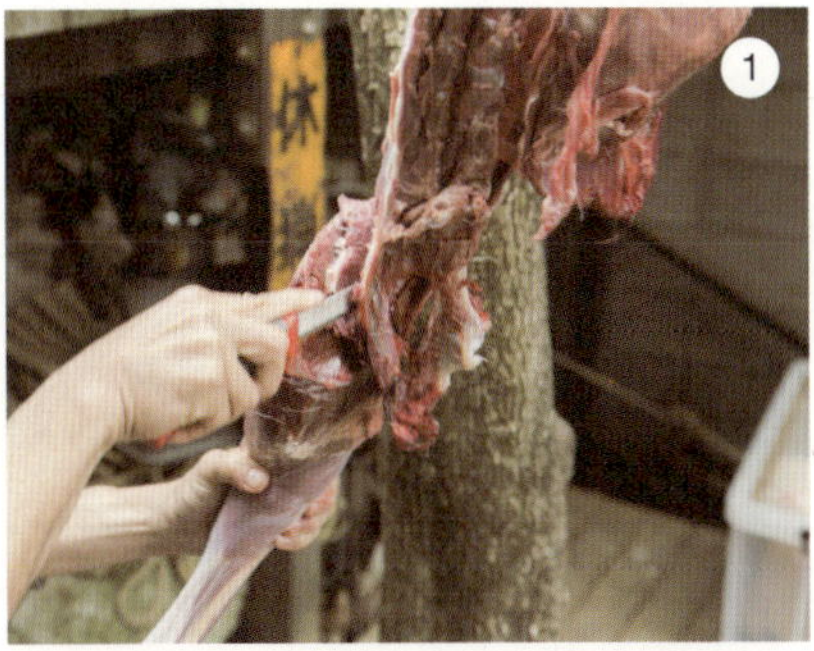

後脚をはずす。骨盤にそって丁寧に刃を入れていく。

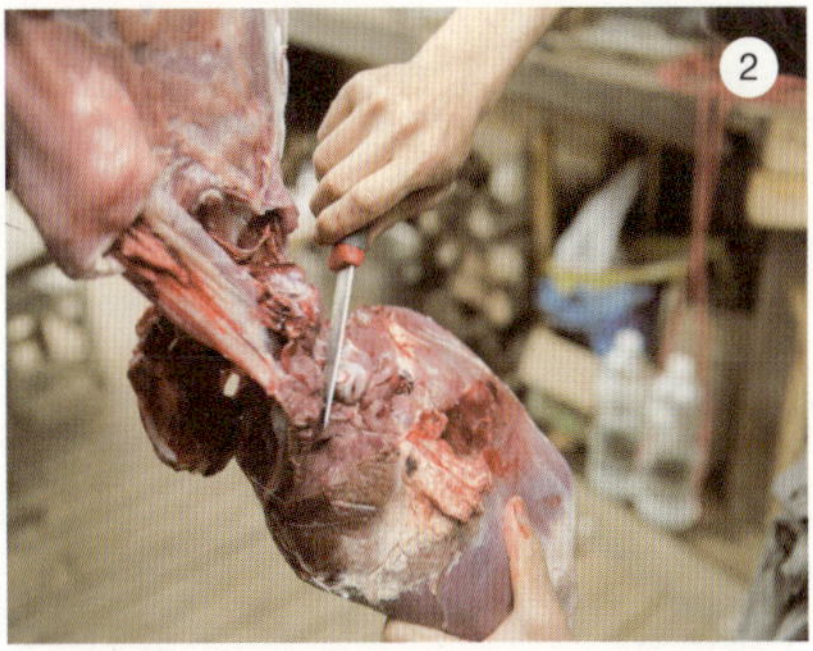

骨盤から削ぐように、それでいて体腔内に面している部分は避けるように切る。

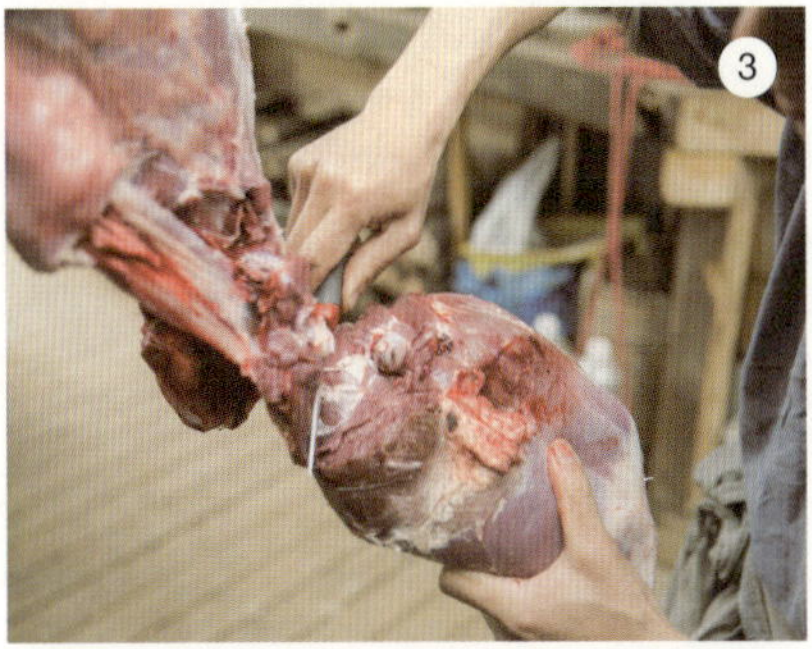

股関節(通称グリグリ)のまわりの軟骨を切り、座骨をうまく回り込むとはずれる。

アバラ肉をとる

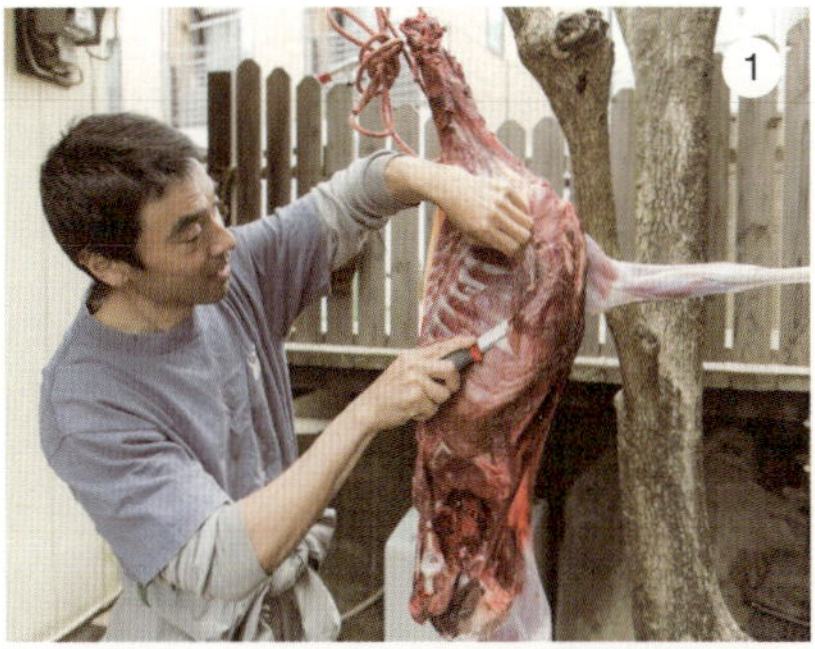

胸肉からアバラ肉をはずす。胸肉は脂が多く、旨い部分。

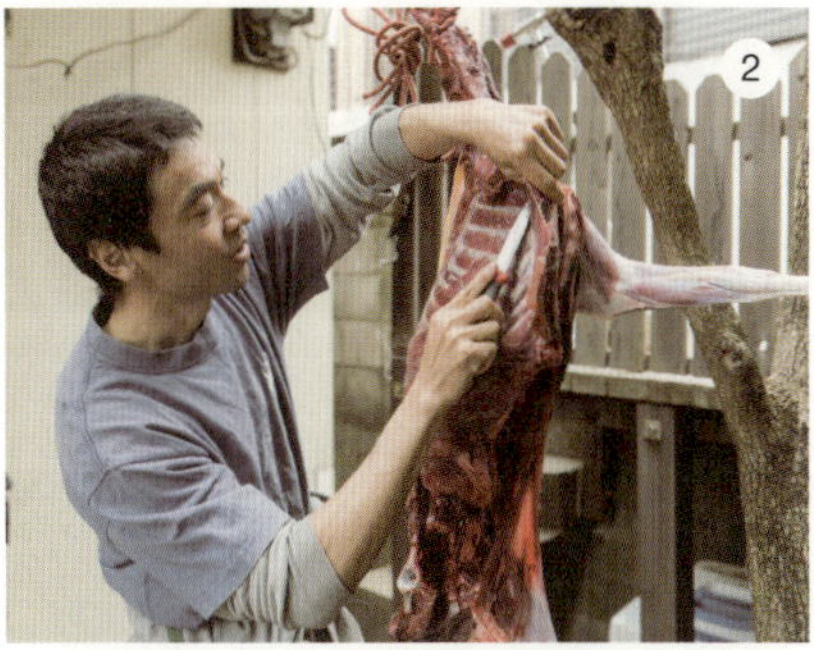

アバラ肉をアバラ骨にそってはずしてゆく。内臓に面している体腔面の肉は少し臭う。

体腔に面していないところを丁寧にとりたい。

肩の肉をとる

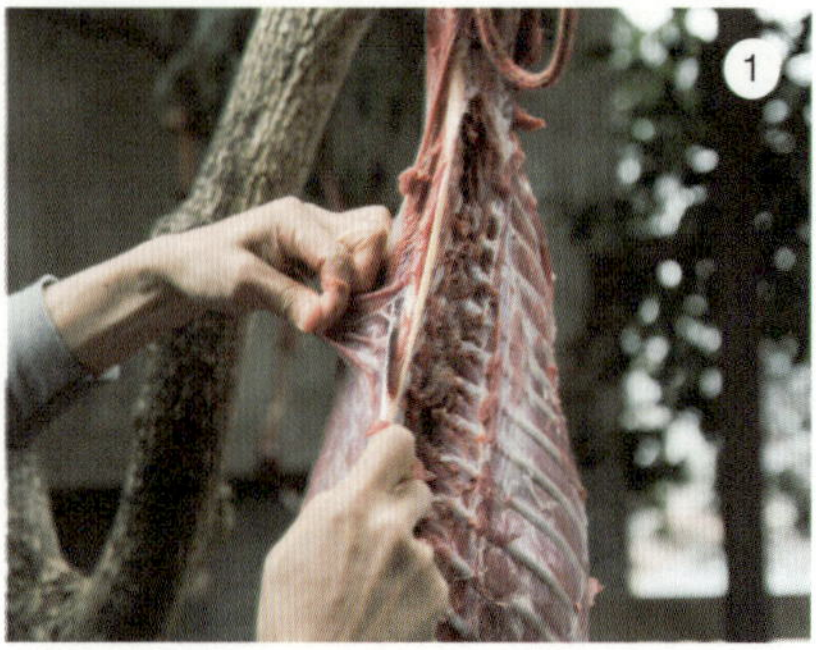

前脚はすでにはずれている。背ロースの表面についている薄い筋膜の内側が肩ロース。

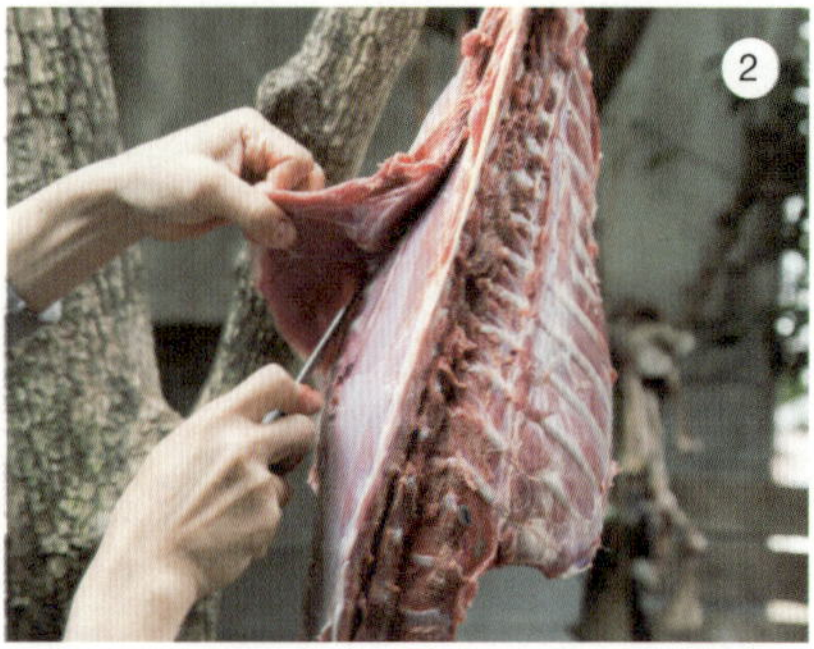

肩まわりの薄い筋肉からアバラ肉、胸肉へとつながっている。

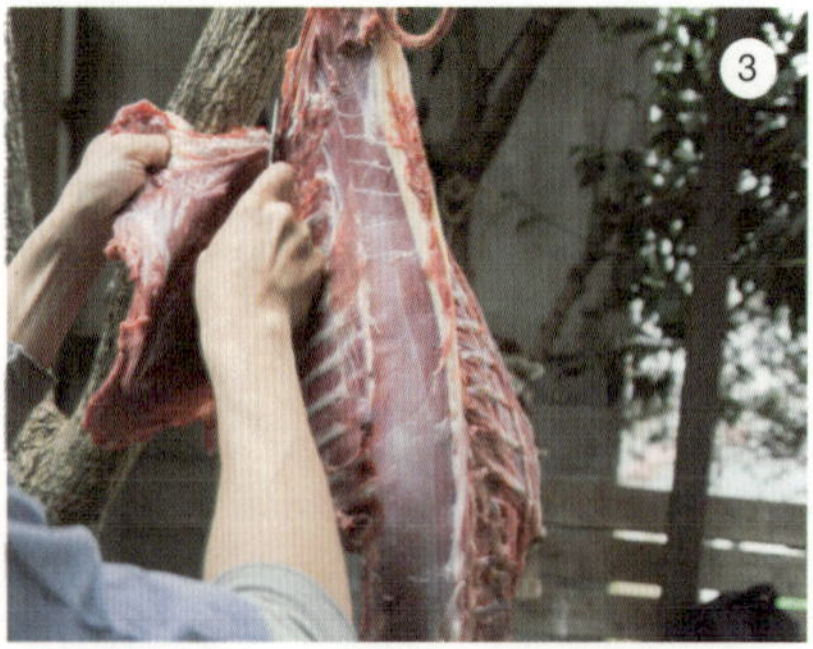

アバラ肉もいっしょにはずす。胸の真ん中は脂が多く、カレーやシチューによい部分。

腹っ皮をとる

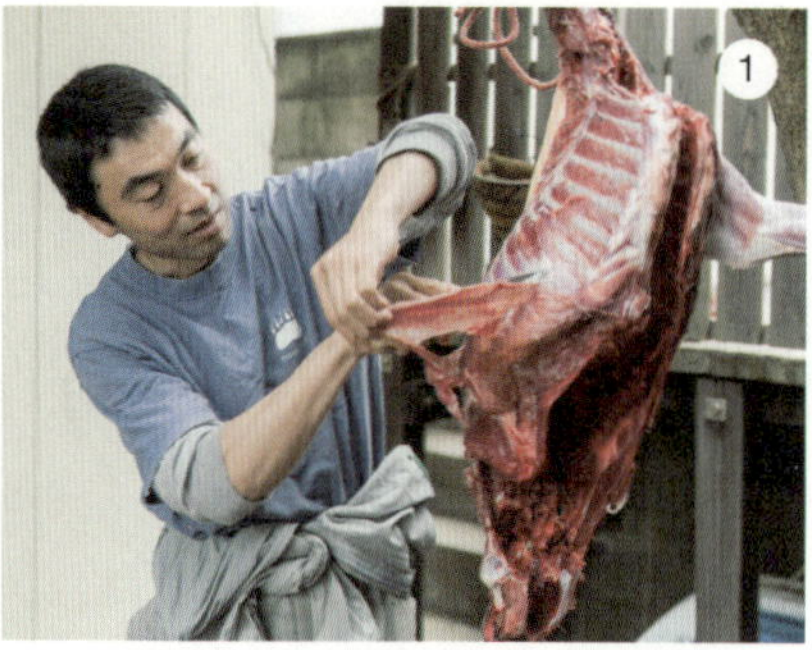

体腔内に面している腹膜周辺の肉（腹っ皮）を削ぐ。腹っ皮は熱を入れると臭いがでる。

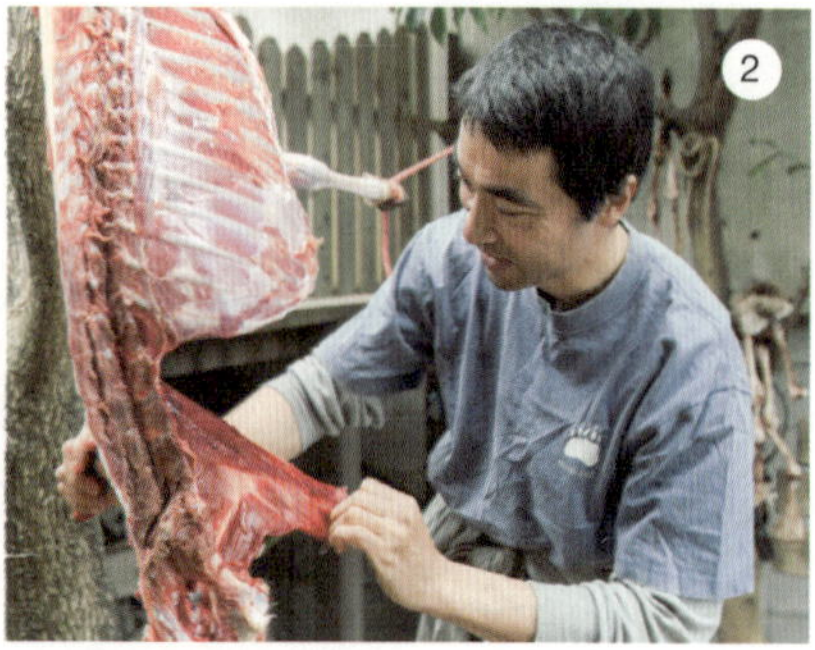

とくに銃弾が消化器官に傷をつけている場合は、腹っ皮はニワトリのエサになる。

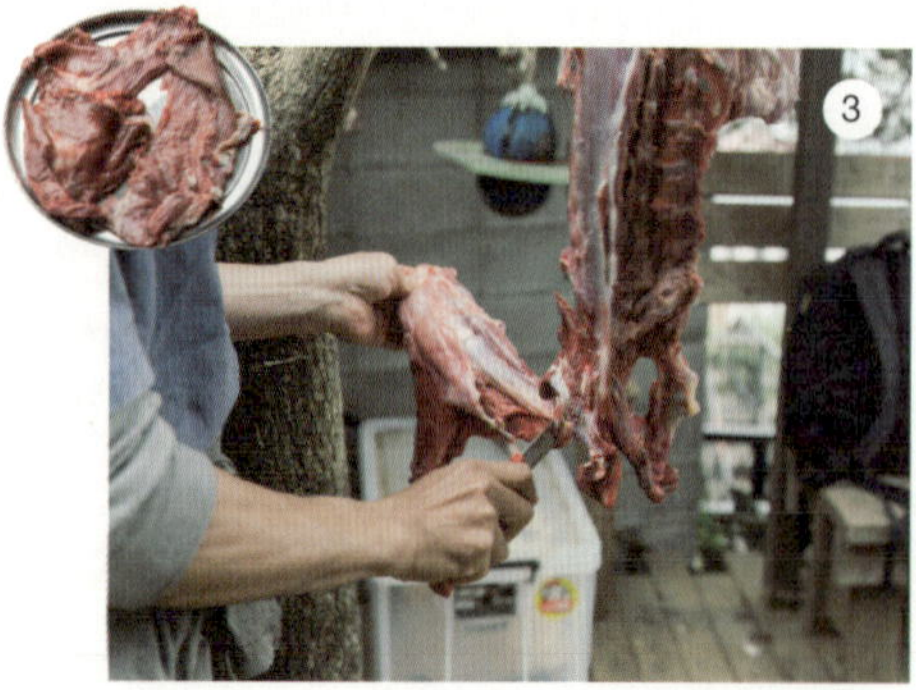

多少臭うほうが好みの「シカ上級者」には腹っ皮もおいしいスープになる。

背ロースをとる

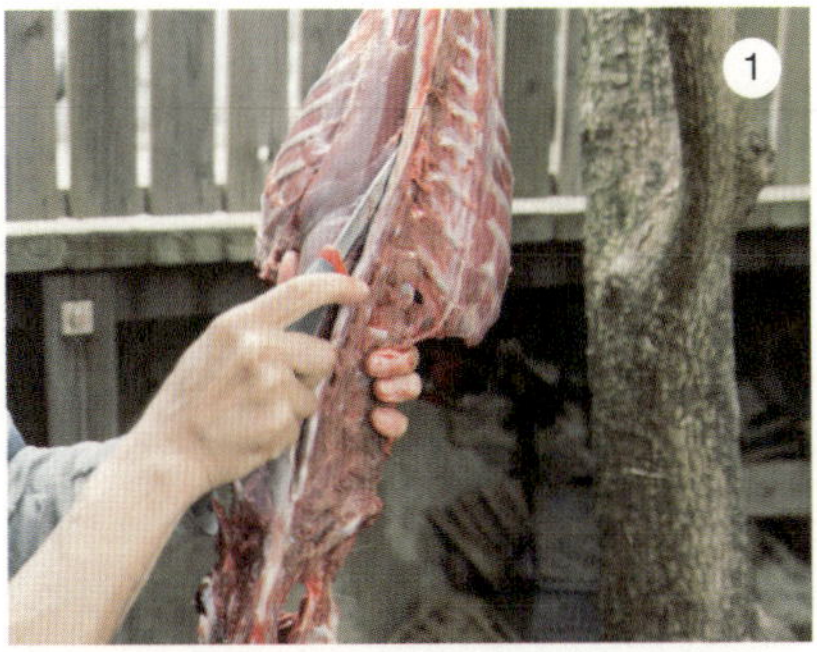

背ロースをはずす。まず背骨にそってナイフを入れていく。

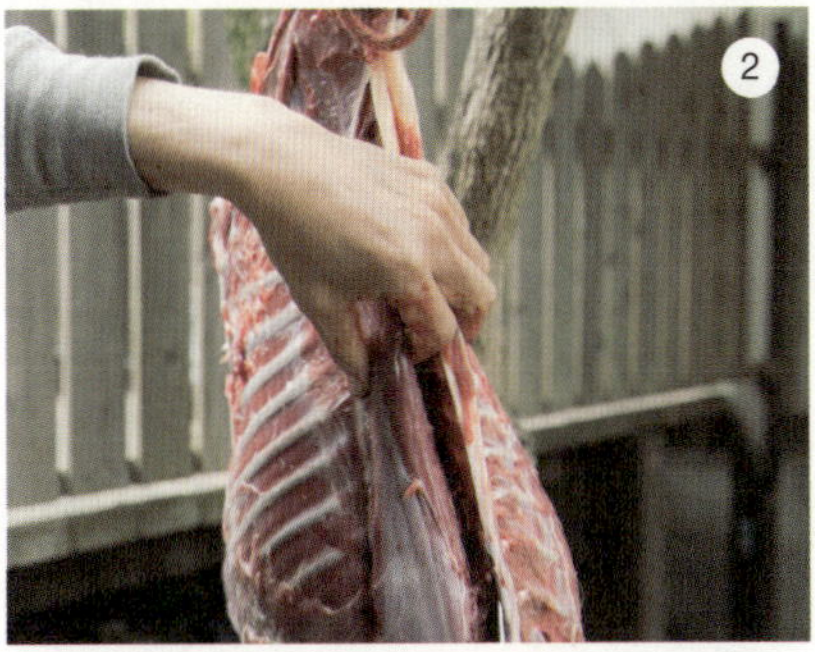

シカの背骨は人間の背骨と違い、椎骨棘突起が長く、背ロースが太い。

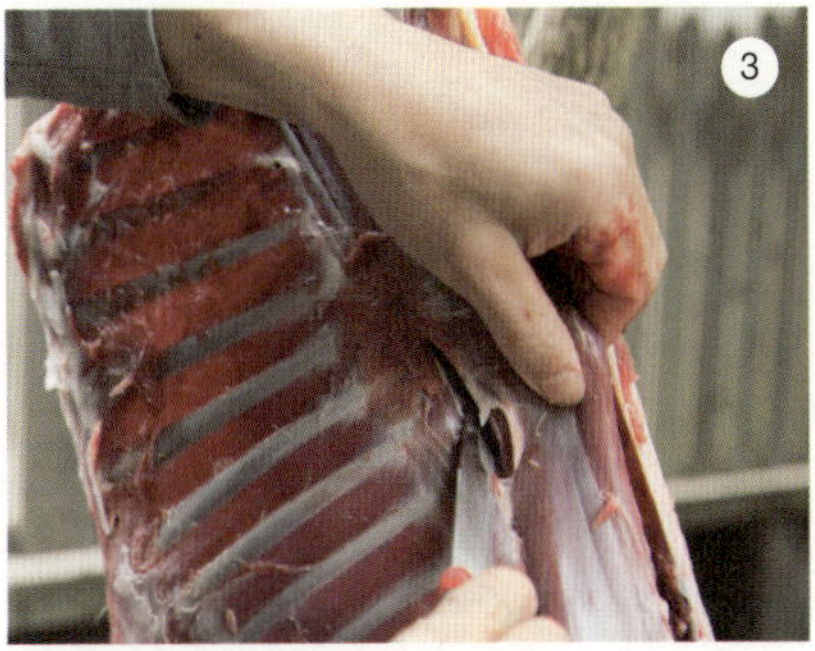

背骨側に刃が入ったら、肋骨のギリギリにそって刃を入れていく。

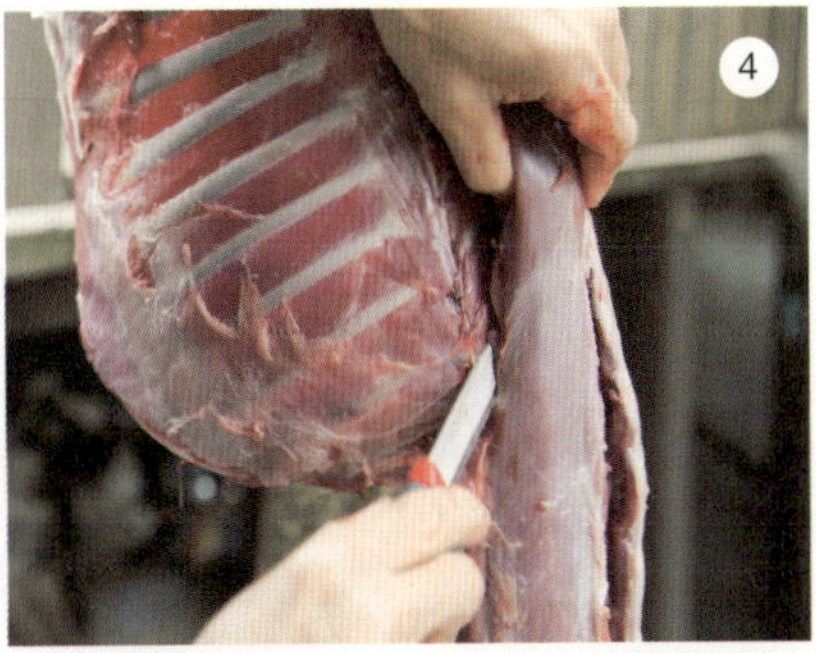

太く美味しい肉なので、肋骨ギリギリを無駄なく切り出したい。

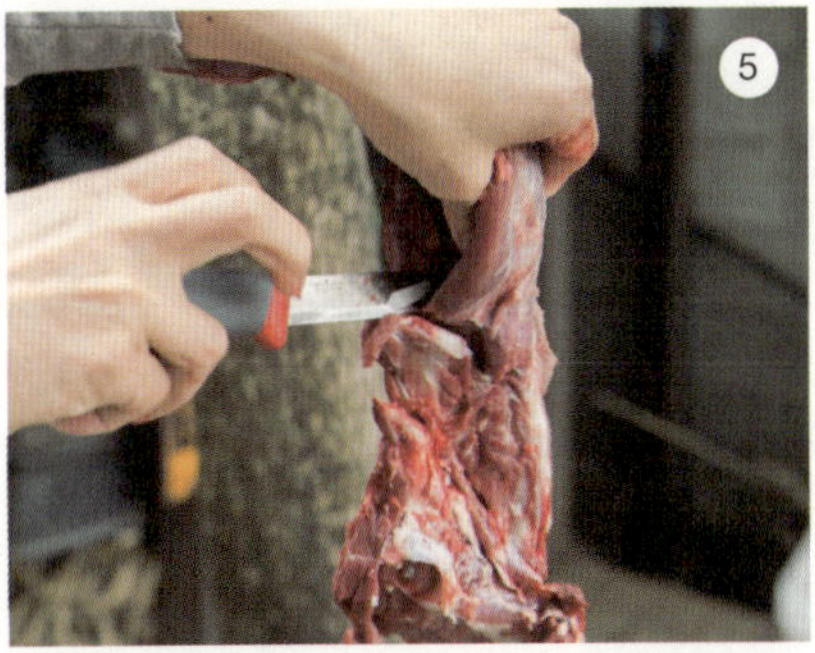

最後は骨盤に吸収されるように尖っている。うまく切るのが難しいところ。

三角柱のような背ロースがとれる。首側（肩ロース）はやや筋が入る。

後脚の精肉

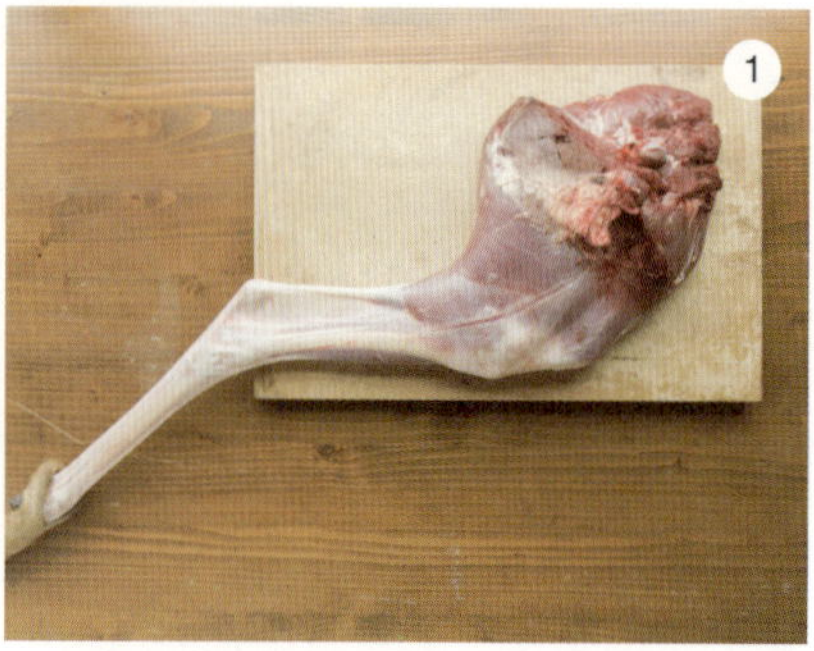

はずした後脚をバラす。まず、後脚の内側(股関節側)を上にしておく。

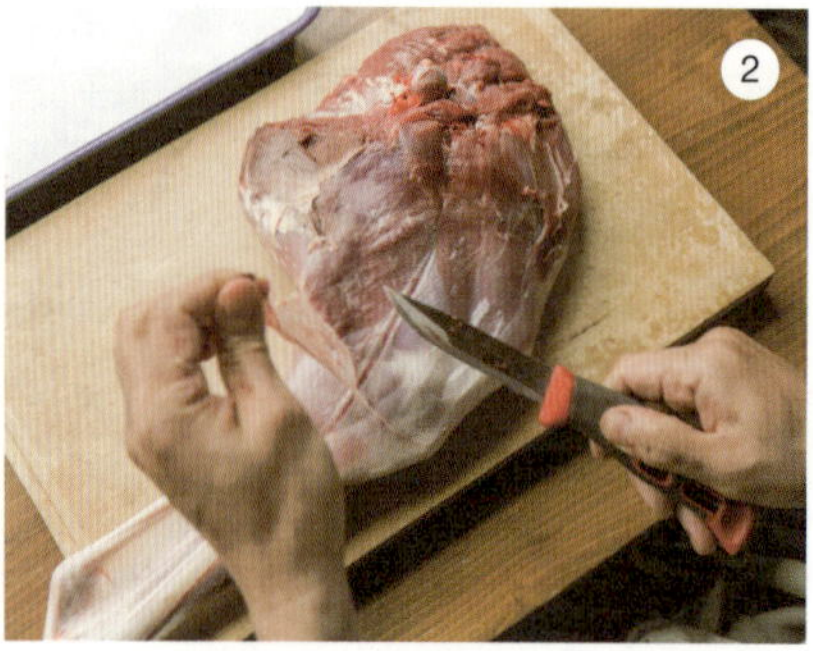

美味しく食べるために筋肉をブロックごとにとるのが目標。薄い筋膜をはずす。

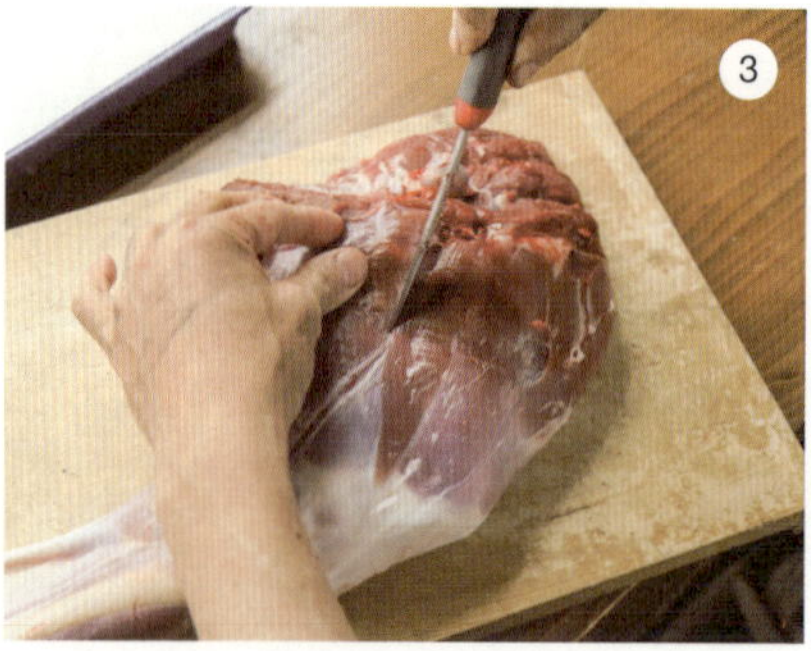

後脚の内側には大腿骨にそって大きな筋があるので、そこをまず開く。

アバラ骨をはずす

骨盤の突起にヒモをかけて、尾っぽのほうを上にしたほうが、アバラ骨をとりやすい。

肋椎関節のあたりに、打撃系の刃物を振り下ろして、アバラ骨をはずす。

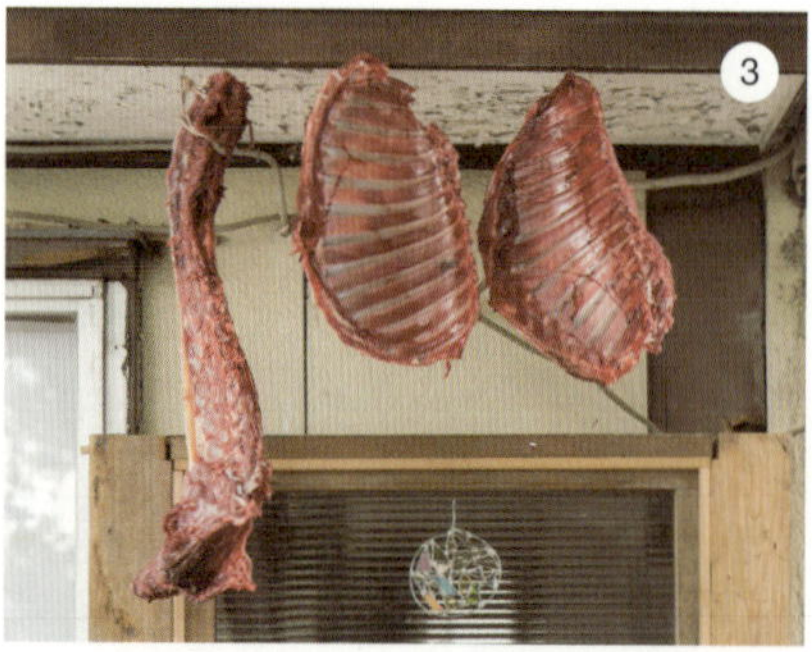

脊椎と肋骨がばらけた状態で干し肉にすることが多い。骨盤をはずす場合もある。

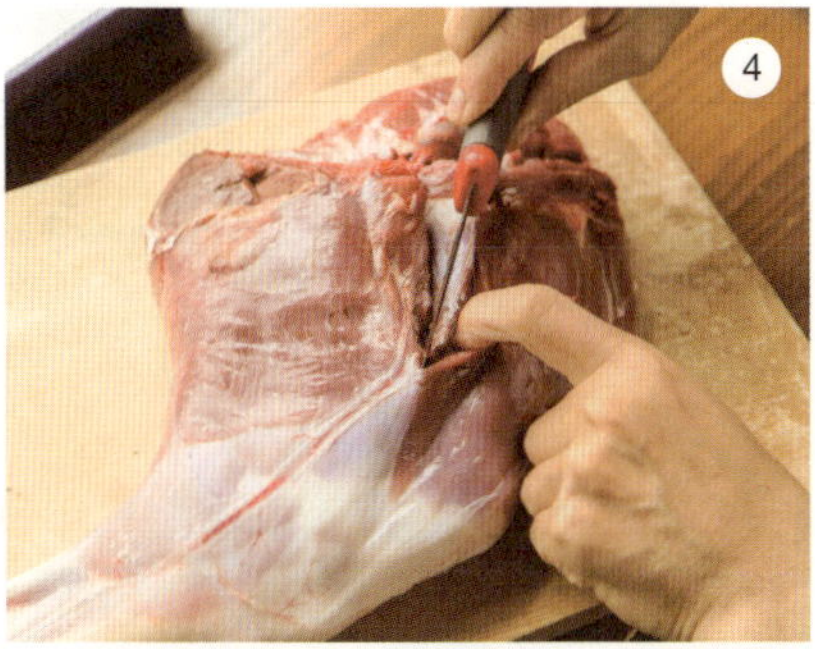

薄い筋肉があるが、膝関節まで、この筋を追うことができる(手でも開くことができる)。

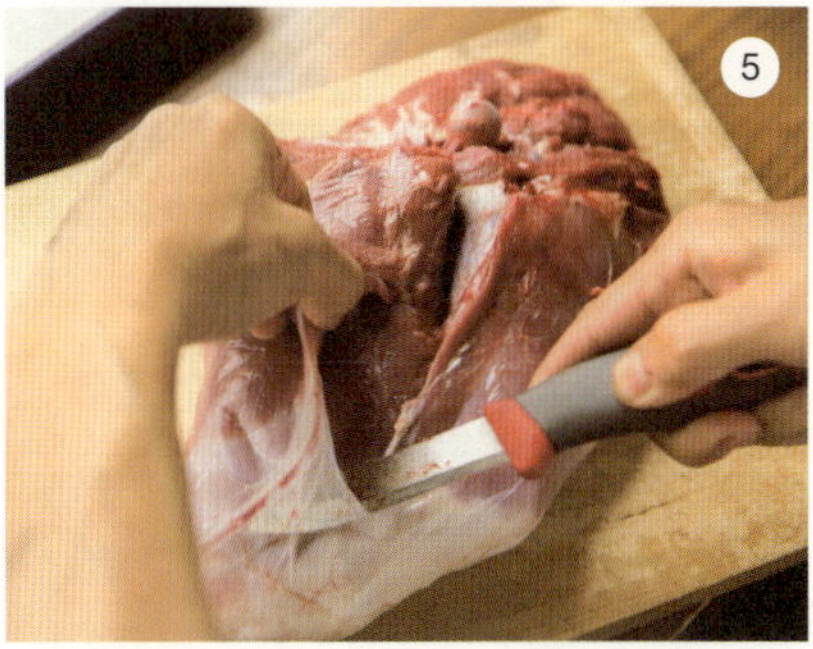

筋を開くように切っていくと膝の内側に巻きつくようにしてふくらはぎへつながっている。

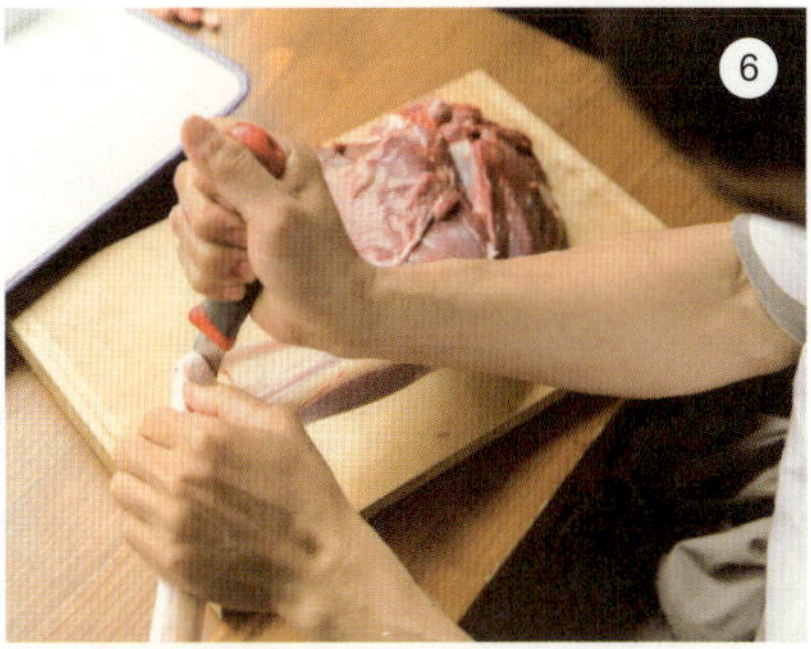

いったん踵まで下がり、アキレス腱を切る。四つ足動物の踵はかなり上にある。

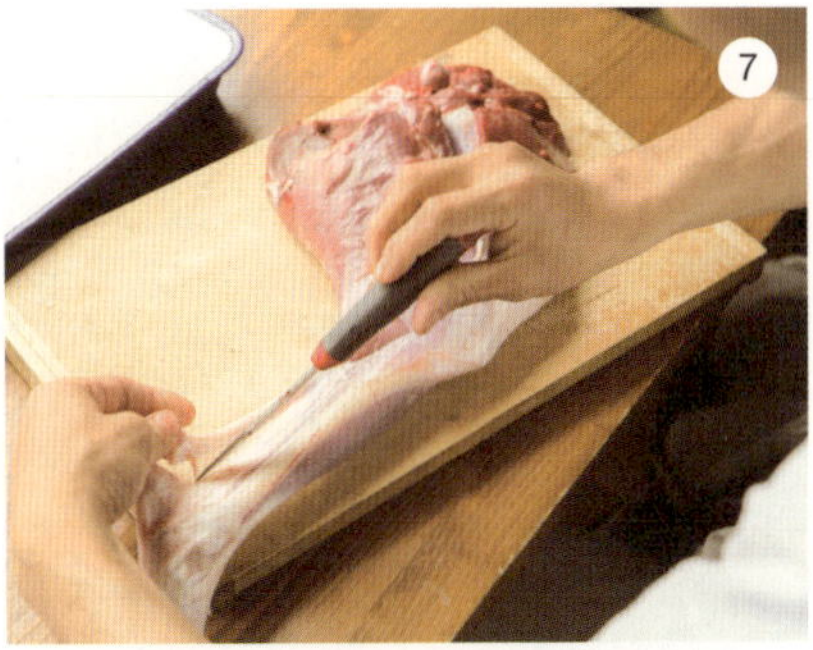

アキレス腱を引くようにしてふくらはぎのほうから筋を辿っていく。

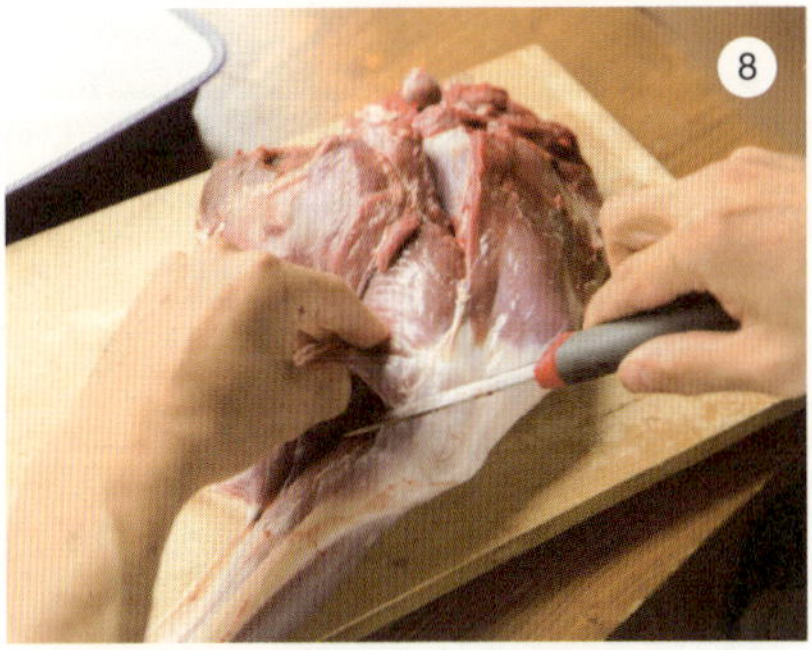

膝関節の横で肉が筋になって、骨とくっついている。

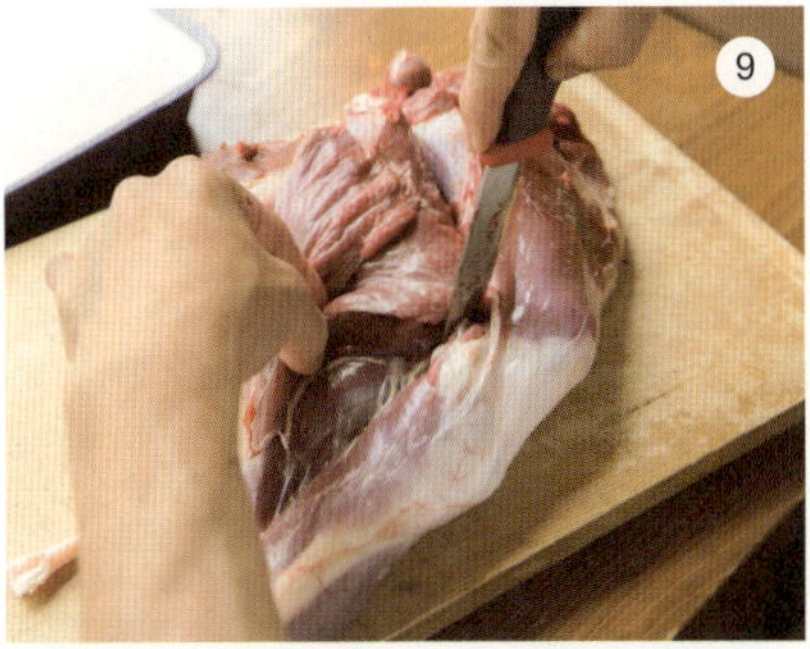

膝関節にくっついている筋を切る。ブロックで肉がわけられていく。

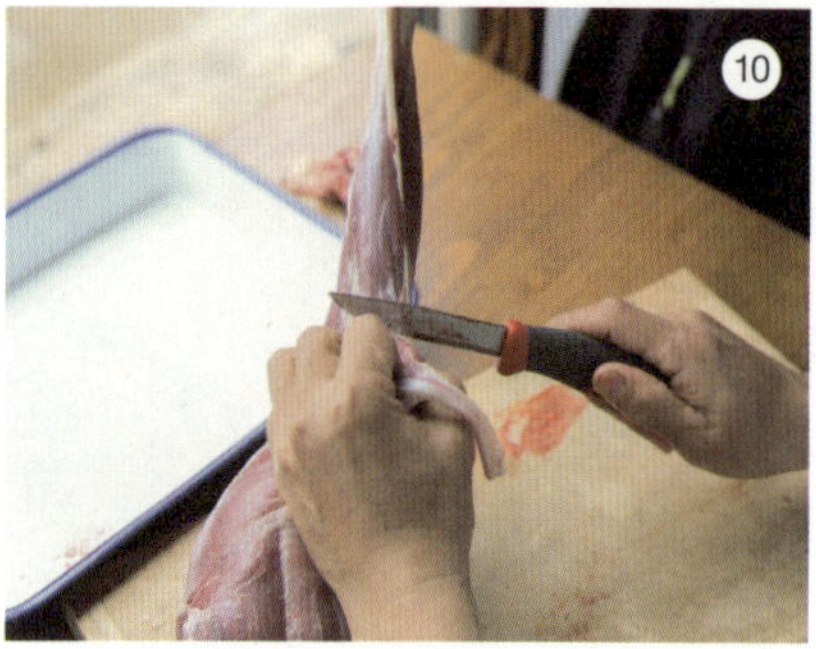

外側の膝関節にくっついている筋も切る。骨と肉をつなぐのが筋。

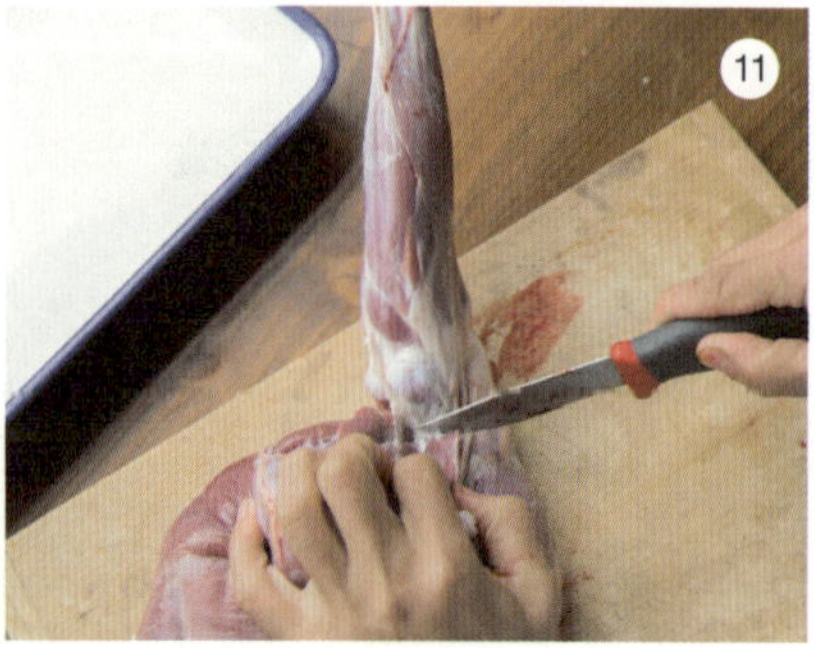

膝関節の裏の複雑な筋も全部切っていく。筋肉と筋の構造がわかるのもおもしろい。

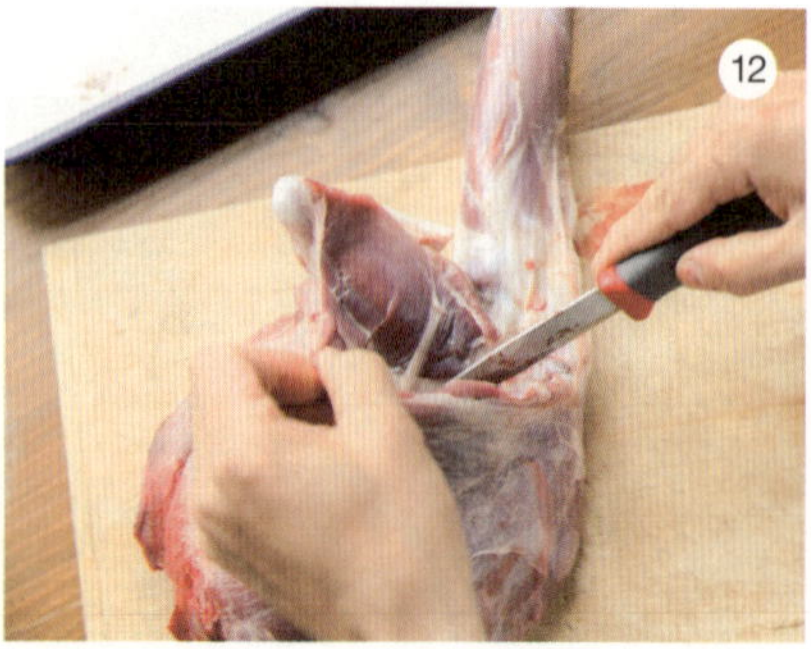

全体的には丁寧に、ときに大胆に。筋に導かれるように開きながら切っていく。

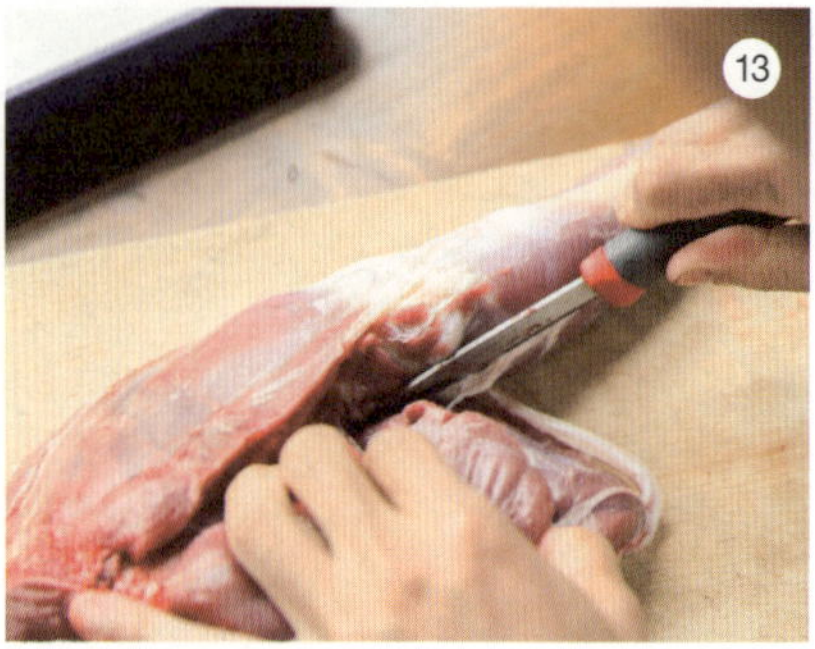

ふくらはぎの塊がブロックになってはずれてくる。丸くやわらかい。

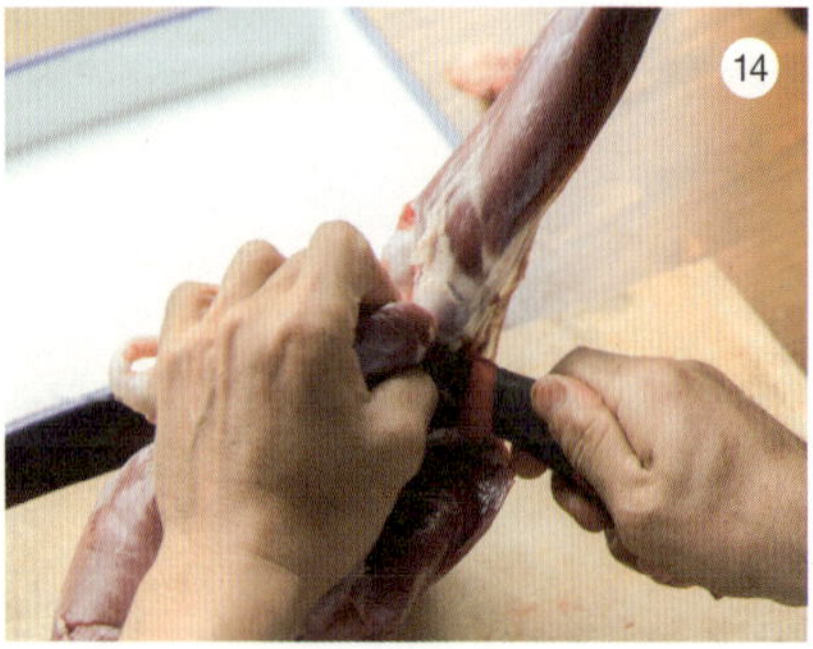

膝裏の固い筋を切りとる。ふくらはぎがブロックではずれる。

ふくらはぎのブロックがとれた状態。筋の多い部分なので、煮込み系に向く。

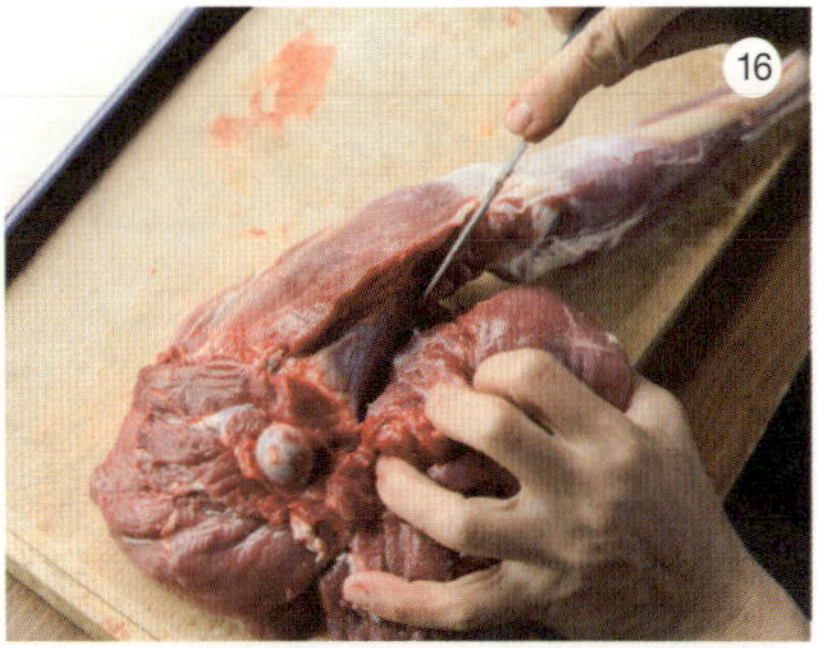

ふくらはぎの流れからハムストリング周辺がはずれかけている。

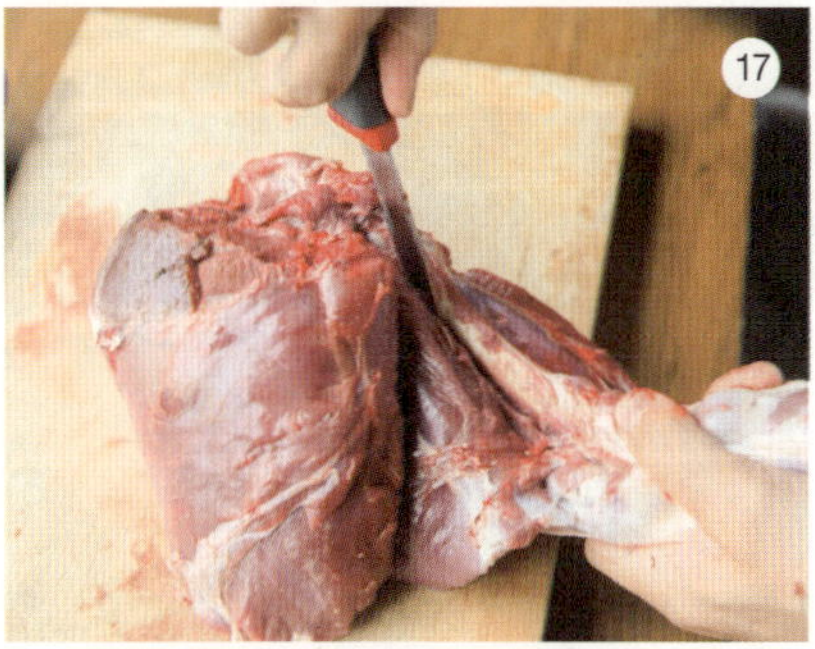

大腿骨に絡みつくようにへばりついている筋肉は刃を入れて削ぎ切っていく。

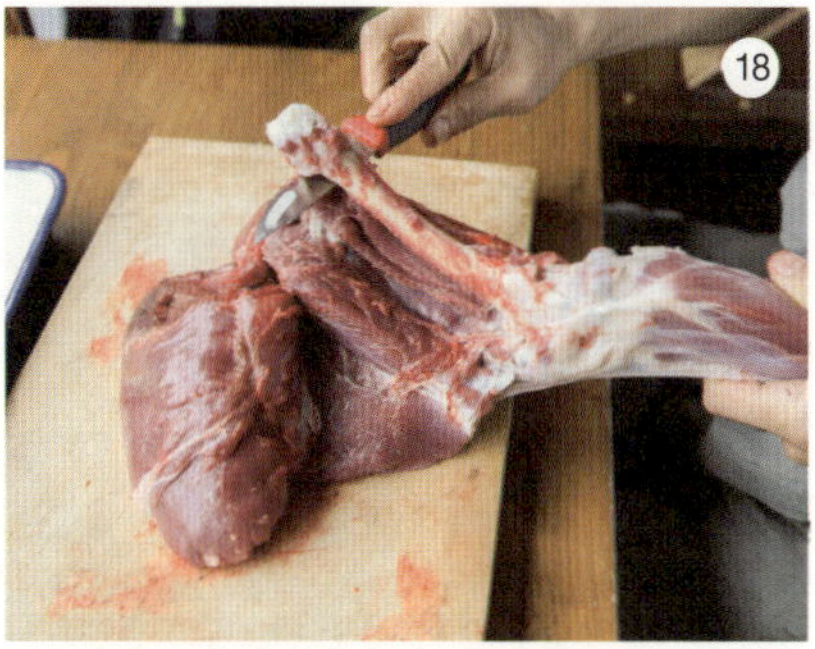

骨にできるだけ肉が残らないようにうまく削ぐように切っていく。

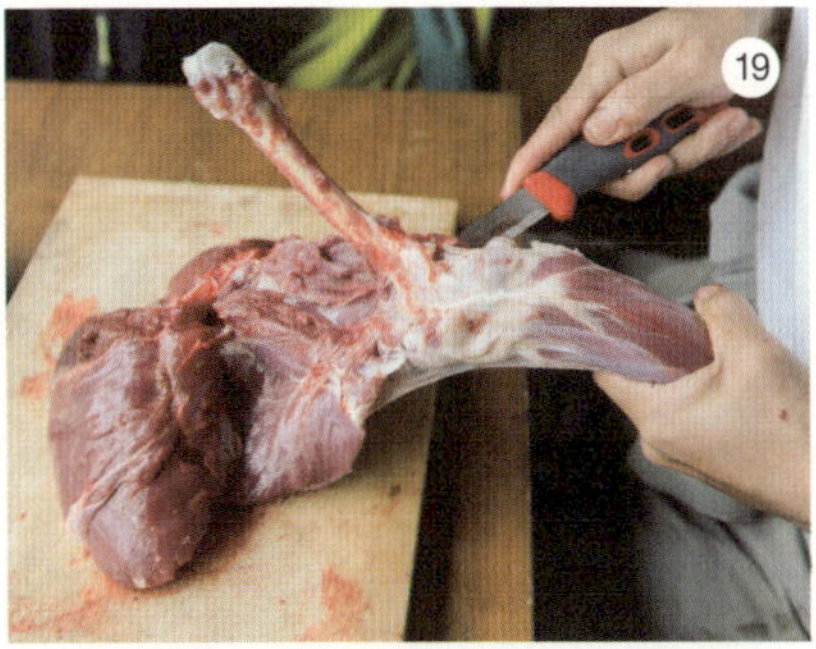

きれいに削ぐと、膝関節部分だけで肉が骨についている。

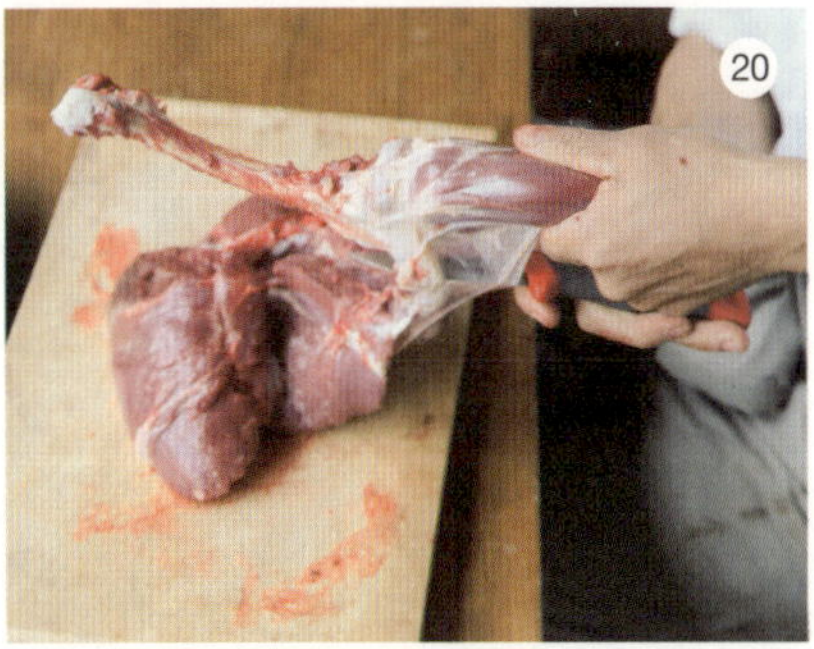

関節はざっくり切る。

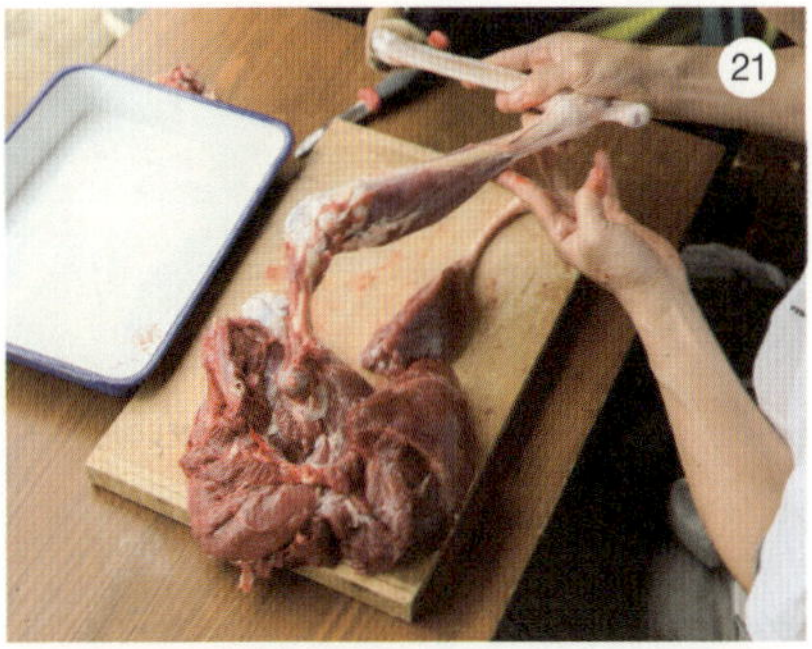

モモまわりの肉が骨からはずれる（スネ肉はまだ骨についている）。

お尻の大きな筋肉(大臀筋)をまずとりはずす。筋にそって刃や手を入れていけばよい。

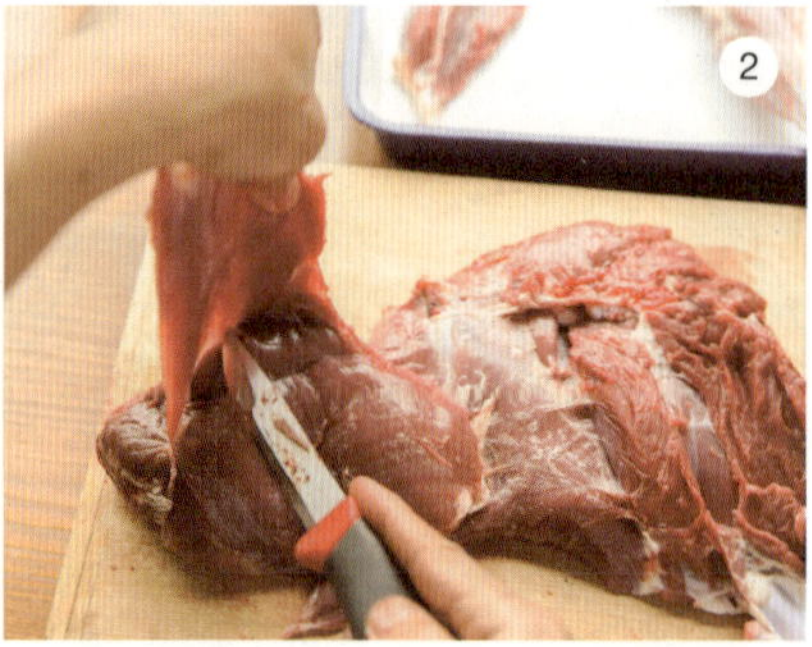

大臀筋のまわりにある薄い筋膜をとる。プロのシェフは筋膜でミンチを包んだりする。

大臀筋についている小さな四面体の筋肉をとる。小さいがやわらかく旨い。

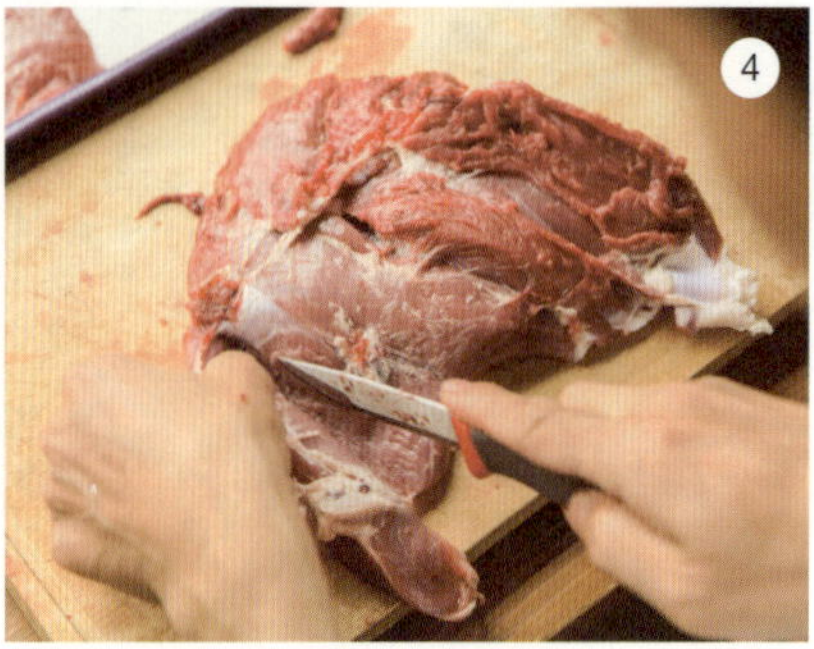

大臀筋がブロックでとれた状態。左手でつまんでいるのは棒肉(棒状の肉)。旨い部分。

大腿骨に巻き付くような丸い筋肉(芯玉と呼ばれる)が見えてくる。芯玉は柔らかく旨い。

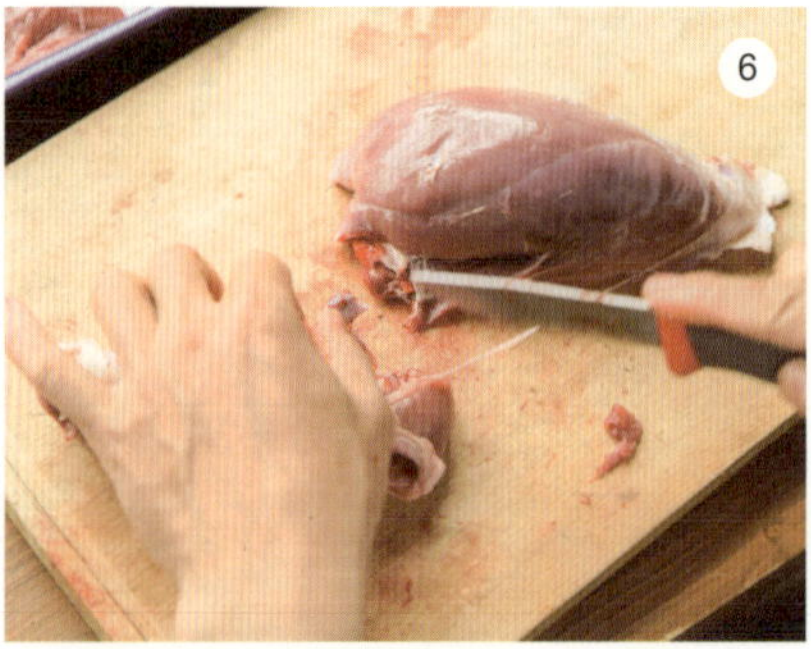

芯玉は、はっきりした筋でほかの筋肉とわかれているので、雨だれ型にとれる。

スネ肉を切りわける

スネ肉をはずす。骨と肉の間に刃を入れていく。細く筋が多いが旨味も濃い。

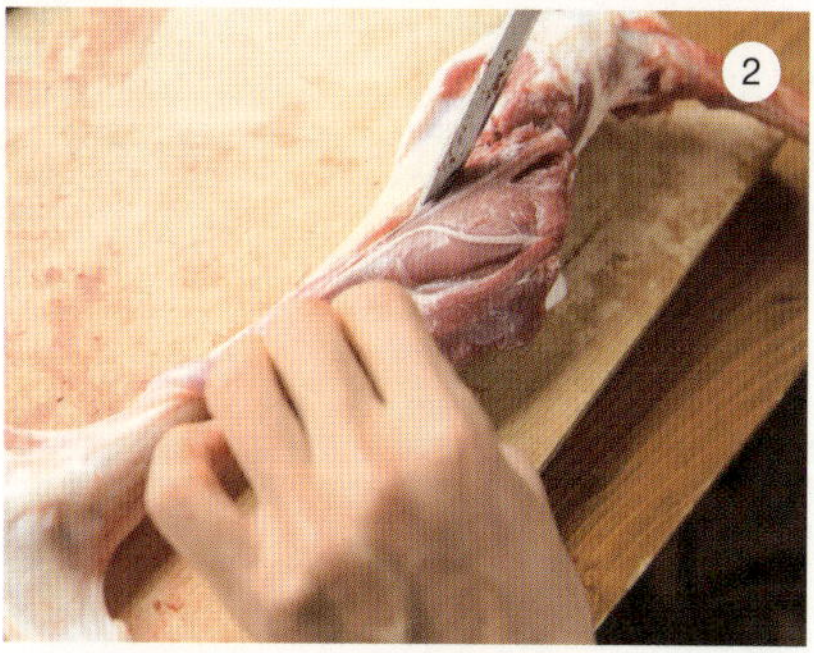

膝に近いところはやや複雑だ。ざっくり切りはなしてしまえばよい。

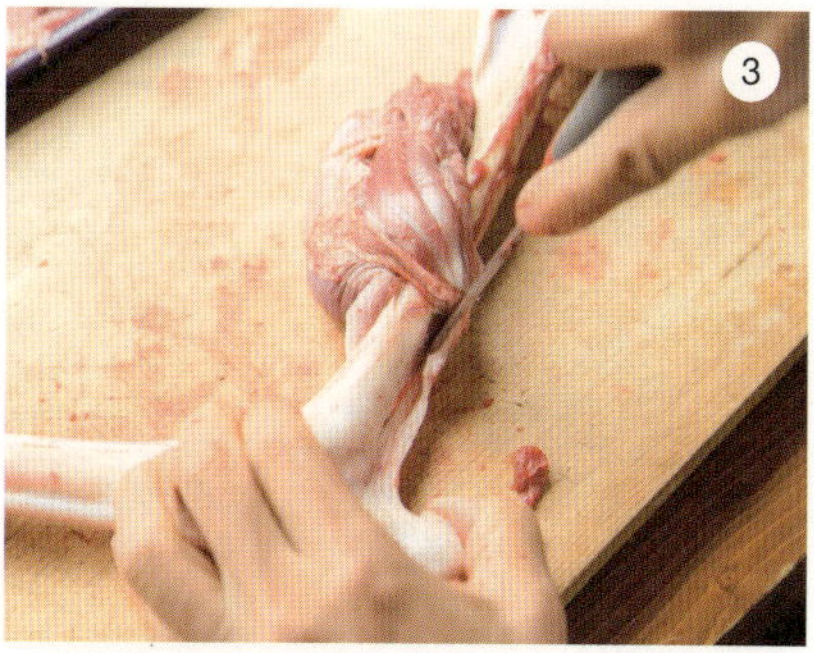

内側と外側の両方向から刃を入れていくと、スネ肉がはずれていく。

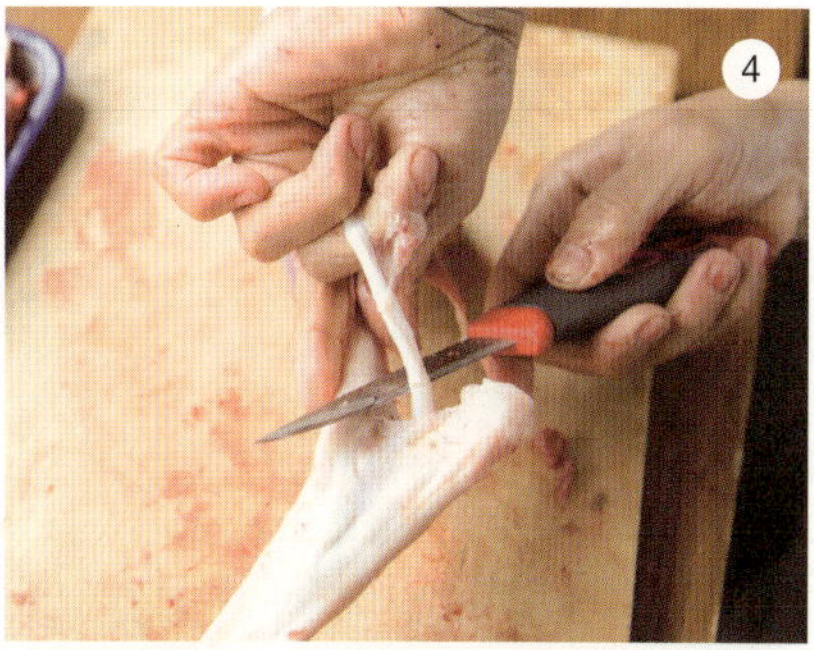

スネ肉といっしょに筋もはずれたら、筋と骨を切り離す。

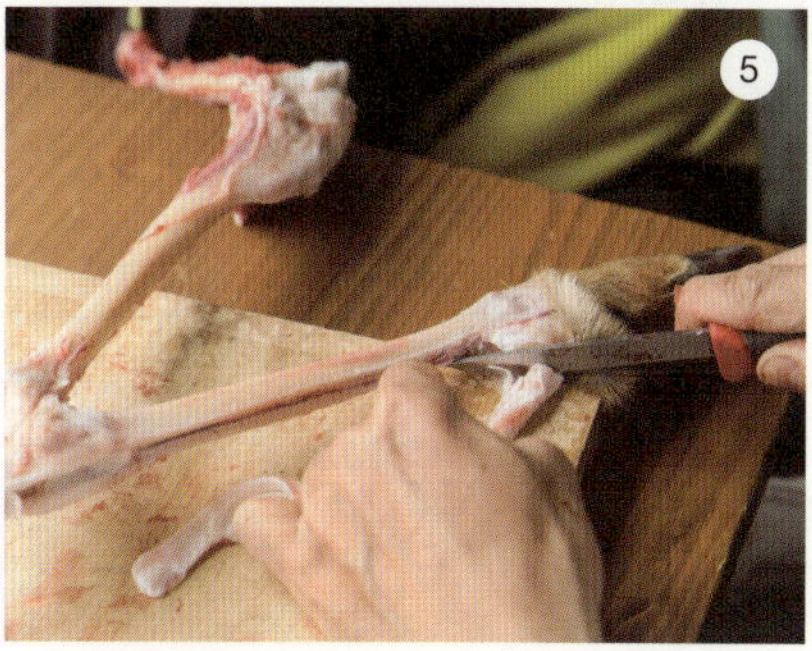

筋は煮込むとぷにょぷにょになって美味しいので、できるだけとりたい。

① モモ雑肉。大ブロックに見えるが筋が多い。

② 大臀筋近くにある小ブロック。筋はない。

③ 大臀筋。いわゆるモモ肉。ステーキに向く。

④ 芯玉。丸く大きいインナーマッスル。筋あり。

⑤ 棒肉。インナーマッスルで色が薄い。刺身に。

⑥ 大臀筋の内側にある中臀筋のブロック。

⑦ 人間でいうふくらはぎ。筋があり煮込みにいい。

⑧ スネ肉。ここも筋が多いので煮込み系。

⑨ 膝下の筋。圧力鍋か煮込みでぷるぷるに。

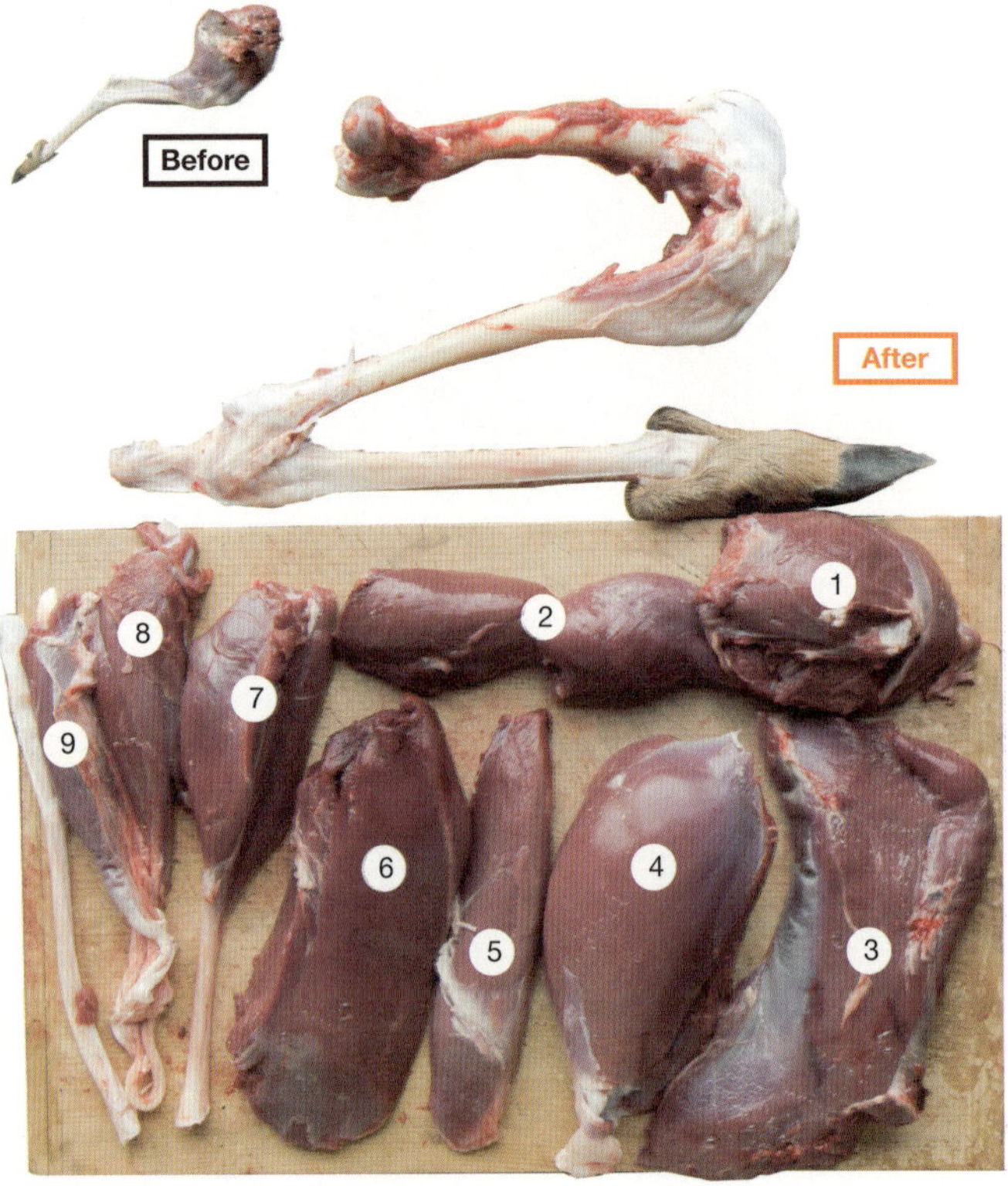

後脚がバラバラになった状態。

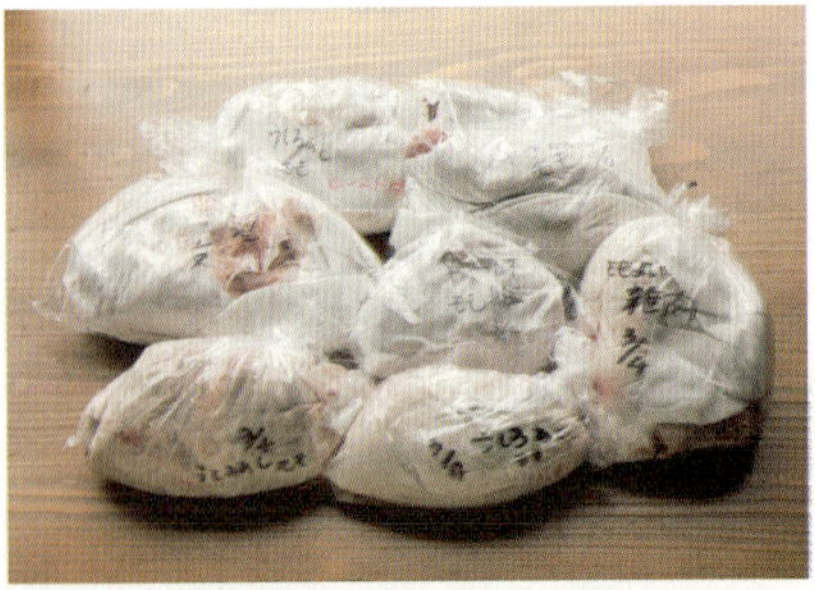

油性マジックで袋に部位を書いておく。キッチンペーパーが血で湿ったら交換。美味しいところからどんどん食べるのが完食のコツ。

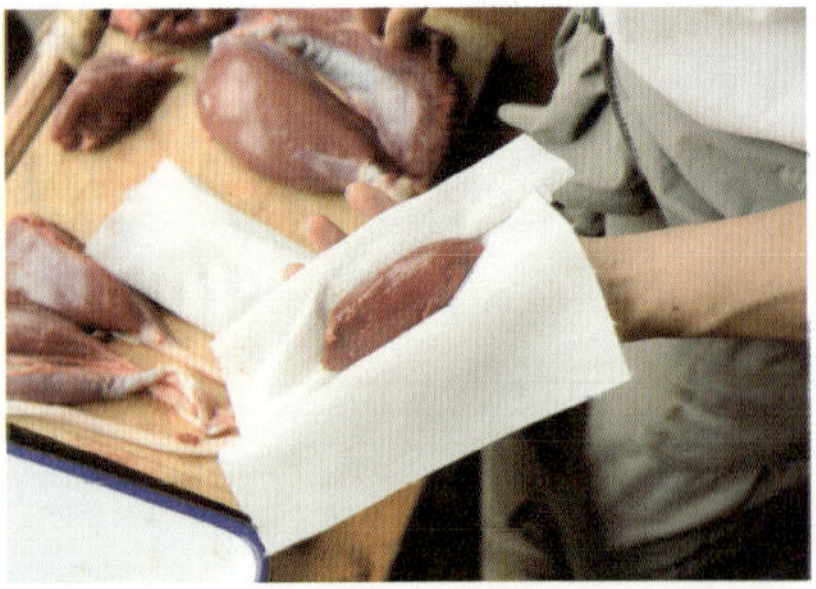

高級キッチンペーパー（安物は漂白されている）に包んでビニール袋に入れると質が落ちにくく、長持ちする。

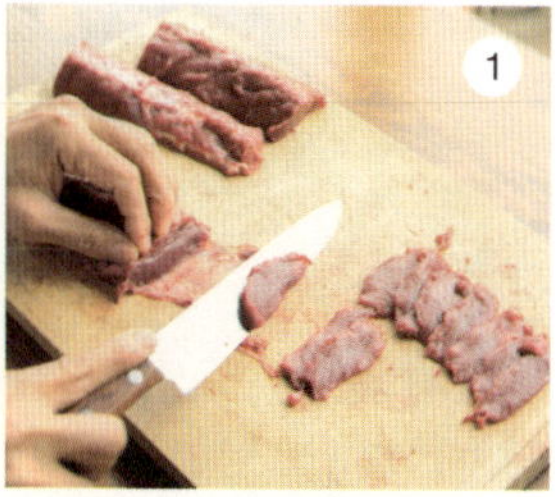

背ロースをスライスする。刺身を引くように広い筋から削ぐように切りとる。

弱火でじっくり火を通すのがコツ。シカ肉を焼くときはとにかく低温でゆっくり。

じっくり焼いて、裏返し、レアな状態から食べはじめてしまう。

シカ肉の燻製の作り方

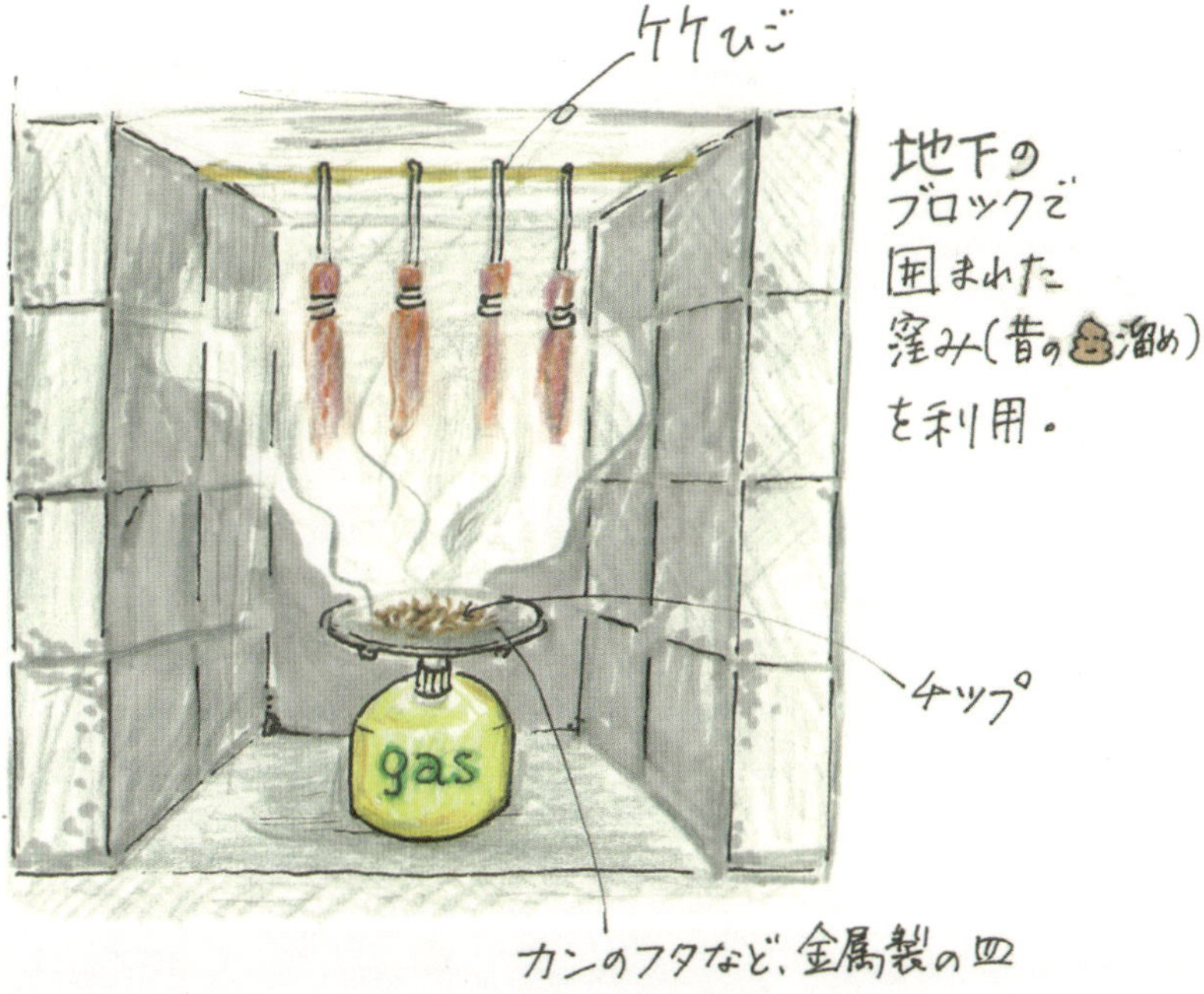
竹ひご
地下のブロックで囲まれた窪み(昔の溜め)を利用。
チップ
gas
カンのフタなど、金属製の皿

弱火ローストをのせて、
薪ストーブで焼いたピザ。

シカ肉を美味しく食べるコツは弱火でじっくりやること。ジビエイタリアンレストラン「パッソアパッソ」にシカ肉を持ち込み、20分焼いて20分余熱で温めるステーキを食べて、うまさにびっくり。

塩とスパイスで味付けし、多めの脂でとにかくゆっくり。脂をスプーンでかけてもよい。

表面がちょこっと焦げたら火を消し、アルミホイルをかけて、余熱で中に熱を通す。

金串を刺して、中の温度を確認したりするらしいが、適当でいい。

ゆっくりじっくり熱が通るとシカのにおいはなく、本当に美味しい。

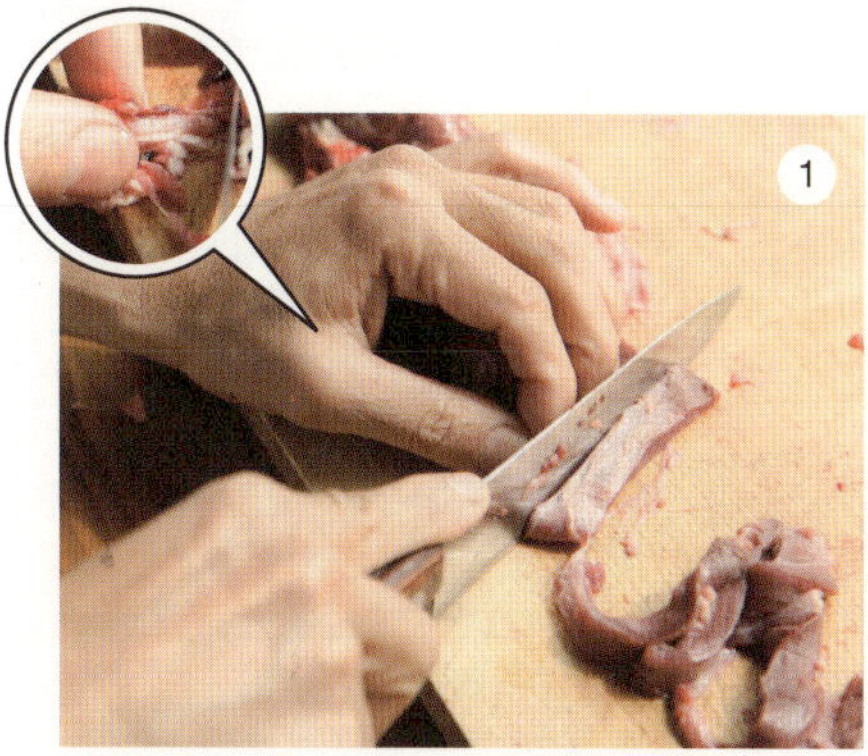

脂の多い胸肉や、筋の多い雑肉を使うと旨い。リンパ(丸写真)はとりのぞく。

細かく切ってから、1回洗うように湯がく。子ジカの場合はそのままでもよい。

水と日本酒でゆでるように軽く圧力鍋をかける。山中でやる場合はそのまま鍋にかける。

ニンニクとショウガを入れる。最初の段階で入れてもよい。

味噌で味を調え、ネギを薬味に。フキノトウが薬味であればいうことなし。

瓶詰め保存

どのような保存法も多少は味が落ちてしまう。カレーやシチュー用に瓶詰めするのは効率がよいかもしれない。瓶の熱湯消毒を徹底しないと雑菌にやられてしまう。

大さじ３杯のイノシシ脂で大さじ１杯のクミンを香りが立つまで炒める。分量は10人分。

タマネギ（３個）を入れ、火力を調整しながらタマネギが飴色になるまで炒める。

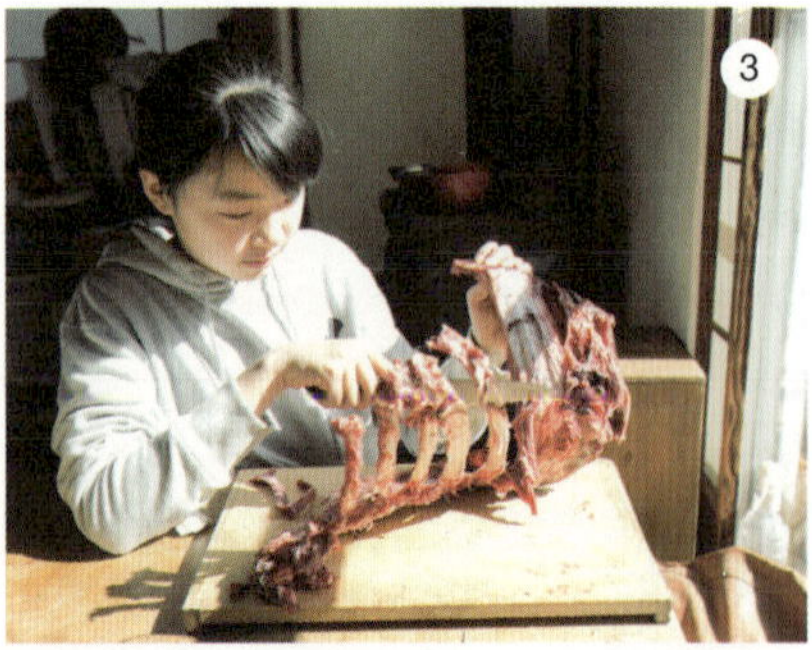

雑肉やスジ肉を小さめに切り、血や毛を洗うように湯がいてから圧力鍋に（水＋日本酒）。

タマネギが飴色になったら、ニンニクとショウガのすりおろしを各大さじ１杯入れる。

ヨーグルトを大さじ１杯入れる。各材料の分量は、シカ肉（具の肉）の量によってかわる。

ベーススパイス（ターメリック、チリ、クミン、コリアンダー）としてカレー粉大さじ２杯。

ややきつめに塩を入れる。入れないとスパイスの香りや味が立たない。沖縄の「粟国の塩」。

全体が馴染んだらガラムマサラ（次ページ参照）を大さじ1杯以上、たっぷり入れる。

全体が馴染んだら浄水を500cc入れ、脂が分離するまでひと煮立ち。塩味を調整。

カレーペーストと肉を合わせる。塩や魚醤、好みでガラムマサラを足して味を調える。

ごはんにかけて、乾燥バジルをたっぷり振りかけて完成。パクチーを刻んでも美味しい。

ミックススパイス(ガラムマサラ)の作り方

クミンシード3、コリアンダーシード3、カルダモン1強、シナモン1、クローブ1、コショウ1、ナツメグ1弱を基本に、そのときの気分で配合する。カルダモンが好きなので、たくさん入れることが多い。ベイリーフはコーヒーミルで挽かないで直接スープカレーに入れる。

お好みでサグスープカレーに

ほうれん草を湯がいてミキサーにかけるか、包丁で丹念に叩くかして、カレーに入れればサグカレーになる。それでなくても辛くないカレーだが、さらにまろやかになり、旨味も増す。

香りを立てるために軽くから炒りしてから挽く。カルダモンやシナモンはハサミなどでバラしておいたほうが挽きやすい。

シカ肉ギョウザの作り方

① シカの赤身の雑肉をなるべく細かく刻む。

スジっぽいところは除く

ニワトリ行き
塩大さじ1.5
コショウ
肉に
塩、コショウを
しっかりもみ込むのがポイント!

肉は500gで約5人分

② 香菜(パクチー)ひと束分をみじん切りにする。

パクチーが△な人も火を通すとOK!

にんにくのみじん切り 大さじ2、
しょうがのみじん切り 大さじ1 と共に①の肉に混ぜ込む。
(好みで みじん切りにしたニラや ゆでたキャベツを加える)

③ 皮に包む。人手が多いと早い。

包まないヤツは食うなよ〜
きゅっ

④ 焼く。皮にコゲ目がついたらお湯を注ぎフタをして4分蒸し焼きにする。フタをとって水分を飛ばす。強火にしてパチパチ音がするまで焼く。

⑤ 味をみて必要ならば好みのタレにつけて食べる。

ナンプラー+ネギみじん切り　　黒酢+しょうが

〈2〉山菜、キノコ、イワナの食べ方

山でとった食べ物は山で食べるようにしているが、山菜やキノコなどがたくさん採れた場合は持ち帰ることがある。下山する日に、よい型のイワナが釣れたときも、塩して持って帰ってくる。山で食べ慣れた食材を、家に持ち帰って食べてみると新しい発見がある。スーパーや食料品店で買ってくる食材と同じ環境で料理し、同じ盛りつけで食べてみると、天然素材がいかに美味しいかよくわかる。

山菜

家族に人気なのは、なんと言ってもウドである。初夏なら根っこの部分から、盛夏なら、先端のまだ若く柔らかい新芽を摘んで、濡れ新聞に包んで持って帰れば、それほど傷むこともなく、美味しく食べられ、食いでもある。天ぷら、素揚げ、炒め物など、なんでも美味しい。バラ肉と干しエビとニンニクといっしょに炒めるのが贅沢。

春になると思い出す個性的な味はギョウジャニンニク。心臓病の薬ともいわれている。傷みやすいので持ち帰ってすぐ炒め物などにして食べ、残りは醤油漬けにする。

ネマガリダケはそれだけを目的に山に入ってもよいくらいの獲物である。地元の人に迷惑にならないように山奥に入って採りたい。上信越の山で季節は6月くらいだ。採ったらできるだけ早く皮をむいてゆでる。皮をむくと小さくなってし

ギョウジャニンニクのしょう油漬けの作り方
①登山のついでに採ったギョウジャニンニクを持って家に帰る。
ただいま
②ギョウジャニンニクを洗ってビンに入れ、しょう油を加える。
しょう油はひたひたに加える
③翌日から食べられる。細かく刻んでチャーハンや炒め物に。
パンチの効いたニラのような味♪

まう。皮は庭に撒いておけばニワトリがつつく。ゆでたタケノコは、孟宗竹のタケノコと同じように使えるが、アクが少なく柔らかくて美味しい。

キノコ

マイタケ、ナラタケ、ヒラタケ、ナメコなど、採れるときはたっぷり採れるキノコは、持ち帰ることが多い。もしくは最初からキノコを狙ったキノコ狩り登山をすることもある。購入したキノコと同じように保存すればいいが、山からついてきた虫が、キノコを食べてしまうこともある。石づきをとって、洗って、ゆでて、ゆで汁ごと、瓶などに入れるか、食料保存袋などに入れて冷凍しておく（味噌汁や鍋物の具にする）。

イワナ

家のガスコンロで焼いて食べると、スーパーで売っている養殖ニジマスと天然の渓流魚の圧倒的な味の違いを思い知る。

燻製を作った場合はそのまま持ち帰るが、下山日に釣ったイワナの場合は、釣ったその場で内臓を出し、やや強めに腹に塩を振り、できれば新聞などに包んでからビニール袋に入れて持ち帰る。夜遅くなり、その日の夕食で食べられなくても、冷蔵庫に入れておけば、夏場であっても、翌日の朝食で充分美味しく食べられる。いつ食べられそうかを考えて、最初に振る塩の量を調節する。

ギョウジャニンニクの醤油漬け。山では気にならないが、街で食べると、かなりのニンニク臭がある。

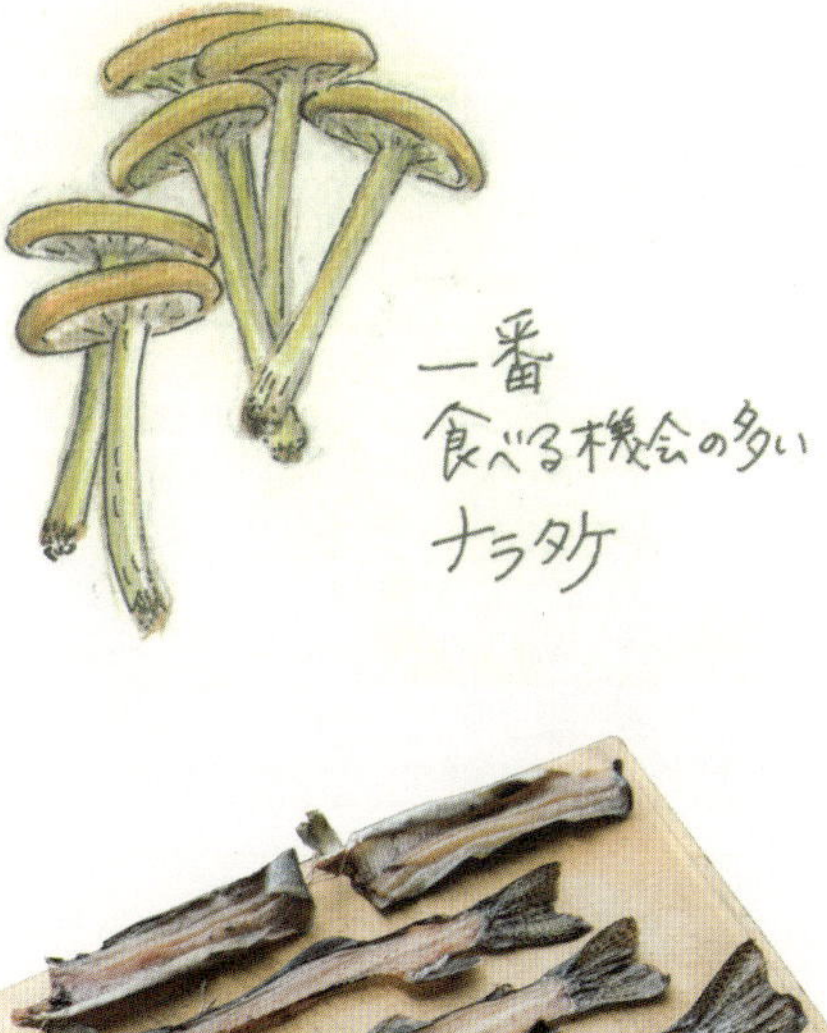

北海道で釣ったニジマスの半身燻製（上）と刺身の残りの干物。軽く発酵して旨くなる。小屋の薪ストーブで作ったので煙は少なめ。

8 魚をおろす

刃物使いのはじまりであり最終到達点

魚をおろすのは、大きなケモノの解体より、よほど難しい。だが、魚をうまくおろすことができるようになれば、包丁さばきで気後れすることはなくなるだろう。魚を美味しくおろすのは、刃物を使う最初の課題であり、最終到達点でもある。

魚をおろすのは、創造的な行為でもあり、生き物の構造を知ることでもあり、料理の基本ともいえる。自分で釣ったものなら充実度は増すが、魚屋で買ったものでも、自分で一本の魚をおろすのは、休日を楽しい一日にしてくれる。アラはニワトリが喜んで食べるので、捨てるところはない。

魚によって、おろし方に少し違いはあるが、アジ、イワシ、タイがおろせれば、ほとんどすべての魚種に対応できる。出刃包丁や柳刃包丁があれば便利だが、なくても万能包丁で充分対応できる。

魚は、基本的に水には浸けないで処理する（そのほうが美味しい）。血合などは、キッチンペーパーで拭く。魚を水で洗った場合はきっちり水分を拭きとる。

まな板も重要で、大きめのまな板があるとやりやすい。また、どのような刃物を使うにしろ、よく切れることが大前提になる。魚をおろすという行為には「研ぎ」も含まれる。必然的に砥石も必要になる（研ぎに関してはp198）。

〈1〉アジの大名おろし

もっとも基本とされるおろし方である。中型のアジを三枚におろして、刺身にする。身を骨からわけるときに、ざっくり刃物を入れるため、大名おろし（骨に身が多少残っても気にしない＝金持ち）と呼ばれている。

〈2〉小アジの腹開き

干物やアジフライなどのための下ごしらえ。

〈3〉イワシの手開き

イワシは繊細で身が弱いので、そっと手開きでおろす。おろした身は、刺身や、ナメロウになる。

〈4〉タイの三枚おろし

基本的な魚の構造を代表するため、タイをマスターすると、スズキ目(タイ、クエ、スズキ、イサキなど)、サバ科(サバ、マグロ)、アジ科(カンパチ、シマアジ)などの大物をなんでもおろせるようになる。

アジは歯で皮を引くことができる。この写真どこかで見たことがあるような……。

この程度の魚ならちょっと外食に行く出費(2～3000円)で購入することが可能。アーバンサバイバルは旨くて安上がり。

腹を開く。調理後に切り身で使う場合はウロコとゼイゴをとるという工程がこの前につく。

エラと内臓を手で引っ張り出す。内臓がしっかりしていれば鮮度がよい。

血合といっしょに、腹の中の水分をキッチンペーパーで拭く。

尾ビレ側から背骨と身の間に包丁を入れていく。腹の中に親指を入れるとよい。

胸ビレの手前で身を切る。背骨に当たるまで刃を入れる。

これで半身がとれる。背骨のギリギリを切って身をできるだけとる。

もう一方も背骨と身の間に包丁を入れていく。頭をまな板から落とすと、やりやすい。

これで三枚おろしの完成。ここまでが基本。揚げたり、焼いたりするならここで終了。

刺身にするなら皮をつまんで身から皮をはいでいく。アジは手で皮を引くことができる。

身から腹骨をそぎ切る。切れる包丁できれいに切りとりたい。

骨抜きで小骨を抜く。中骨を気にしない場合はやらなくてもよい。

身を斜めに切っていく。柳刃包丁だとやりやすく、美味しく仕上がる。

小アジの腹開き

小アジの腹を肛門の部分まで開く。繊細なので丁寧に。

そのまま包丁の先で内臓とエラをとり出す。刃をスライドさせれば簡単にとれる。

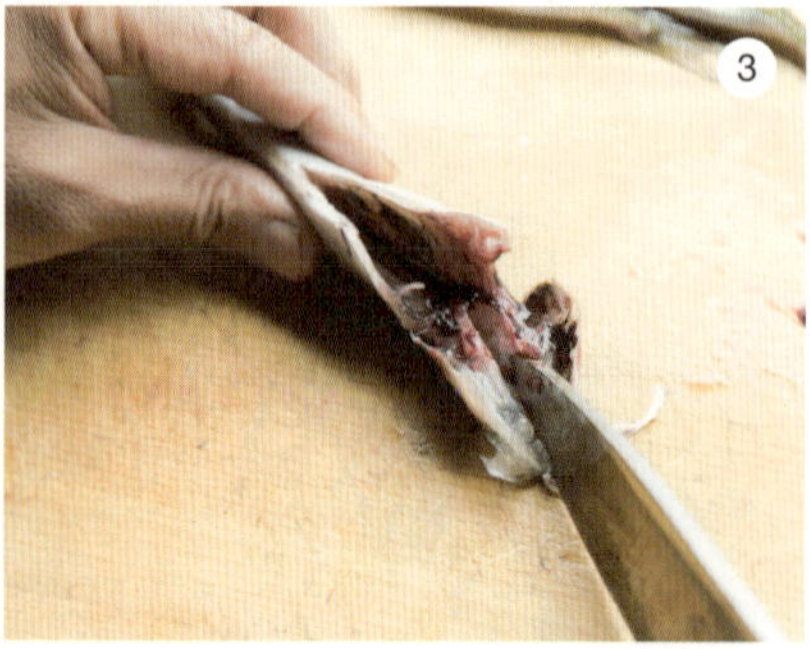

アゴから頭をざっくり思い切って切り開く。しっかり切らないと開かない。

腹の中をキッチンペーパーで拭く（ざっと水洗いしてもいい）。

背骨と肉の間（やりやすい側）に包丁を入れて、切り開いていく。

塩を振り、冷蔵庫に保存すればアジの開きができる。３％の塩水に小一時間漬けてもよい。

イワシの手開き

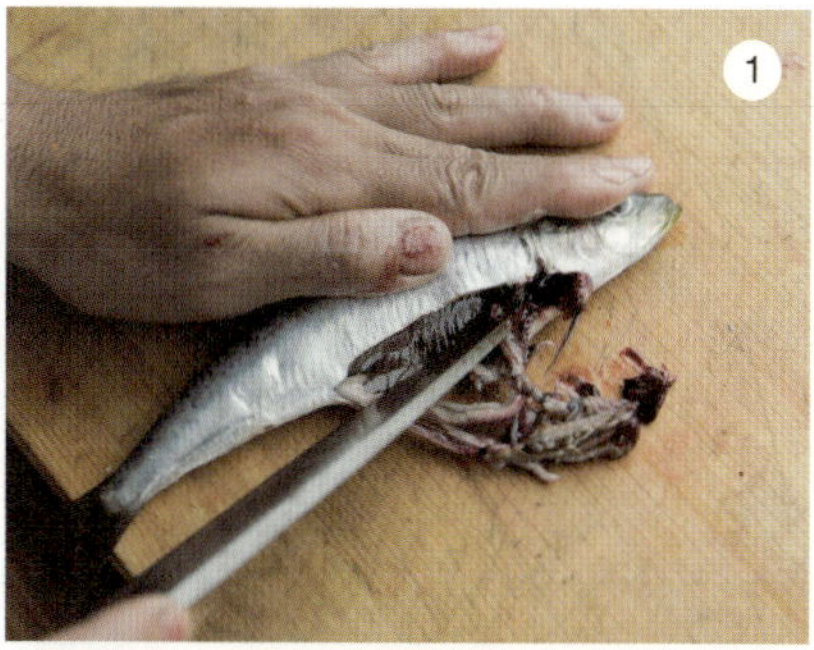

腹を開いて、包丁の先で内臓をとり出し、キッチンペーパーで拭く。

背骨と身の間に親指の爪を入れていく。頭を①で落としてしまってもいい。

指で探るようにして、背側までしっかり背骨と身を切り離す。

皮と身の間に親指の先を入れて、皮をはいでいく。

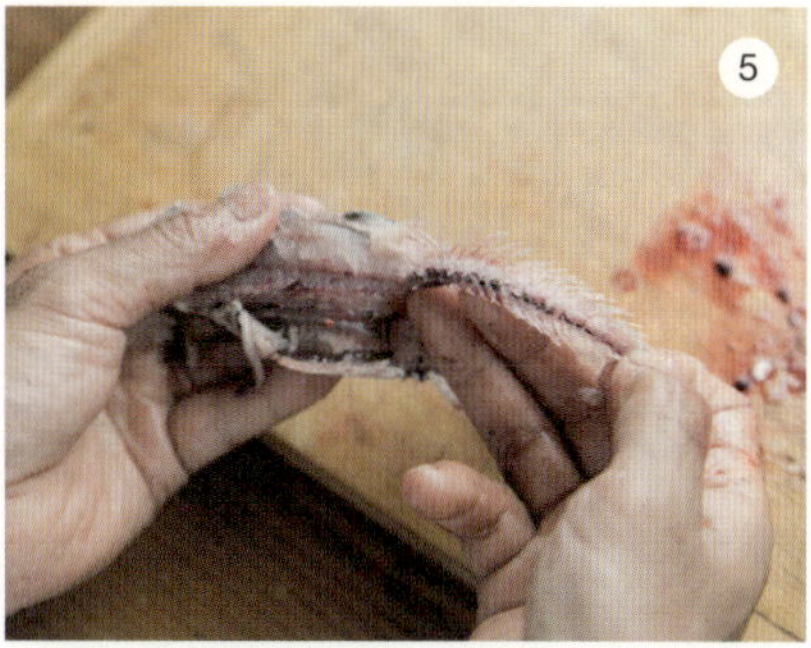

頭の根元で背骨をポキンと折り、そのまま背骨をとりはずす。

逆側も同じように身と骨をわける。鮮度がよくないとうまくできない。

タイの三枚おろし

ウロコを落とす。飛び散るので庭でやる。魚屋さんでやってもらってもよい。

腹の真ん中を肛門まで切り開く。内臓を出すのも、魚屋さんでやってくれる。

アゴまで切り開く。なお、ニワトリはウロコはあまり食べない。

イワシの手開き

腹骨をそぎ切る。身がうまく柵にならなかったらナメロウにしよう。

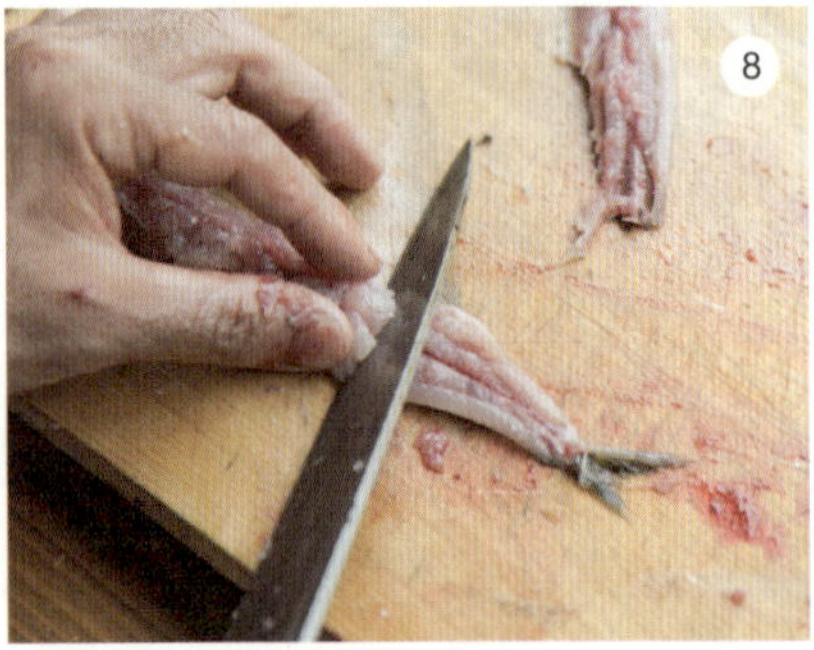

小骨を断ち切るように身を斜めに切っていく。イワシの骨は旨味のうち。

庭のシソとミョウガなどを薬味に。朝市などで魚を買うと充実した休日になる。

内臓を出し、エラをとる。大きな魚は筋が固いのですこし力がいる。

にがり玉(胆のう)を破かないように気をつけて内臓をだす。ワタはニワトリに。

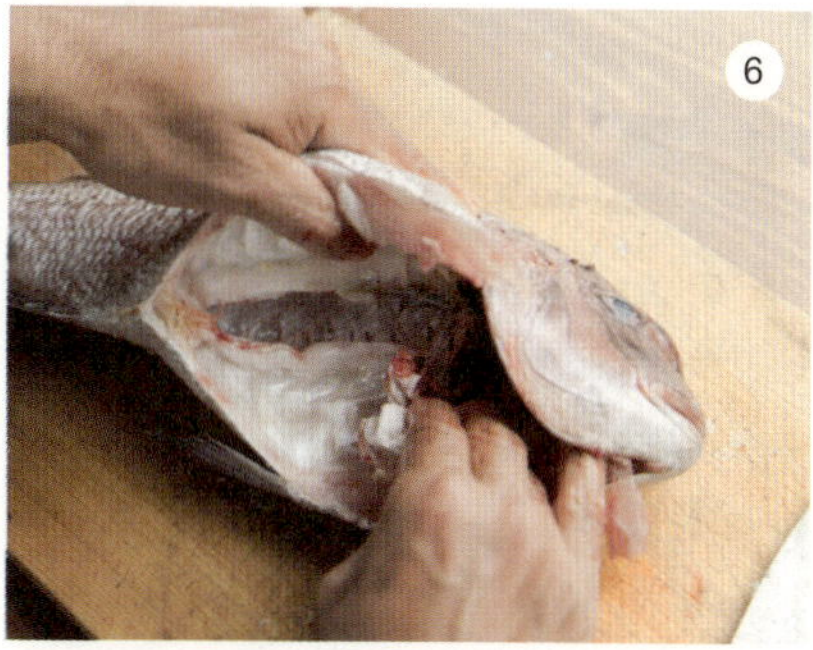

キッチンペーパーで血合と血、余計な水分を丁寧に拭く。

胸びれのうしろから頭のうしろにかけてざっくり切る。

逆側も同じようにして、背骨の関節に刃を入れて、切断。

頭と身が離れる。頭は割ってカブト焼きに。身は刺身にする。

腹側から中骨にそって刃を入れる。できるだけ中骨側に身を残さないように。

背中側からも刃を入れる。まず皮を切ると先の作業がなめらかにできる。

中骨に包丁の刃を乗せていくようにする。包丁の切れ味に頼るように軽い力加減で。

背骨から横に出ている小骨を断ち切っていく。身を持ち上げ、包丁全体を使って切る。

尾のほうには小骨がない。中骨の丸みに身が残らないようにうまく刃を入れる。

三枚におろした状態。きれいにできるとうれしい。魚のおろしは創造的作業。

タイの活造り

おろした身を刺身にする。中骨の小骨部分を切りとるように、背部分と腹部分にわける。

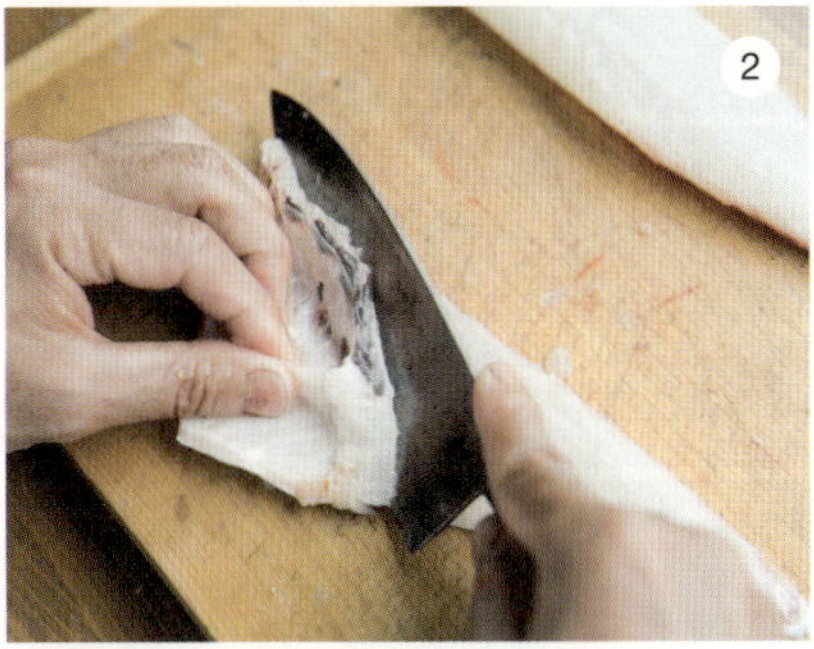

腹骨を削ぐ。アラは汁物などの具にするのでまとめておく。

小骨部分を切りとる。アジは骨抜きで抜いたが、大きな魚はできない。

皮を引く。よく切れる包丁と、平らなまな板が必要。慣れないとすこし難しい。

柵を刺身にする。④から作業は柳刃包丁になっている。

刺身のできあがり。刺身以外にも食べるところは多く、2、3日楽しめる。

9 刃物を研ぐ

道具の能力を引き出せば目的は自然と達成される

アーバンサバイバルとは、できることはできるかぎり自分でやるという姿勢である。なかでも「研ぎ」はもっとも身近で、日常的な基本作業である。もし生活をすこしずつ手作りにしたいと思うなら、なによりもまず「研ぎ」から実践することを薦めたい。

刃物の切れ味がいいと、刃物を使った作業のすべての効率が上がる。逆に切れ味が悪いとすべてがうまくいかない。道具が本来もっている能力を引き出してやるのが、使い手の責任であり、道具の能力を充分引き出すことができれば、自然と目的は達成されているものである。

砥石には人造砥石と天然砥石があり、天然のほうが研ぎ味がよい。「刃物の乗りがよい」と表現するようだ。ただ天然砥石は高価（5000円から数万円）である。人造砥石との値段の違いほど研ぎ味が変わるわけではない。人造砥石（1000から2000円くらい）からはじめるのがよいだろう。

山の谷川の河原にある目の細かい凝灰岩は砥石になるので、渓から拾ってきてもよい。砥石鉱山がある川に行けば簡単に見つけられる。拾ってきた砥石はグラインダーなどで面出しする。充分役には立つが、販売されている砥石ほど均質ではない。

「研ぎ」は極めようと思えば奥の深い難しい行為である。同時に万人がおこなう日常的な作業でもある。家庭の包丁を研ぐぐらいなら多少失敗しても、刃物がダメになることはない。しっかりした台を用意して、刃が立つように考えながら、力を込めて、丁寧にやれば誰にでもできる。自信がなければ、家にある一番安い刃物をつぶすくらいのつもりで、練習すればよい。

うまく研げるようになると、いろいろな刃物を研ぎたくなる。鉋《かんな》や鑿《のみ》、彫刻刀まで研ぎ、友人宅の台所で鉄の板のようになっている包丁を生き返らせるのは人生の楽しみである（遊びにいくときは砥石を持って行く）。

〈1〉砥石の種類

荒砥（〜600番くらいまで）、中砥（1000番前後）、仕上げ砥（4000から10000番）と3種類あるのが理想だが、中砥だけでもよい。

〈2〉研ぎ方

片刃と両刃で研ぎ方が違うので注意がいる。両刃はどうやっても問題ないが、片刃は片刃用の研ぎ方で研がないと、片刃としての意味がなくなる。基本的な両刃の研ぎ方はまず、包丁を手に持ったときの右側の面を丁寧に研ぐ。砥石と包丁の背に十円玉を3枚くらい挟んだ角度を維持しながら、押すときに力を軽く加えて、刃を鋭く削るイメージ。

右面が研げたら（研げると「マクレ」が左側にでる）、今度は左面を包丁を引くときに力を入れて、マクレをとる気持ちで研ぐ。マクレがとれたら、もう一度軽く右面を研ぎ、さらに左面を軽く研いで終了。

刃の立ち具合を親指の爪などで確認し、甘いようなら、研ぎ作業を繰り返す。

単純な作業だがおもしろく奥が深い。刃物の刃が立つと独特のすっきり感がある。

4
3
2
1

1 パーリングナイフ

ビクトリノックスの小型ナイフ。あまり研がれることを想定していないかもしれない。研げば切れるようになる。

2 渓流ナイフ

渓流遊び用に包丁の性能を残したカスタムナイフ(深瀬工房)。ケモノの解体に使っている。錆びない鋼材なのだが、やや研ぎにくい。

3 ペティナイフ

木屋エーデルワイス160の150mm。夏場に山に持って行く刃物。冬は自宅で使い、家族が無意識に手にとるようだ。刃持ちがよい。

4 万能包丁

もらいもののドイツの包丁。万能使い。手荒な作業をするために、このような安い包丁があるとよい。

5 出刃包丁(片刃)

新潟県三条市の出刃包丁。見ての通り錆びてもろくなったところが欠けている。魚系の力作業だけが出番のため錆びてしまう。

6 大きな包丁

拾った包丁。特殊合金でよく切れるのだが、刃の形が少し乱れている。荒砥できれいに整えてやるべきだろう。

7 柳刃包丁(片刃)

新潟県三条市の柳刃包丁。これもよく見ると刃が欠けているのだが、そのまま使っている。刺身をつくるときに活躍する。

砥石台

薄くなった砥石や小さな砥石を使うときに台を使うと、安定して研げる。片側に細い木材でストッパーがつけてある。

中砥

今の家に引っ越してきたとき庭に埋まっていた砥石。鍬で叩いて掘り出したので、そのキズが付いている。台所で簡易研ぎに使用。

荒砥と中砥のコンビ砥石

大学に入り、実家を出るときに購入した砥石。長年これだけで研いできたので薄い。400番(表)と1500番(裏)だろうか。

天然砥石

自然系のフェスに出店していた砥石屋で、そのとき持っていたカスタムナイフにもっともマッチしたものを試し研ぎして買った。中砥。

渓で拾った天然砥石

新潟県の砥沢川という砥石の産地から拾ってきた石。金属との相性があるので、いろいろな固さの石があるとよい。中砥。

砥石の原石（凝灰岩）

砥沢川から拾ってきた、まだ面出ししていない原石。面を出すためには大きなグラインダーが必要なのでそのままになっている。

仕上げ砥

キングの6000番台付き合成砥石。魚を自分でおろすようになって購入した。これで刃物をテカテカにするのが楽しい。

天然砥石

どこかの山から持ち帰った凝灰岩。面出しして、鎌や鍬などの繊細ではない研ぎに使っている。中砥ぐらい。

中砥

これも今の家の庭から掘り出した砥石。レンガかと思ったが砥石だった。中砥〜仕上げ砥という感じ。とても固いのが特徴。

包丁を研ぐ

① 人造砥石は水の中に
10分程つけておく。
天然の石はそのまま使える。

② 濡れ雑巾の上に
砥石を置く。
（滑り止め）

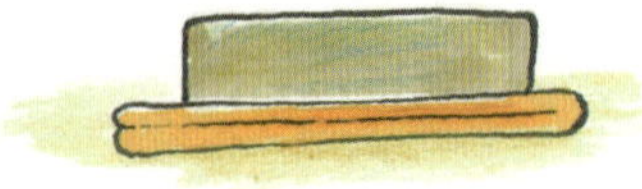

③ 3本の指を刃の研ぐ部分に
当てて前へ押し出すように
リズミカルに研ぐ。

シャッ
シャッ
よく切れる刃にする
というイメージ
を持って
腰を入れて研ぐ

④ 研いだ面の裏側に
突起（マクレ）が出るので
1～2回研いで落とす。

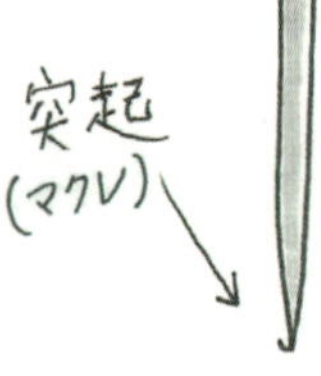
突起
（マクレ）

⑤ 刃を親指の爪か
木のまな板に立てて、研げて
いるかチェックする。

刃が滑るときは
研ぎ直す。

片刃の研ぎ方

片刃は研ぎ方がある。刃物の右面の傾斜にぴったり合わせてとにかく研ぐ。そのあと今度は左面全面を砥石にぴったり合わせて研ぐ。

研ぎ具合の確認

親指の爪に刃を立ててみて、研ぎ具合を確かめる。職人は切れを長持ちさせるために小刃(二段刃)にするようだが私はやっていない。

砥石の面出し

家のモルタル面で砥石の面を出す。片刃の和包丁は砥石にぴったり合わせて研ぐため、砥石にちゃんと面が出ていないと意味がない。

10 庭で排便する

私のウンコは今日もオーガニックか?

ヒッピーを自称する友人が遊びにきたとき、わが家を見て「これだけ土地があるのに、ウンコをトイレに流すなんて、もったいない」とつぶやいた。そのとおりだと思ったので、以来、庭で排便するようにしている。

庭木が目隠しになるようなところに穴を掘って、排便し、穴が満杯になったら埋めて、また別の場所を掘る。埋めた穴がひと月もすると窪んでくるのは、私のウンコが分解されて、嵩が小さくなったためだと思われる。

排便の敵は蚊である。夏は蚊取り線香に火をつけて持って行き、排便する。

ウンコは庭の土を豊かにしているようだ。夏は常に庭のウンコ穴で虫たちがうごめいており、なかなか穴がいっぱいにならない。ニワトリが虫をときどきつついている。冬は食べてくれる虫がいないので、出したものがそのまま溜まっていく。冬のほうがトイレ用穴掘りの回数は多い。とは言っても、深さ50センチくらいの穴を年間5カ所も掘れば充分である。穴の直径は跨げるくらい。

庭でウンコをするようになってから、自分の食べる物に気を遣うようになった。私が添加物などの毒を食べれば、それが庭に入り、作物や果樹などに入ることになる。

オーガニックという形容詞で修飾できる究極は「ウンコ」かもしれない。ウンコは食べ物の最終型であり、少しでも変なもの(非オーガニック)を口にしたら、オーガニックウンコではない(とくに目指しているわけではないが)。

排泄物(下水)の処理にも電気が使われ、消毒されている(大規模停電したらウンコはどうなる?)。自分のウンコがその一部ではないというのは、ささやかな喜びだ。

自分の排泄物をきちんと観察して健康状態を確認できるのも庭排便の利点である。

家族は庭排便を家のトイレが臭くならないという理由で、おおむね受け入れている。

さて、今日も私のウンコは清く正しいだろうか。

ウンコ穴の残許容量を見ながら、次のウンコ穴を用意する。ここは複数回使っているのでウンコが土に還っているか臭いをかいでチェック。

お尻は、写真のようなスタイルで、ヤカンに汲んだ水で洗うインド方式。手を濡らしてから、洗うと手に臭いがそれほどつかない。

深く掘れば掘るほど、使用できる期間は長くなる。50cmくらい掘る。板をトイレの蓋に使っている。

チャイ《chai》から始まる朝

朝、起きたら まず 台所に立ち、チャイを作る。
文祥の長年の習慣だ。

鍋に水を入れてしょうがのスライスを加えたら沸騰させる。
（乾燥しょうがを作っておくと良い）
紅茶葉を加えて少し煮出してから、砂糖 適量と
塩をひとつまみ入れる。牛乳をたっぷり加えて温める。
仕上げに チャイマサラ を入れて完成。

チャイの入った鍋に、起きてきた家族が ひとり また
ひとりとマグカップを持って 集まってくる。寝坊すると、飲みそびれる。

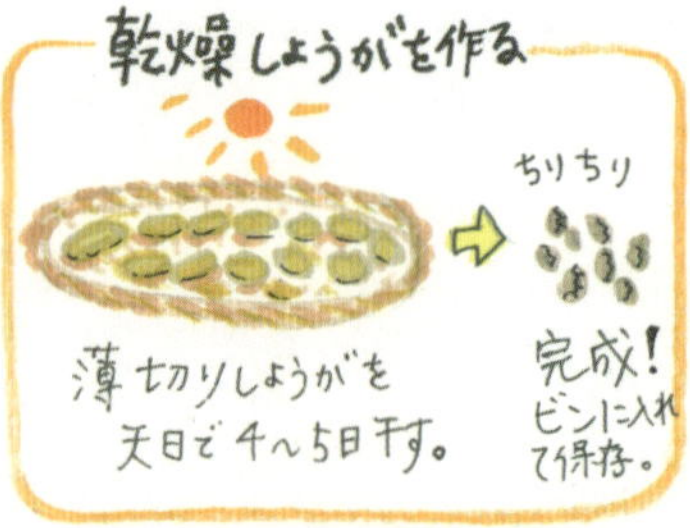
乾燥しょうがを作る
ちりちり
薄切りしょうがを
天日で4〜5日干す。
完成！
ビンに入れて保存。

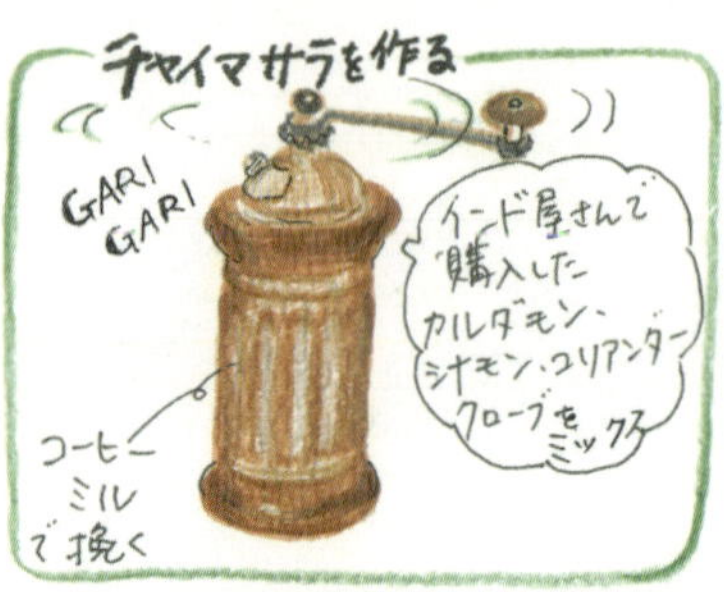
チャイマサラを作る
GARI GARI
インド屋さんで購入したカルダモン、シナモン、コリアンダー、クローブをミックス
コーヒーミルで挽く

住

Shelter

1 道具を拾う

燃えないゴミの日は宝の山である

現代社会は物があふれている。財産価値がないとして捨てられるゴミでも、見方をかえれば使い道は多い。鉄器を捨てるなど、昔の人が見たら驚くのではないだろうか。大きな鍋やヤカン、刃物が捨てられていると、素通りできずについつい拾ってしまう。持ち帰った鍋は、鍋として使ったり、物入れや、植木鉢になる。ヤカンは猟場にデポしておく。

刃物系も見つけるととりあえず自転車の荷台に積んでしまう。だが、安っぽい刃物は拾ってきてもあまり使い道がない。それでなくても、刃が甘くなった剪定ノコギリの刃が家にはたくさんある。包丁は家庭菜園の根きり包丁、ノコギリはグラインダーで削ってクサビにする。

手袋、工具、そして薪になりそうな木材などもつい拾ってしまう。天然素材は手をかければ、ほとんど再利用可能である。資源ゴミや粗大ゴミは自治体の所有物と判断される場合もある。ルールには敬意を表するが、一般的に捨てられているゴミを個人が積極的に再利用するのは、建前を超え、世界にとってプラスだと私は思う。

冬になると、革の手袋が駅前によく落ちている。どんなに丈夫な手袋でも、登山や農作業に使っていると、一シーズンほどでダメになる。だから手袋は予備を持っていて困ることはない。手袋は左手のほうが価値が高い。刃物を右手で持ち左手で押さえるため、保護するのは左手だからである。ところが、街に落ちている手袋は右手が多い。右利きの人が細かい作業のために、はずすことが多いからだろう。

植木の枝も薪ストーブがあれば燃料そのものである。ウメやサクラは乾かせばいい薪になる（燻製用のチップにもなる）。木工品や木製の箱などは、焚きつけによい。明治から昭和初期に作られた「お針箱」などが、無造作に捨てられていることもある。消費が経済社会を支えているのかもしれないが、ちょっとやるせない。

子供の自転車で鶴見川にニワトリの緑餌を採りに行った帰りに、手袋を発見。工事関係者が落として行った街を汚す完全なゴミだが、使い道はある。

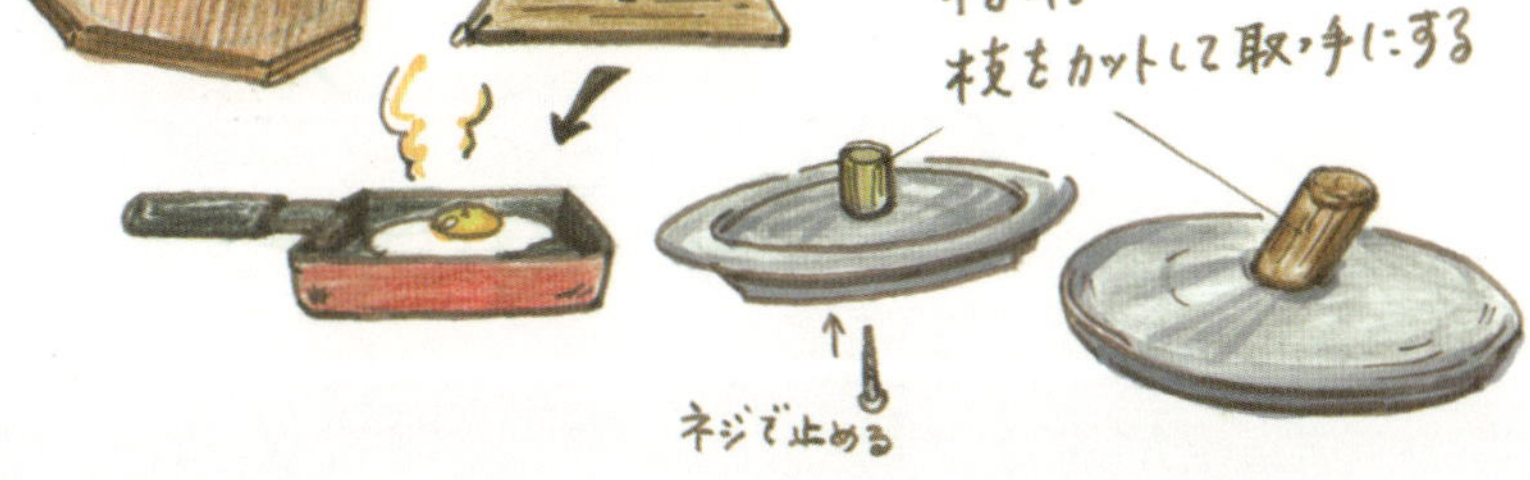
その辺にある合板の余りをカットし、鍋のサイズに合うフタを作る。
不格好だが愛着が沸いてくる!
拾った枝をカットして取っ手にする
ネジで止める

拾ったものコレクション

A 沢登り中に渓で拾ったマット。現在は登山に使用している。

B 化粧品入れと思われるアルミの箱。回転刃物の刃を入れている。

C 庭の樹を切って、まとめて捨てたようだ。薪として使えるので拾う。

D ヤカンは持ち運びがやっかいだが猟師小屋など定住キャンプでは活躍する。

E まな板は木材として質がよく、薪にもなるので見つけたら必ず拾う。

F 刃物はついつい拾ってしまうが、いいものを拾ったことはない。

G 大きな木箱は、漆器の修理で漆を乾かすときに活躍する。

H 銅製のヤカンを捨てる人がなにを考えているのか不明。重要コレクション。

I 薪にでもと拾ってきた木製の椅子。まだ燃やされていない。

J 蒸し器。実生活でかなり活躍しているが、餅米を蒸かすのは不得意。

K このアルミのやかんは穴が空いていて使い物にならなかった。

L 銅製の寸胴を捨てる人がなにを考えているのか不明。重要コレクション。

M 巻尺はよく落ちている。工事関係者が落とすのだろうか？

N これは秋山郷の魚野川で拾ったナタ。シカの骨叩きになっている。

O ゴミの日に拾ったカマ。カマは山仕事中に失くすので拾いたい。

P 剪定バサミ類も捨てられていることが多い。研ぐと復活する。

Q フライパン。取っ手を自作すればまだまだ使える。安物はよく捨ててある。

R 鉄の工具やクサビは素材としてすぐれている。何かと使えるので持ち帰る。

S 潰れた養鶏場で割れていたニワトリ給水器。唯一生き残っていた。

T バールもどこに置いたかわからなくなる道具なのでたくさんあるとよい。

W ノコギリはよい金属から作られているので、刃物を作ることができる。

V ヤカンはきりがないので、ステンレス製か銅製だけと自己規制している。

U これは息子が拾ってきた。杭打ちからシカの骨叩きまで活躍。

作っているときより悩んでいるときのほうがおもしろい

素人が自力で大工仕事をできるのは、電動工具とホームセンター（材木店）のおかげである。なかでもインパクトドライバーの威力はすごい。インパクトドライバーの仕事を肉体でやることを考えると、気が遠くなる（できない）。

板や角材などの木材は、すでにかなり加工されている。自力で板や柱を切り出すのはとても難しい。製材されている時点で大工作業の大部分が終わっているともいえる。

電気は自力の対極にあるものだ。だから自力（サバイバル）と電動（アーバン）は矛盾している。ところが、ふたつ合わさることでセルフビルドが可能になる。すべてを人力だけでやろうとすれば、時間と労力がかかりすぎる。そこまで人生を費やせないとなれば、職人（他人）に頼むしかない。電気と電動工具、加工済みの木材の力を借りることで、自力が可能になり、そこがセルフの限界だ（見せかけの「セルフ」である）。

電動工具は安い物ではないが、ある程度買い揃えたうえに、材料代を入れても、工務店に工事を頼むよりも断然安上がりである。自作すれば、家に合わせ、好みでいろいろなものを作ったり、直したりできる。おそらくプロに頼むのに比べ、出費は10分の1ほどで済むのではないだろうか。もちろん時間と労力はかかるし、仕上がりは悪く、少々危険な作業もある。工作や修理など、行為そのものを楽しめないと続かない。

道具と材を並べ、体を使って作りながら、頭の中で描いた設計図を修正していく。でき上がってから振り返ってみると、作っているときより、悩んでいたときのほうがおもしろかったことがわかる。だから私は完成させるのがあまり好きではない（レオナルド・ダ・ヴィンチ？・）。

ホームセンターは近所の「ビーバートザン」をよく利用する。重いものや大きなものを買うときに、軽トラックを貸してくれるのでありがたい。自転車で行って、軽トラックを借りて買ったものを運び、車を戻して自転車で帰ってくる。木材をまとめて購入するときは、インターネットが便利である。

手ノコや金づち、鑿《のみ》などは、細かい修正や仕上げなど、機械が苦手とするところで活躍する。使うほどに馴染む道具である。

子供のころから工作が好きだったので、ずっと使っている道具もある。中古工具を扱うお店で格安で買ってくるものもある。お年寄りの大工さんが亡くなって、遺族が売りに出したものなどには、何度も研いでちびている鑿などがある。その刃物がどんなものを作り出してきたのか。

道具が使い手の意志を具現化し、使い手は道具によって自分のできることを増やしていく。そうした「正」の循環が道具と使い手の幸せである。

ナイフはたくさんのことができるが精度が甘い。鉋《かんな》は削ることしかできないが、削る作業の精度は高い。自分が持っている道具をどう活用して、どう作り出していくか考えるのも楽しい。

デッキが張られた工事中のウッドデッキで昼食。2010年初夏。まだ勝手口がある。

Ⓒ 鉋（かんな）

使うのは普通の鉋がほとんど。ちょっとした修正や角落としによく使う。ときどき研いでやる。

Ⓑ バール

古材を再利用することが多いので、釘抜きや解体作業に活躍する。大小あると作業がしやすい。

Ⓐ サシガネ（曲尺）

これがないとはじまらないが、その形状から収まりが悪く、保管場所に苦労する。それゆえよくなくなる。

F ノコギリ

丸ノコではできない作業やちょっとした切断で活躍する。大工仕事には目の細かいものが活躍。

G 鉛筆

できる大工は「ハイユニ」を使っている。2Bくらいの濃いめの芯が使いやすい。ボールペンやマジックは使いにくい。

H ペンチ

ラジオペンチは電気の配線ほか細かい作業で使われる。ほかにパイプレンチも含めてペンチはいろいろ持っている。

I 鑿(のみ)

掘削作業の強い味方。これがないと進まない作業もある。特殊なものより幅15mmくらいの一般的なものが活躍。

J 巻尺

これがないとはじまらない。作業着のポケットにいつも入っている。いいものほど腰があって使いやすい。

K ヤスリ

作業というより工具のちょっとした修理や加工に使う。動きの悪い金属製品の改良にも活躍。

E 水平器

大きなものを作るときは必ず登場する。紫外線があたるところに置いておいたら、液体の黄色が落ちてしまった。

D 金づち

打撃力の違うものを持っている。大きいのはヨセミテハンマー。人工登攀用だがバランスがよい。

基本の電動工具

インパクトドライバー

もっとも働き者の電動工具。マキタのBL（ブラシレス）の18ボルトを使用。ビット（先端につけるドライバーやドリル）も各種必要。

ルーター

掘削やミゾ掘り用電動工具。回転の反作用と掘削の抵抗で本体が回転方向と逆側に回ろうとするのが難点。

ノコギリ

回転ではなく、ピストン運動する電動ノコギリ。狭い部分の切断はやりやすいが、力がない。薪作りには不向き。

ドリルドライバー

インパクトドライバーよりモーターが強いので、本格的な穴あけや漆喰の撹拌などに使う。手首を痛めるので注意。

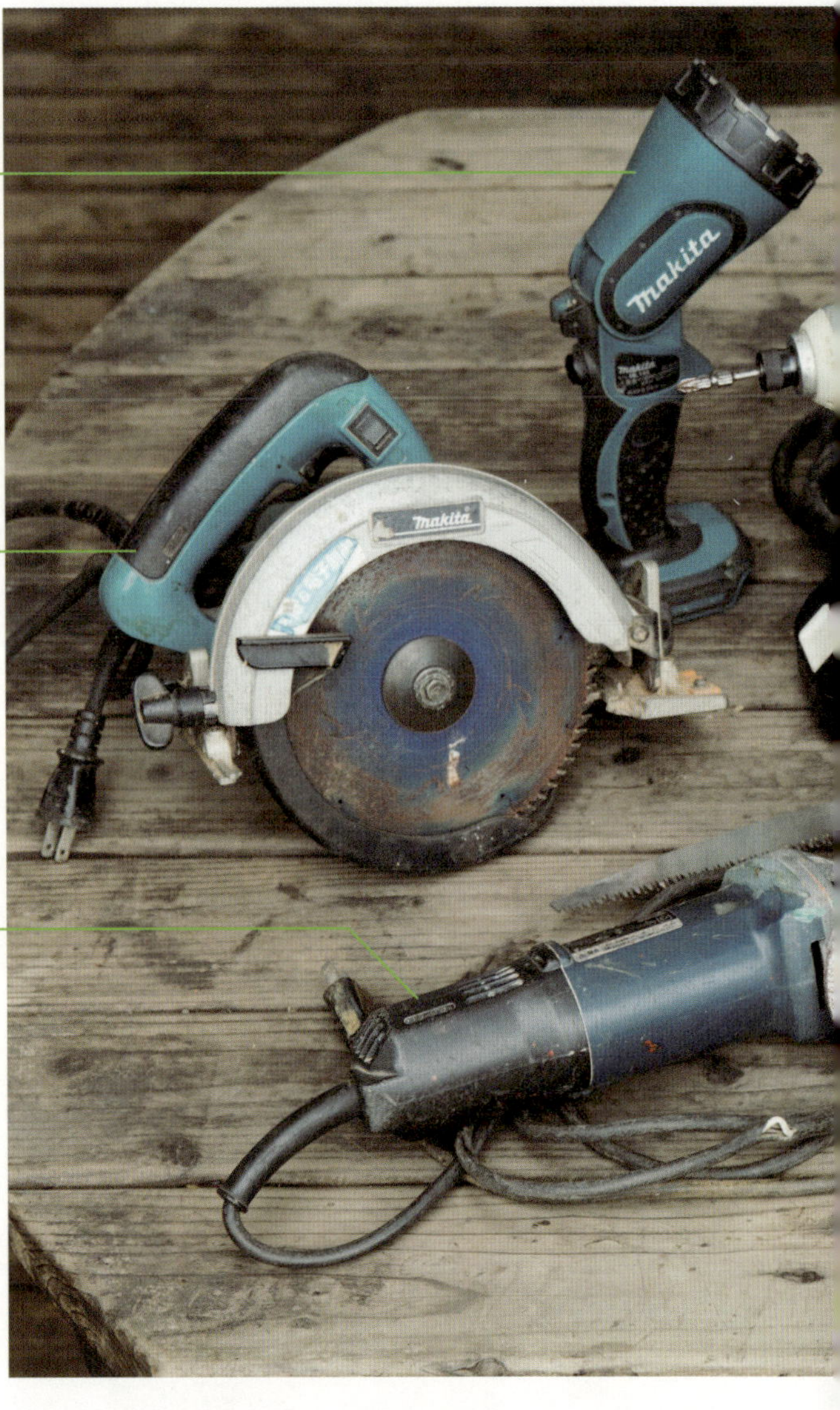

ライト

電池の節約に充電電池のライトを買ったが豆球がすぐ飛んでしまう。LEDもあるようだ。

丸ノコ

床張りに大活躍。インパクトの次に使う電動工具。強力なので注意。落として鋳物製のベースが割れてしまった。

グラインダー

ディスクを変えていろいろなことができる。研磨切断系。すごい回転で働き者だが、そのぶん危険なので注意。

丸ノコで板を切る

電動工具は素人大工の強い味方!!

ラク　正確　速い

しかし大事故の可能性もあるので慎重に作業をする。

首には何も巻かない
保護メガネを着用する
騒音を出すので作業はAM8:00〜PM5:00の間がベスト
丸ノコは素手で扱う

グラインダーで切る・削る

グラインダーは石、金属等の固い物を切ったり削ったりする時に用いる。

金属の破片等が飛んでくる恐れがあるので保護メガネを着用
ウッドデッキを作る為不要な鉄柵を切る
革手袋

厚い板にネジを打つ

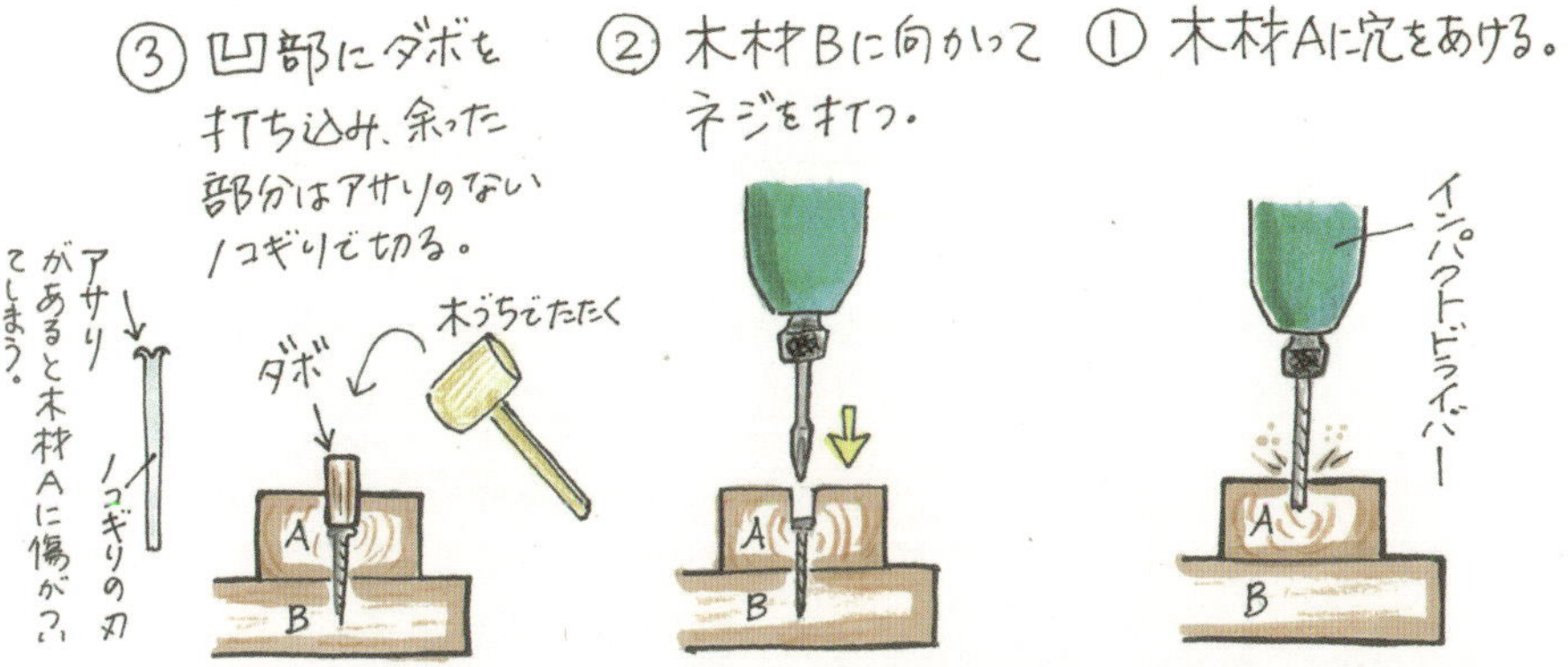

ウッドデッキのベンチはダボを打って
ネジが見えないように加工した。

1階&2階の間取りのビフォー&アフター

Before

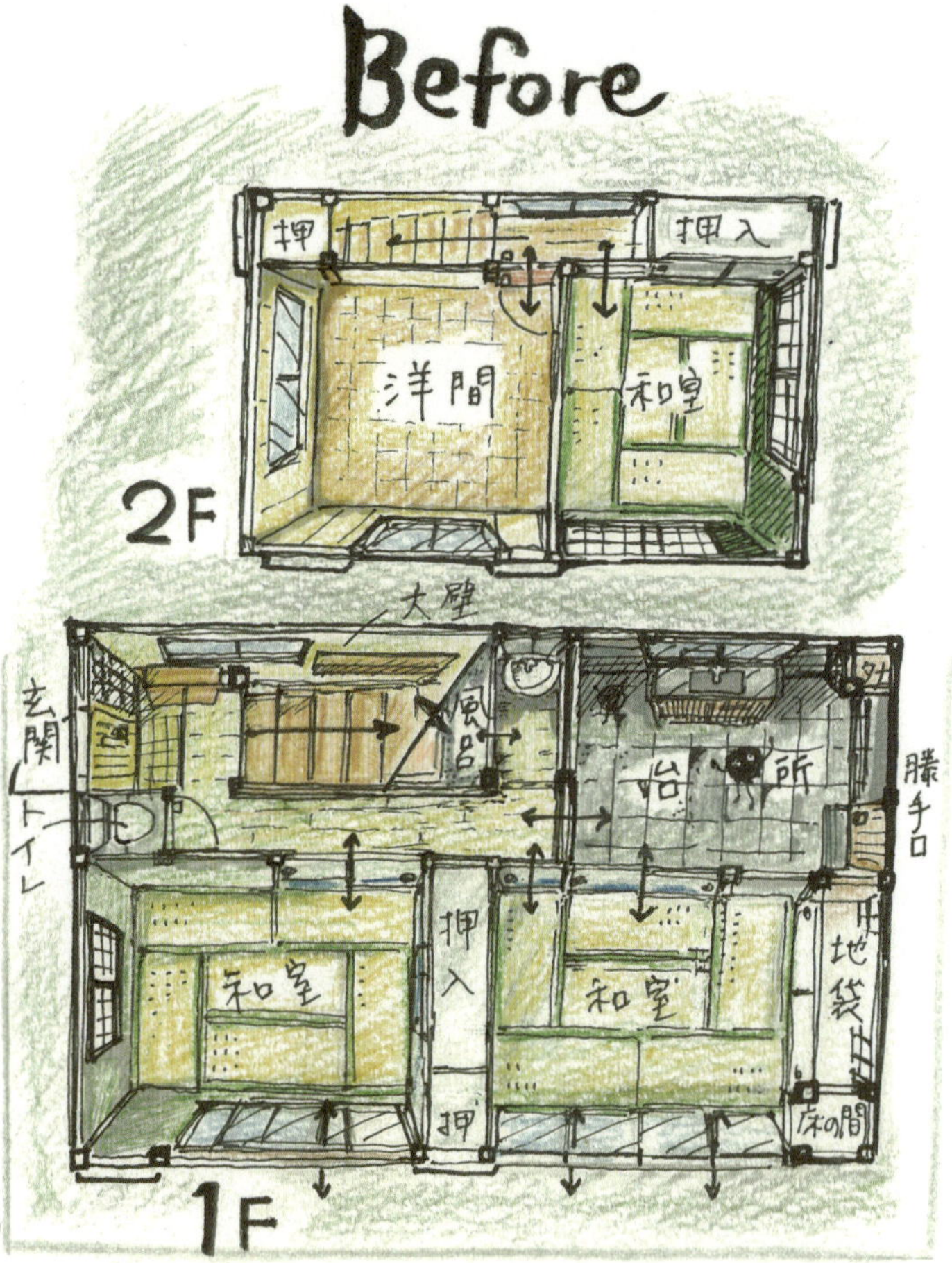

リノベーションのポイント

① 玄関と風呂を広くする為にトイレを移動する.

② 玄関扉を引き戸にする。

③ 1Fの壁を真壁にして 漆喰を施す.

④ 1Fの台所と和室をつなげて 1つの空間にする。
床に古材を張る.

⑤ 1Fの天井を抜きオープン階段を新設する.

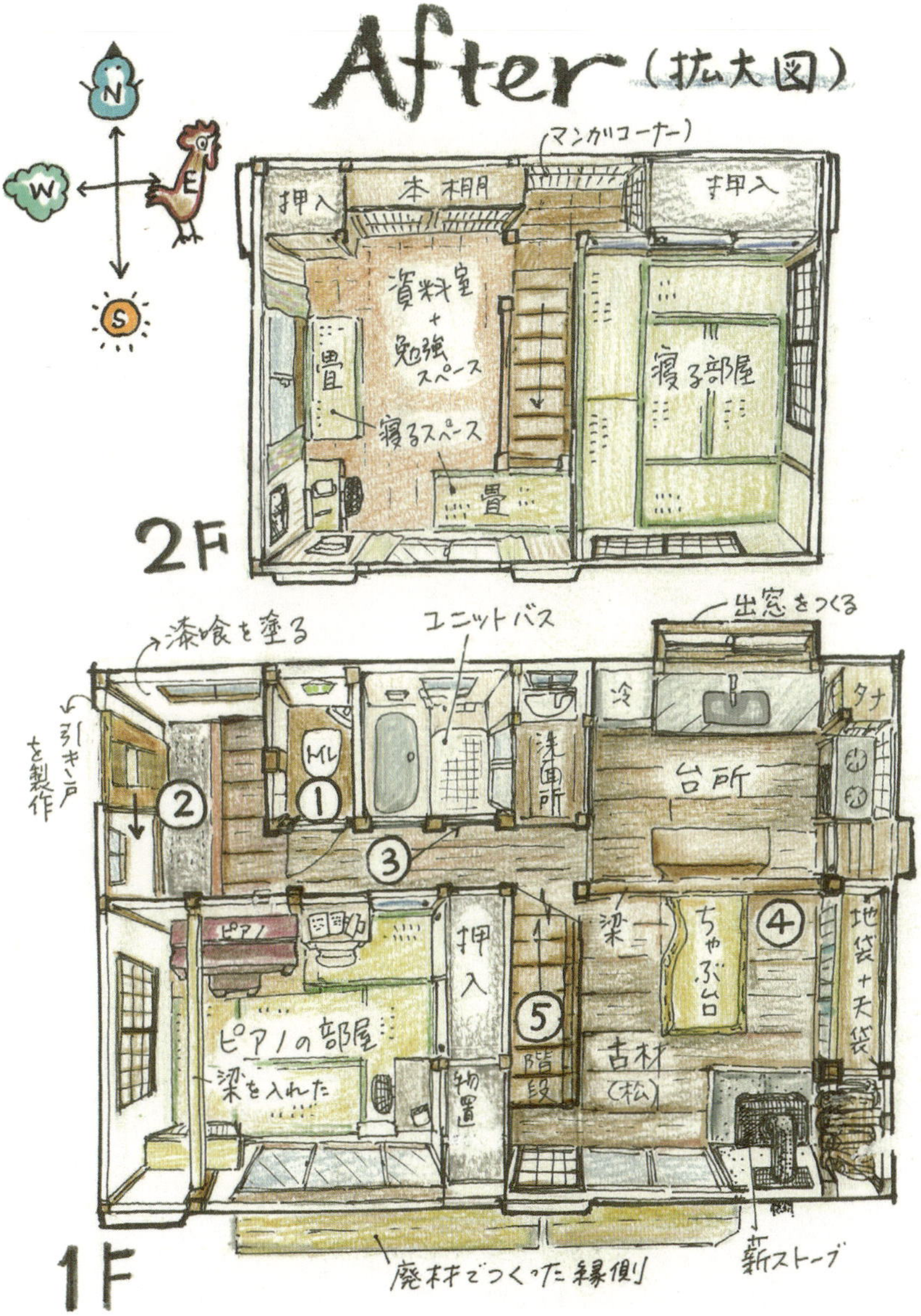
After（拡大図）
N
W
E
S
マンガコーナー
押入
本棚
押入
資料室
＋
勉強スペース
畳
寝るスペース
畳
寝る部屋
2F
漆喰を塗る
ユニットバス
出窓をつくる
引キ戸を製作
トイレ
洗面所
冷
タナ
台所
①
②
③
ピアノ
押入
梁
ちゃぶ台
④
地袋＋天袋
ピアノの部屋
梁を入れた
⑤
階段
物置
古材（松）
廃材でつくった縁側
薪ストーブ
1F

〈1〉ウッドデッキの設置

そもそもは急傾斜の空き地だった。そこに基礎を設置し、ウッドデッキを作った。工事もやる植木屋の友人に、基本的なことを教えてもらった。

1 基礎を設置する

ウッドデッキを安定させるためにも、基礎はたくさん設置する。1メートルごとにひとつくらい。

穴を掘り、砂利を入れる。砂利はホームセンターで売っている。タコ(土突き)で叩いて安定させる。モルタル(セメント+砂)を水で練って、適量流し込む。2日ほどモルタルを固め、基礎ブロックを置いて、さらに、モルタルを流し込み、固まったら、土で埋め戻す。

道具として、フネ(大きな容器)とスコップ、タコ。材として、セメント、砂、基礎ブロック、金具が必要。

2 柱を立てる

基礎の上に柱を組んでいく。柱には腐敗しないウリン材(アイアンウッド、東南アジア産)を使った。

3 根太《ねだ》を巡らせる

水平を出しながら、根太を巡らせる。

4 デッキを張る

杉の芯材を防腐加工して、デッキを張った。2ミリの板を挟んで隙間をあけるように張ったが、少し狭かった。5ミリくらいがよさそうだ。

2009年の冬。最初は傾斜のある荒れ地だった。ここにデッキを出し、作業スペースを作れるかどうかに、その後のアーバンサバイバルがかかっていたといっていい。家を購入する前からデッキを作ると決めてあり、購入直後のこの時点で勝手口前の柵を切り(45度くらいしかドアの開かない勝手口だった)、斜面には基礎が設置してある。

2016年の夏。当初の想像どおり、このスペースなくてはもはやアーバンサバイバルは成り立たない。柱を腐らないウリン材で作ったのは正解だった。大工仕事、薪作り、ケモノの解体、テントを張って友人を泊めることもある。もちろん居間にもなる。日当りが悪い手前のデッキは傷みはじめてしまった。杉の芯材を使ったが、デッキの間隔が狭く、乾かないのが原因のようだ。

2

羽子板ボルトをモルタルで基礎に設置し、ウリン材の柱を立てる。根太（横木）で調整した。

1

地面にモルタルを流すのは抵抗があったが、基礎は多くないと安定しないと聞き、設置。

基礎の置き方

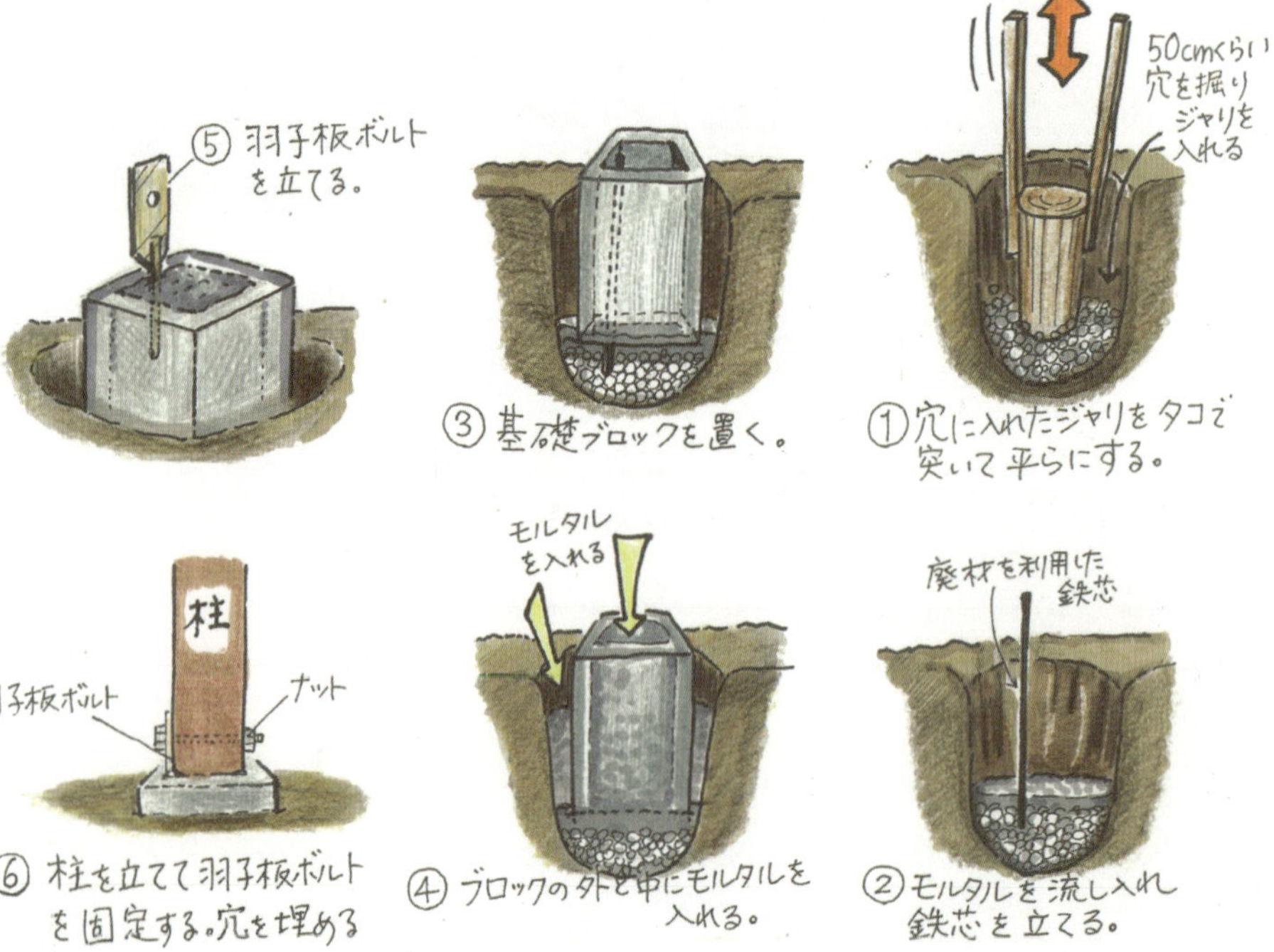
50cmくらい穴を掘りジャリを入れる
①穴に入れたジャリをタコで突いて平らにする。
廃材を利用した鉄芯
②モルタルを流し入れ鉄芯を立てる。
③基礎ブロックを置く。
モルタルを入れる
④ブロックの外と中にモルタルを入れる。
⑤羽子板ボルトを立てる。
柱
羽子板ボルト
ナット
⑥柱を立てて羽子板ボルトを固定する。穴を埋める

根太を巡らせる

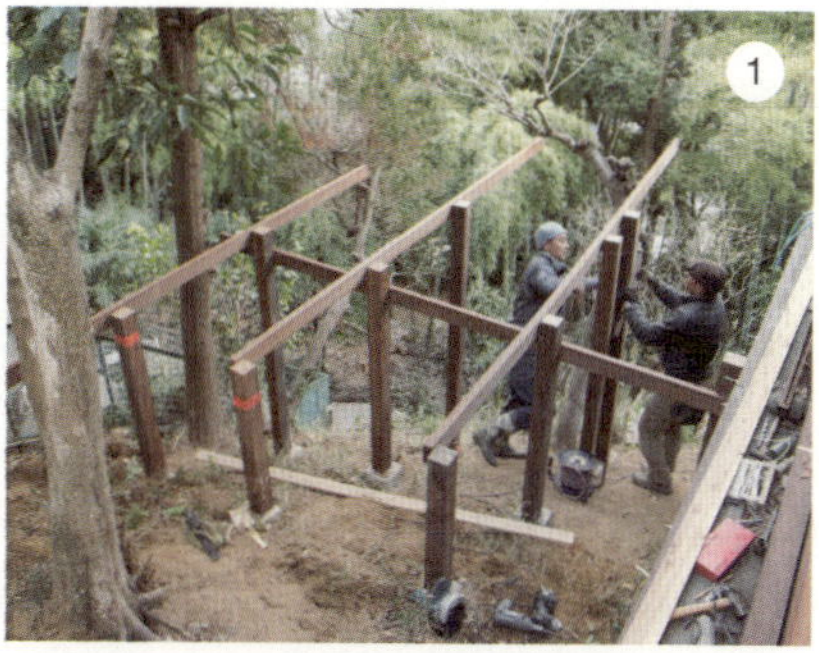

オモリを結んだ凧糸を画鋲で刺して柱の垂直を出し、水平器を載せた根太を固定する。

急斜面のため張り出し部分の真下に柱を入れると長くなる。筋交いのように斜めに出した。

やや長めに出した根太を切って、枠組みを決める。広すぎると不安定になる。

斜めに切った根太に枠を付けていく。きわどい姿勢なのでインパクトドライバーが大活躍。

斜めに生えているカキがよい足場になる。バランスを取りながらの作業は疲れるが楽しい。

どこまで強度を出すか。このあたりまでできるとしっかり作れていることがわかる。

デッキには杉の芯材を、ウッドロングエコという天然素材の防腐加工をして張ってみることにした。

ウリンは固いのでドリルで穴をあけてからステンレスの木ネジを入れる。たくさん入れるほど安定する。

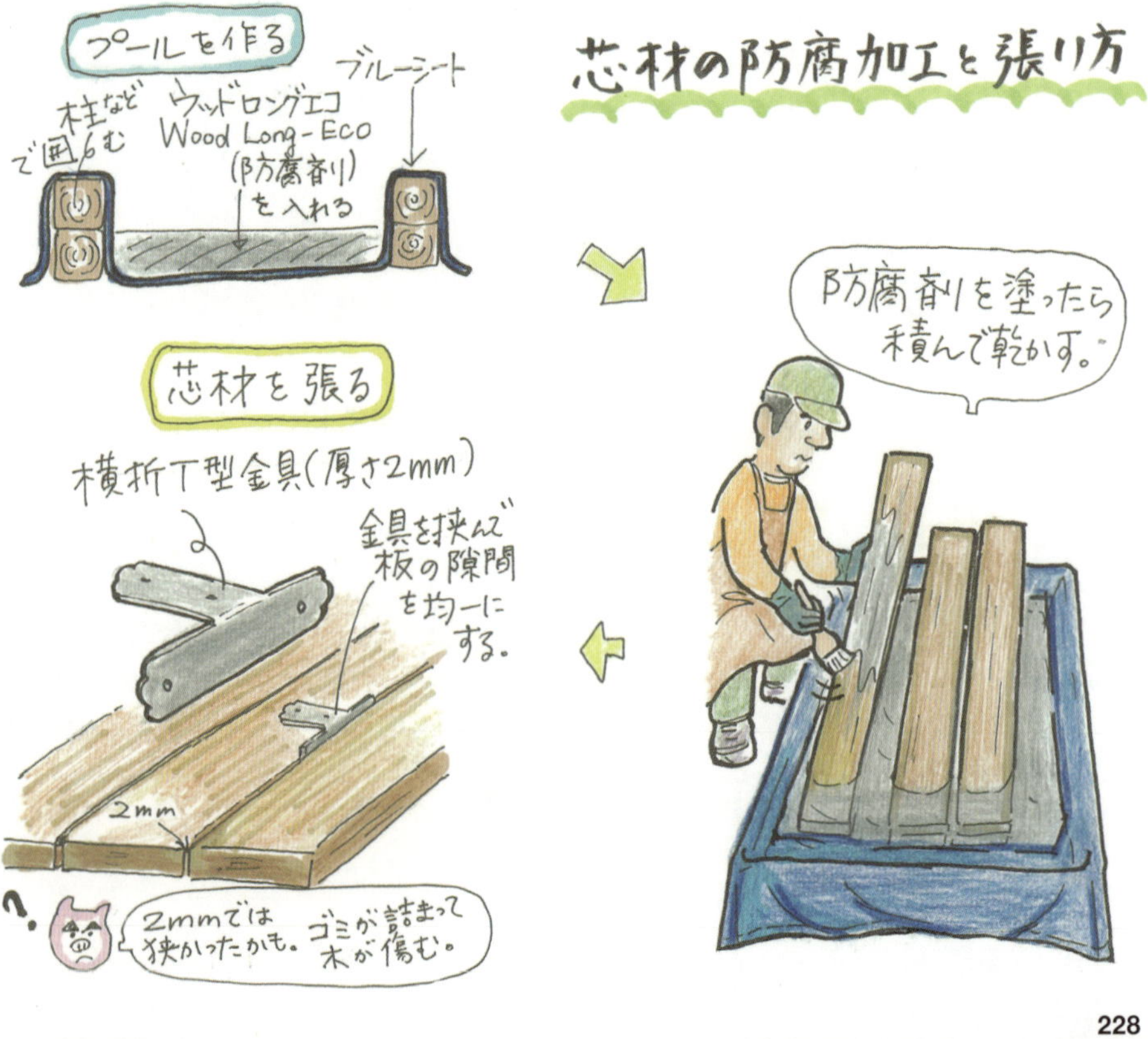
芯材の防腐加工と張り方
プールを作る
柱などで囲む
ウッドロングエコ
Wood Long-Eco
(防腐剤)
を入れる
ブルーシート
防腐剤を塗ったら
積んで乾かす。
芯材を張る
横折T型金具(厚さ2mm)
金具を挟んで
板の隙間
を均一に
する。
2mm
2mmでは
狭かったかも。
ゴミが詰まって
木が傷む。

道路に面しているブロック塀を切りとり、この後、ウッドデッキを２段にして、自転車置き場を作った。

デッキができれば作業スペースができ、作業効率も上がる。時間を見て柵をつけていく。奥で自転車置き場も進行中。

自転車置き場

デッキの上に出した小さなデッキは自転車置き場。ブロック塀をグラインダーで切り、道路に高さを合わせた。

園芸店で見つけた蜂の鋳物。蜂と鶏（はっとり）がわが家のテーマなので。

〈2〉居間の床張り

台所と居間の間の壁を抜いてつなげ、玄関までの廊下をすべて板の間にした。床板には明治期に建てられた養蚕家の家から回収した古材を使った（新木場の古材の専門店で購入）。かつて表だった面は、カイコの糞などでカピカピになっているので、裏面を表に出した。明治の職人がかけた鉋の跡が残っている。

床張りは家の工事の一番最初にやったことである。まだ、電動丸ノコの使い方になれず、微妙に切り口がずれたり、10センチ測り間違えて大きな板をだいなしにしたりして、泣きたくなることもしばしばだった。

木材を切り間違えて泣くなど、自分でやってみなければ体験できない（そう考えて受け入れた）。

棚

地袋（床の上の背の低い袋戸棚）を開放して、棚を作った。便利ゆえに、すぐに本やものであふれ返ってしまうのが難点。強風が吹くと、隙間風が抜けてくる。

Before

奥の台所はふすまと壁で仕切られていた。手前には６畳の居間。ふすまと壁を取り払って、２階への階段もここに移し、吹き抜けにする。

改装工事前に描いていたイメージ図。服部小雪画。

After

望みどおり、椿三十郎が座っていそうな板の間になった。アスファルトフェルトを床下に敷かなかったのが失敗。冬に板のすき間から冷気がもれてくる。

地袋のふすまを取り払って、棚にした。ウッドデッキのカウンターと高さが合っていて、やりとりできる設計なのだが、ものがあふれてしまう。

掘りごたつは床下収納にした。掘りごたつを復活させることもできるようになっている。

〈3〉縁側作り

雨戸の敷居が腐りはじめていたことと、生活環境向上のため、そして「濡れ縁」は古民家っぽいので憧れていたこともあり、前々から作ろうと思っていた。隣家を建て替えるときに大きな廃材の梁をもらったので、それを使って造作してみることにした。

古材の柱を切って作った台の上に梁材をきっちり高さを合わせて置き、電動ルーター（掘削系工具）で、雨戸のレールを削り出し、ばっちりはめ込んだ。グラインダーでヤスリをかけて完成。もはや濡れ縁がない生活は考えられないが、ニワトリの憩いの場になり、糞にまみれていることも多い。

Before

2009年のベランダ。まだ、奥にウッドデッキもできていない。雨戸の敷居はラワン材で、紫外線にやられてぼろぼろだった。リフォームは壊すときが一番不安。壊してしまったら、もう完成に向けて頑張るしかない。

ニワトリが上がってきて、ひなたぼっこするのはいいのだが、糞をしてしまうのが難点である。

After

手前側の部屋にも縁側を出し、外からも行き来できるようになっている。園芸用品や洗濯物置き場になって通れないことが多い。土台は自分でもどうやったのかよく覚えていないが、ぐらつきもなく、しっかりはまっている。

〈4〉キッチンの整理

まず窓を出窓にした。外壁をはずさないと柱の構造がわからないが、壊したら後戻りは難しい。壊していくときは、思いどおりのものができるのかすごく不安だった。自力リフォームには壊してもなんとかするという強い覚悟が必要である。

Before

1966年築の台所。レトロな感じは嫌いではないが、水回りはリフォームすることにした。床を開けて見るとシロアリにやられていたので、開けて正解。

アルミサッシをはずし、柱材2本分（枠の固定にプラス1本）外に出しただけの奥行き30センチの出窓だが、もうこれがないと生活ができないほど便利である。出窓の下（室外）はシカの肉を吊るす干し肉スペースになっている。

台所の内装は、収納を考えて、棚を作った。コップ吊るしは、フックネジをねじ込んだだけだが、収納能力は高い。

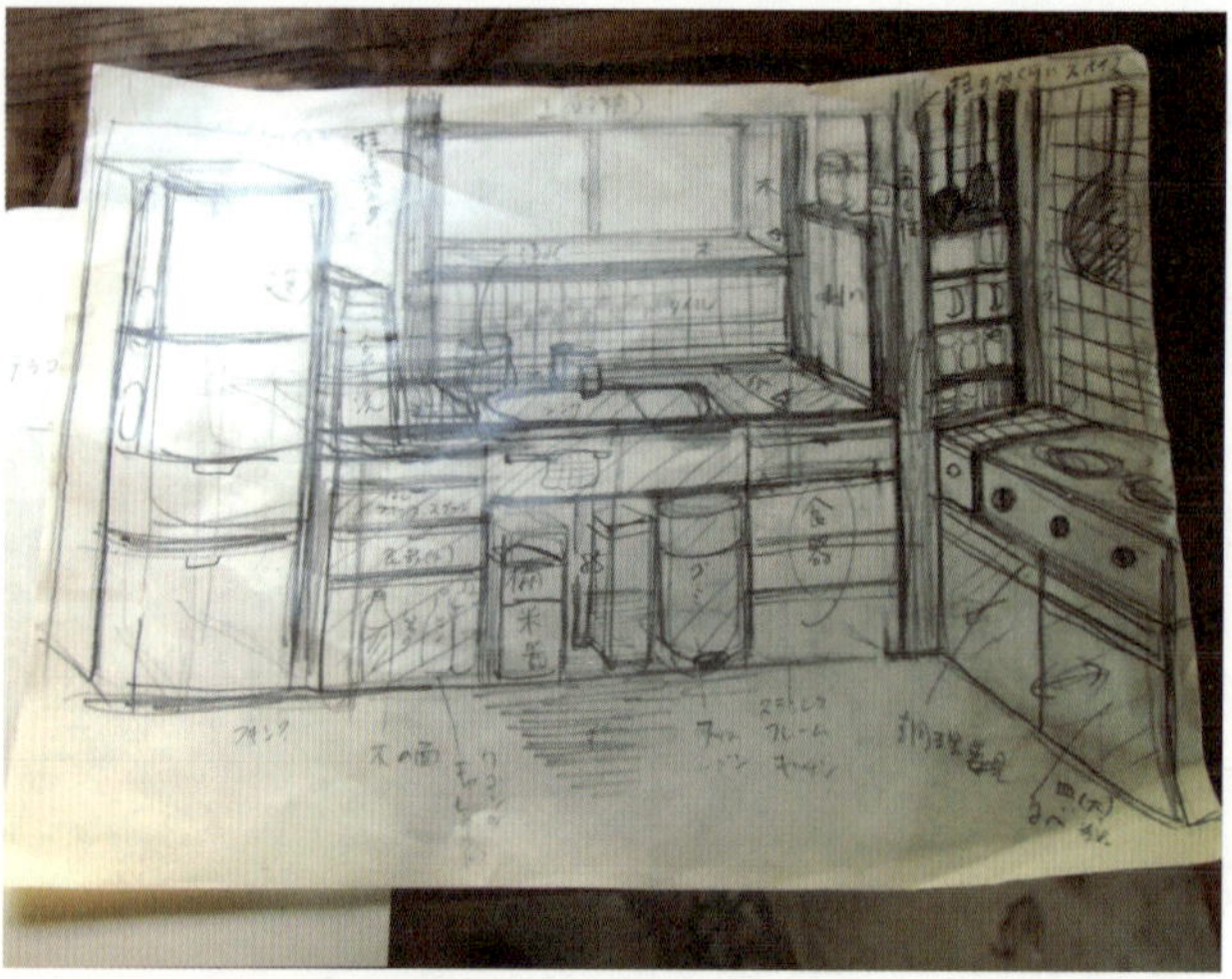

リフォーム前に小雪が描いたイメージ図。ほぼイメージどおりになった。のんきなものでこの時点で出窓まで描かれている。

After

2016年の台所。ステンレスのシンクまわりはオーダーメイド。ガス台まで作ると予算オーバーなため、ガス台はステンレスの机。タイルも貼り、天井も抜き、出窓もなんとか出した。

隣家の廃材(柱)を使って出した出窓(p238参照)。出窓の下は北面になり、雨が当たらないため、シカの肉や骨を干している。通りすがりの小学生が覗いて怯え、散歩中の犬は吠える。

Ⓐ 出窓

かつて勝手口だった部分を出窓にしている。窓ガラスも隣の家の廃材。サイズもぴったりだった。

Ⓑ 換気扇

コンロを東側に置くことにしたため、リフォーム時に新設した。シンプルなアナログ型を採用。

Ⓒ 漆喰の壁

壁は石膏ボードを入れるところまで工務店に頼み、漆喰は自分たちで塗った（p254参照）。

［右側］

キッチンの東側（ウッドデッキ側）。かつて勝手口があった。

Ⓓ 造作棚

勝手口を出窓にして、作った棚。適当な高さで作ったが、適当というのが一番厄介である。

Ⓔ 蓋置きとフック

壁との間に2cmの隙間ができるように柱に固定した角材。壁との間には鍋の蓋が挟まり、フックに鍋を下げる。

Ⓕ 浅い棚

通し柱の関係からコーナーにはデッドスペースがある。北側を深い棚として、東側にはスパイス類が置いてある。

H 出窓

柱２本分（約20cm）出した出窓。さまざまな小物が置け、もはやこれなしで台所仕事はできない。

G 深い棚

通し柱デッドスペースはシンク側からは深い棚になっている。お茶やジャム、スパイスのストックなどを入れる。

［正面］

北側にはオーダーメイドで作ったステンレスのシンク。

K マグカップ収納

フックネジを適当にねじ込んであるだけ。整理しにくいマグカップがこうすると、簡単に片付いてしまう。

J シンク（流し）

千葉県にあるステンレスオーダーキッチン専門の業者にオーダーを出して、作ってもらった。とても安定感がある。

I 開放棚

天袋のような台所の棚だったが、左側は壊して開放した。ザルや大きな鍋、キッチンペーパーなどが入っている。

キッチンの出窓の作り方

1. 外壁（サイディングと古い木の壁）を外す。

2、窓ガラス・窓枠の順に外す。

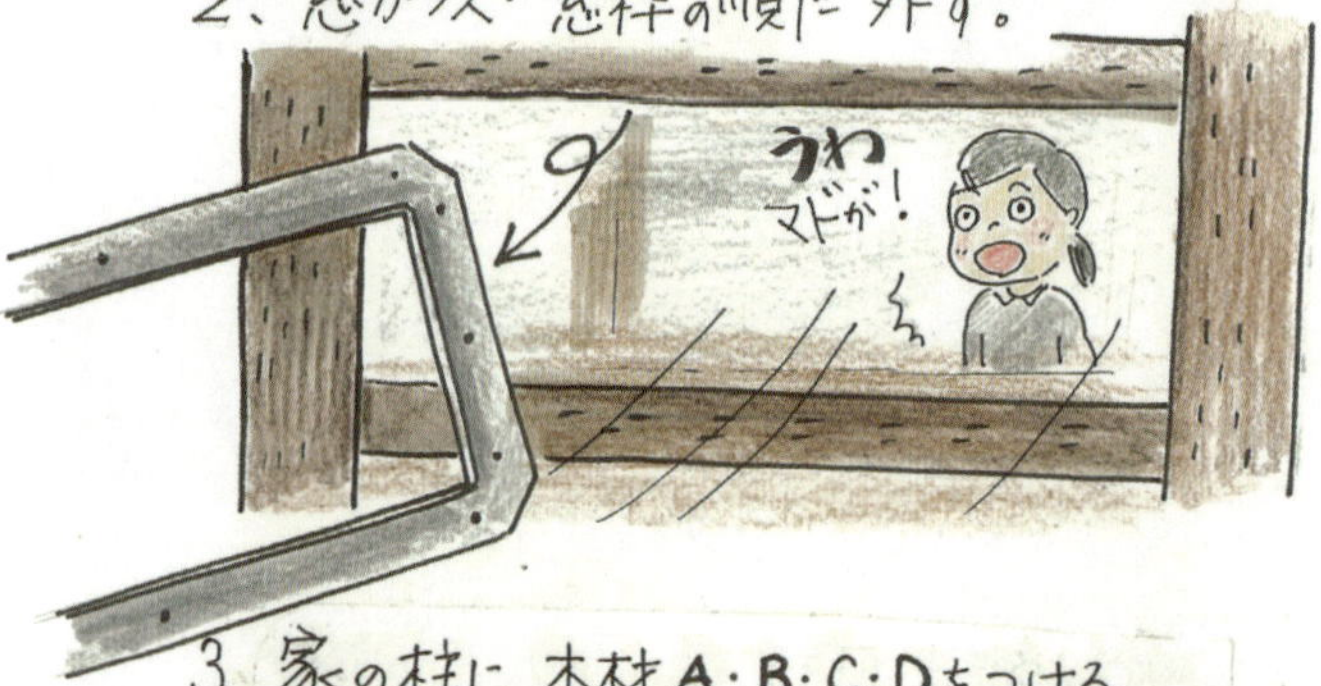

3、家の柱に、木材A・B・C・Dをつける。

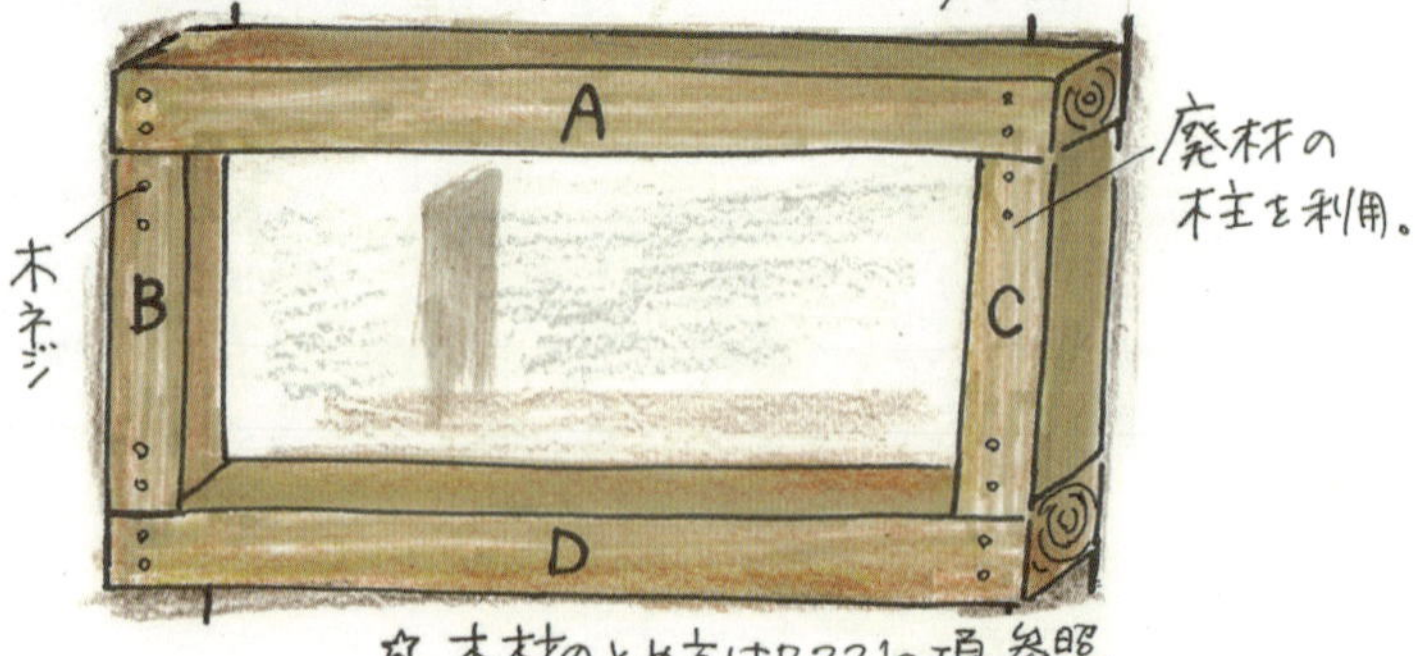

☆木材のとめ方はP221の項参照。

4. 木材A、B、C、Dをさらに重ねてつけたら、窓枠と窓ガラスを再び取りつける。

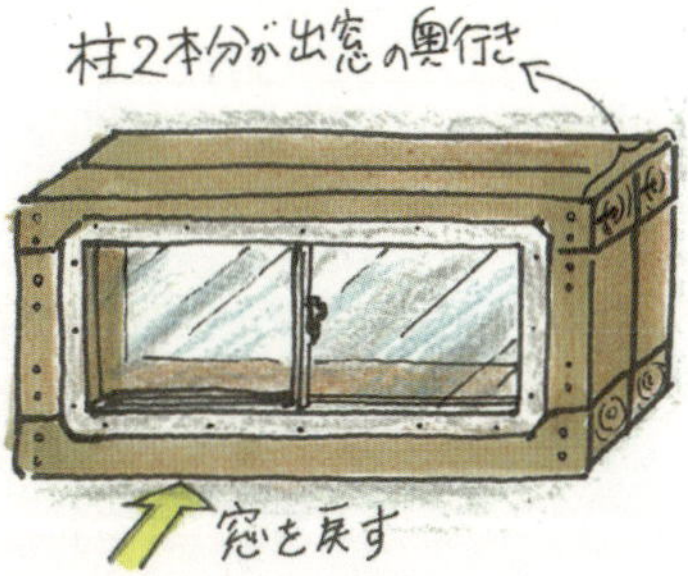
柱2本分が出窓の奥行き
窓を戻す

5. 窓枠の上から3本目の木材A.B.C.Dをつける。

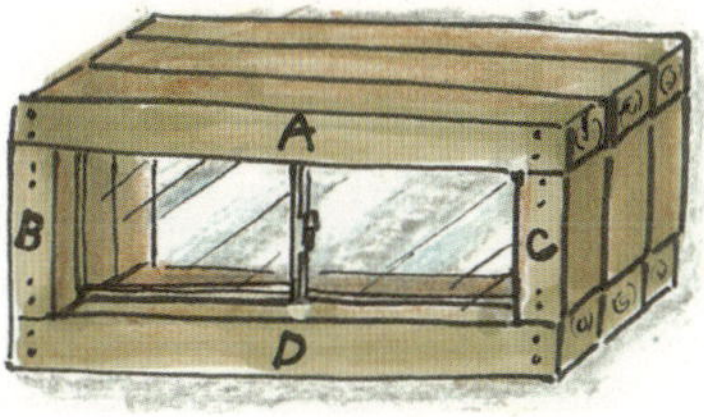
A
B
C
D

6. 鉄柵の棒を切って木に差し込み、柵を作る。

内壁用板材の残りで雨水受けを作る。
ドリルでφ8mmの穴をあける

またバラックになっちゃったな
ここ これで工事終わり!?

〈5〉天井を抜く

大きな工事になり、素人にはハードルが高い。空間が高くなって気持ちがよく、見た目も落ち着くが、ほかにこれといった効果はない。できたスペースに梁を渡して、トレーニングをしたり、ものを吊るしたりしている。2階の天井は抜くと暑いので（夏季）抜いていない。できれば屋根を張り直し、断熱をして、2階の天井も抜きたいと思っている。

梁

1階の和室には角材を、居間には古材（隣家を解体したときにもらった）を梁として入れた。考えてしっかりはめたので、家全体の強度も上がったのではないかと思う。トレーニングに活躍している。

一階の和室に角材の梁を入れる

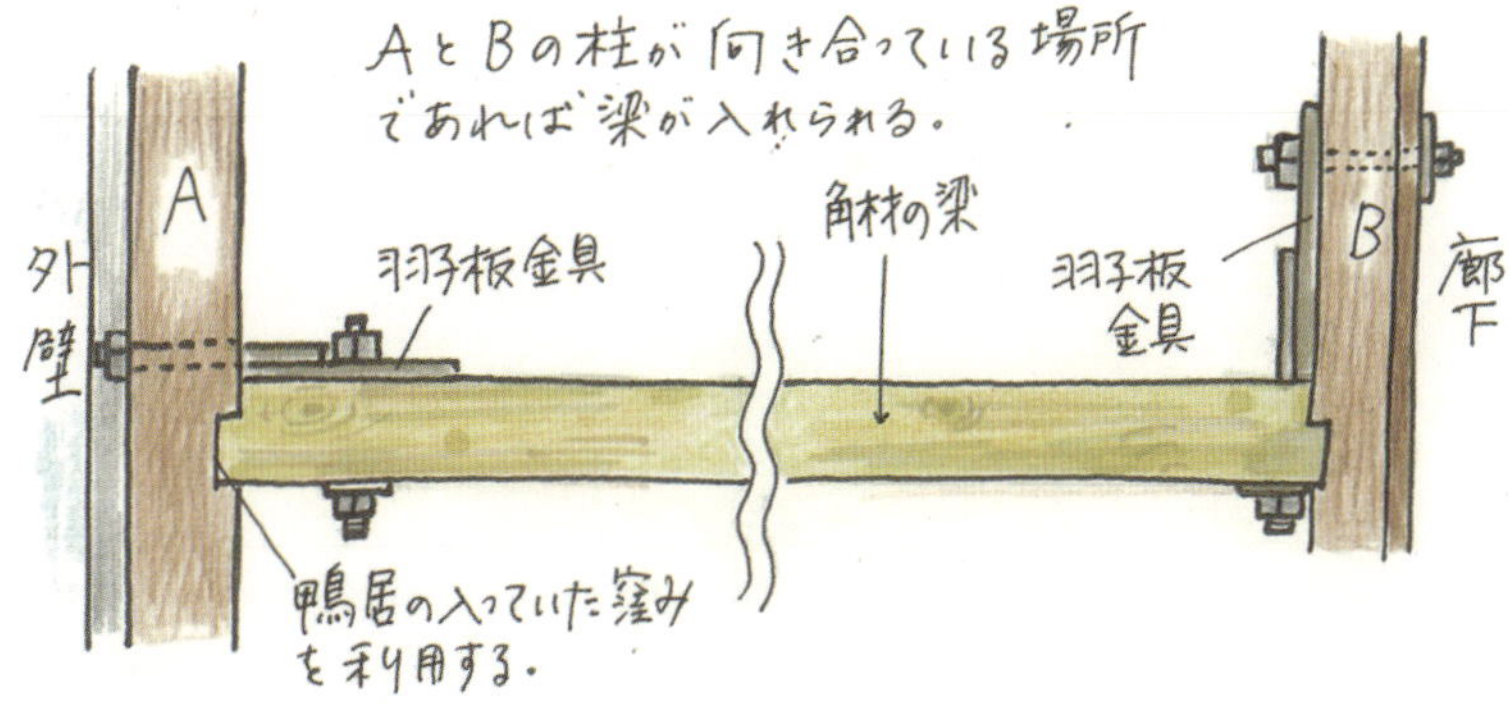

居間に古材の梁を入れる

天井を抜いて出てきたのは2階の畳の下に敷かれた荒松の板（一等とある）。2階で人が暴れるとホコリがパラパラ落ちてくる。

〈6〉玄関の改装

引き戸

古民家が好きである。母親の実家（庄内地方の豪農）で小学生のときに敷居を見て、格好いいと心を奪われた。いつか自分も大きな敷居のある家に住みたいと思っていた。

基礎の上に家の枠となる土台を組んで、柱を立てて……という日本建築の構造上の理由から敷居はある。わざわざ玄関に木材を置いて、敷居を作るのはおかしな話だ。わかっていても自分の家に敷居が欲しいので、玄関を引き戸にするのといっしょに作ってみた。

柱の構造や土台の構造を見ながら、あーでもないコーでもないとかなり悩んだ。そもそもドアのあったところを引き戸にするというのに無理がある。

引き戸を滑らせる部分を新しく内側に設置し、その高さに合わせてセメントと石で敷居を作ることにした。1本の木材ではないのが不満だが、妥協する。そのかわり引き戸は背を高くした。

引き戸は流行の吊り下げ式も検討したが、技術的に手にあまりそうなので、普通のレール式とし、安定させるためにレールを2本にしてみた。

いったん壊してしまうともう後戻りはできない。ドアがないのはやや物騒である。できる限りの作業を壊す前にやるつもりだったのだが、玄関に入っているガラスを再利用することもあり、なかなか難しい。

週末でなんとかやろうと朝早くから作業をはじめたが、大規模な工事になり、土日では終わらず、結局、わが家の玄関の戸は1週間ほどブルーシートだった。

だが、お陰でゆっくり考える時間がとれた。勤めから帰宅したあとに、寒い玄関に座って、次の週末の段取りを考え、設計にも細かい修正を加えた。この時間は純粋に楽しかった。

引き戸は、床に張った古材の残りと、隣の家が解体されたときに出た廃材を使った。床材の残りが、歪んだものばかりだったのでやりにくく、見た目もぴしっとできなかったのが心残りである。

ひさし

もともとあったひさしが小さかった上に、腐って歪んでいたので、玄関を改装するときに、古いひさしをとって、新しく架け直した。

これはとりあえず、引き戸ができてから着工。柱を利用しないと強度がでないので、まわりの壁をとりはずし柱を露出させた。引き戸に続いて、今度は玄関まわりの壁がない状態が続いた（内壁はある）。

できれば梁のようにぶら下がれるひさしを出したい。会社の行き帰りに、他人の家の玄関を見たり、近所の寺の門の構造を確認したりした（日本建築の組木はすばらしい）。他人が見て、おかしなヤツだと思ったかもしれない。

引き戸はできていたので、ちょっと楽しんで、凝った作りにした部分もある。屋根を葺くときは、仮の柱を出して、強度を上げ、屋根の上に乗って作業した。

屋根板を葺いただけで、とくに防水などはしていないが、雨の日でも濡れない充分すぎるスペースが生まれた。

ひさしのあとにゆっくり外壁をつけた。これも昔から憧れていた板壁にした。下地のアスファルトフェルトを張るのが予想より大変だった。

アプローチの敷石

もともと昭和後期によく見た黄色いタイルが敷かれていたが、妻の強い要望もあって、やり直すことにした。

まず、もともと敷いてあったタイルと古いモルタル（コンクリート）をハンマーやタガネで叩いて除去する。玄関の引き戸の前に、深さ3センチ、幅1・2メートル、奥行き1メートルほどのスペースができた。

モルタルが馴染むように、スペースを水で塗らしておく。

モルタルが流れ出さないようにベニヤ板で仕切りする。コンテナの中で乾燥生コンと水をスコップで混ぜ、モルタルを作る。水の量は決まっていないので、混ぜながら固さをみて少しずつ足していく。

混ぜ合わせたらスペースに流し込んで、コテで延ばしていく。これが下地となる。生コンはアルカリ性なので手につくと荒れる。モルタルを塗る作業をするときは手袋をしたほうがいい。

敷石を置く。石の重みで沈んでしまった。失敗。方法を変える。

上地用のモルタルとして、乾燥生コン2袋と、白い太平洋セメント、黄色い土を混ぜる。まだらにならないように、粉の状態で手袋をした手で混ぜる。

上地を塗る。

敷石を置く。横から見て斜めになっていないかどうか、高さが揃っているかどうかを見る。表面についてしまったモルタルは、はけに水をつけて洗う。那智黒石は意図や法則性を感じさせないようにランダムに置く。間に白い石を置く。最後にニワトリ（オスのキング）の足型をつけた。凸凹ができたところは木の板で平らにならす。

約2時間で完了、乾かす。敷居についたモルタルは、乾いたあとにグラインダーに真鍮ブラシをつけて落とす。

玄関の中

現時点（2017年）ではタイルをはがした状態で放置している。モルタルがざらざらした状態である。

三和土《たたき》にしたいのだが、下が土の地面でないと乾いてひび割れてしまうらしい。漆喰で作るか、御影石とモルタルで仕上げるか、検討しつつそのままになっている。

完成直前。まだ一部壁板が入っていないところがある。ほぼイメージどおりのものになった。家の外壁をすべて板壁にするのが夢だ。

白い外壁は消防法の改正であとからつけた不燃材。ひさしは腐って傾き、ドアは歪んで、こすれた音を立てていた。

玄関内側の漆喰はかなり早い時期に塗っていたのでこの部分を壊さないように施工するのに気を遣った。シカの骨格標本とクマの毛皮。

ひさしを出したいが外に柱を立てたくないので、どう強度を出すかが問題だった。屋根板を張るときは仮の柱を立て、ひさしの上に乗って作業した。

玄関内側。絵のかかっている壁の部分がかつては2階に上がる階段だった。現在はトイレとお風呂がある。框(かまち)は家の柱を再利用した。

玄関（扉・ひさし）のリニューアル

外壁の処理

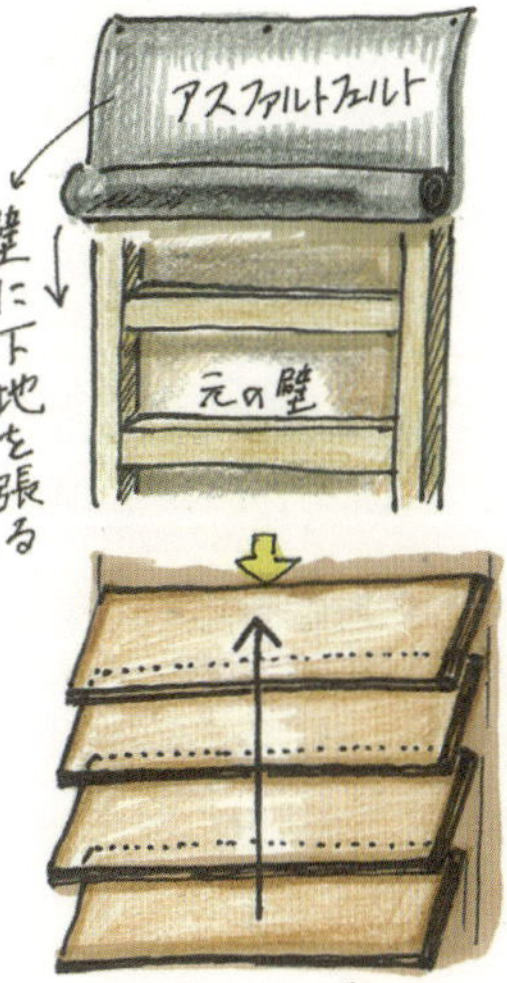

下から順に少し重ねて
板材を張っていく。

廃材・古材で引き戸を作る

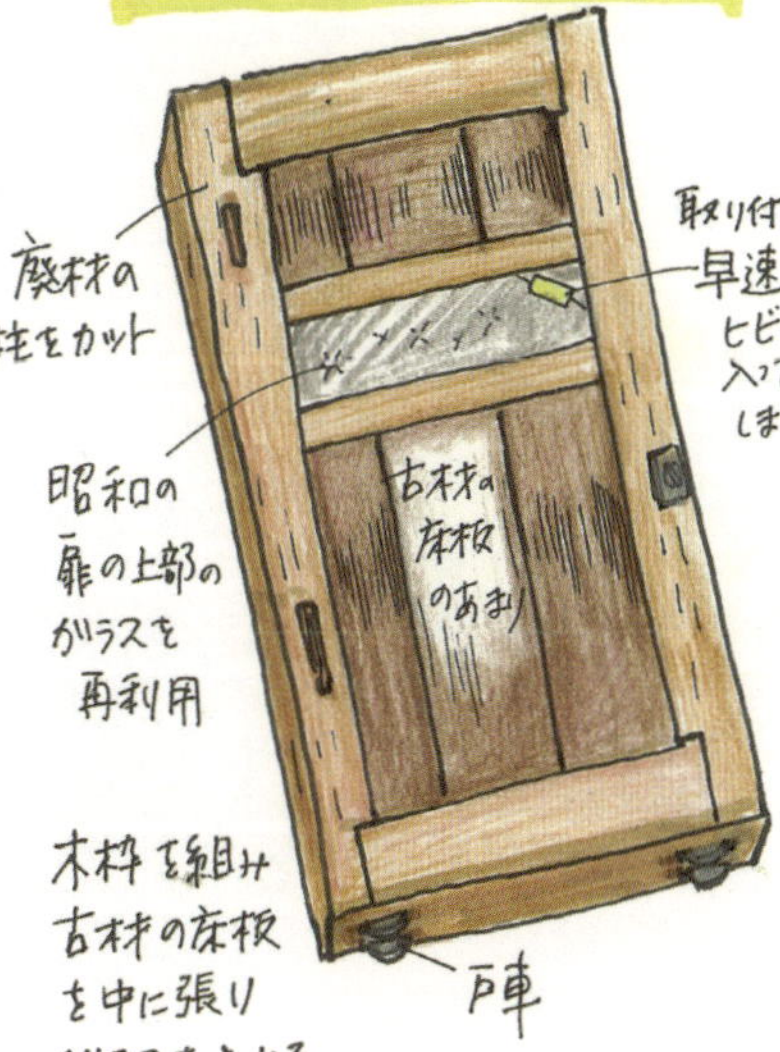

木枠を組み
古材の床板
を中に張り
ガラスを入れる。
（柿渋を塗って仕上げる）

ひさしを作る

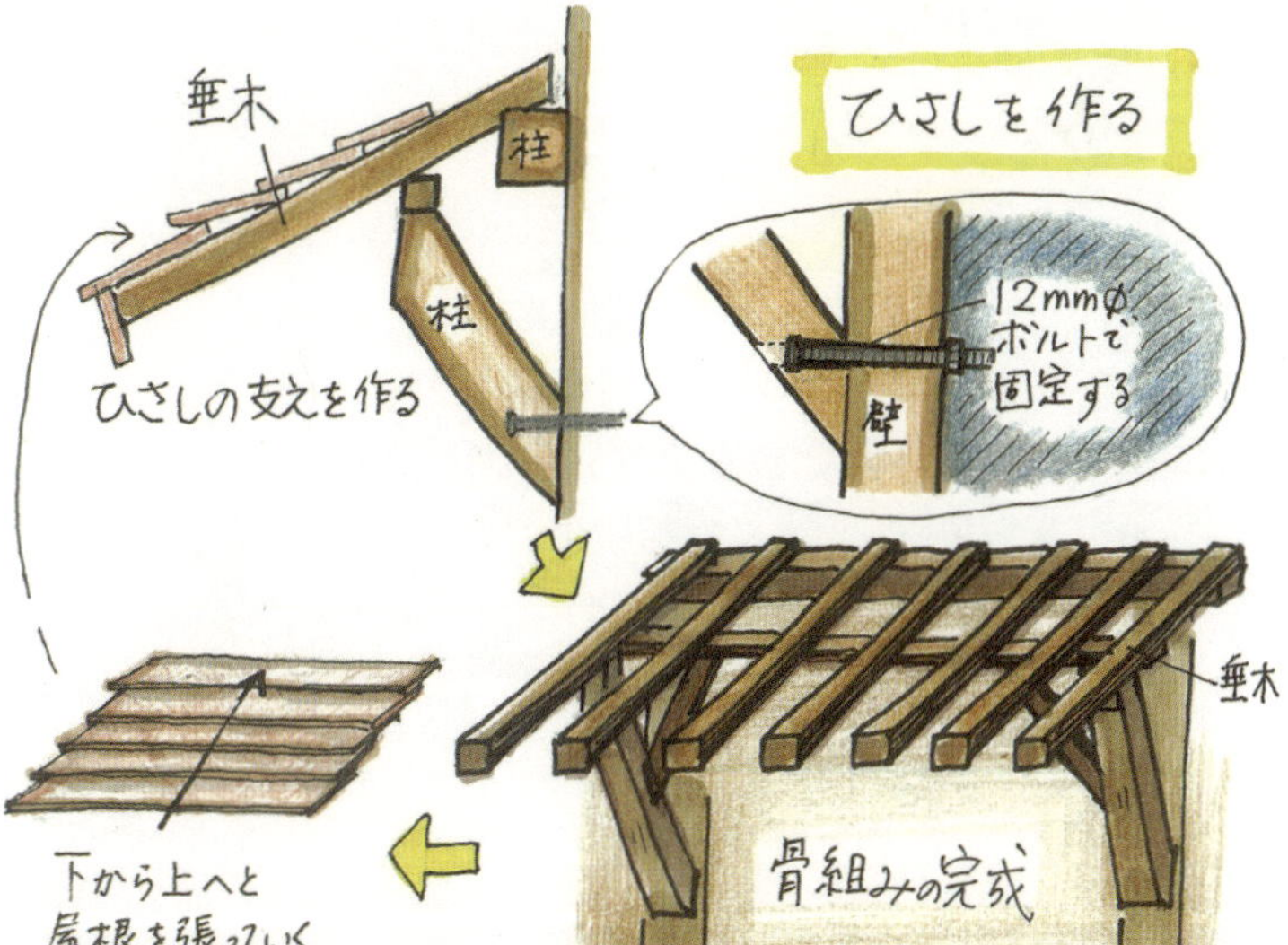

できあがった玄関前（とりあえず）。雨が吹き込んだときの排水など、少々問題が残った。やり直しも検討中。

昭和期に流行った黄色いタイルが敷かれていた玄関。モルタルのベランダより少し高くなっていた。

太平洋セメント（ホワイト）

色を整えるためのホワイトセメント。

黄色い土

色を少し変えるための庭の土。ふるっておく。

白い玉石（砂岩玉砂利）

いろいろなところから拾ってきた石。

ミユキの乾燥生コン

おもな材になる生コン。すでに砂が混ざっているものを購入。

那智黒石

模様のポイントに使う。

材料

セメントは日にちが経つと接着力がなくなるので、使う分だけを購入したい。

全体のイメージを作り、荒杉板で枠を作る。うまくいくか不安だが、やるしかない。

まずは下地になるモルタル。水を入れながらよく混ぜる。

粘り具合を見ながら水を混ぜる。水の入れ過ぎに注意。

荒く盛って行く。モルタルは硬化をはじめるのでもう悩んでいる暇はない。

表面に出るモルタルを調合し、練る。生コンとホワイトと黄色い土。

下地の上に塗る。モルタルの量を適度にするのが難しい。

敷石をイメージに合わせて置いて、モルタルに押しつけるようにする。

型が決まったら石の上についたモルタルを洗い流す。

那智黒石をイメージに合わせて配置する。とれてしまったらそれも味。

貝殻や白い石などを置く。思い切りが必要だが、やりすぎ注意。

キングが様子を見に来たのでついでに足型をつけさせてもらう。

少し乾いたところで、石についたモルタルをはけで洗う。

完成、乾く前。

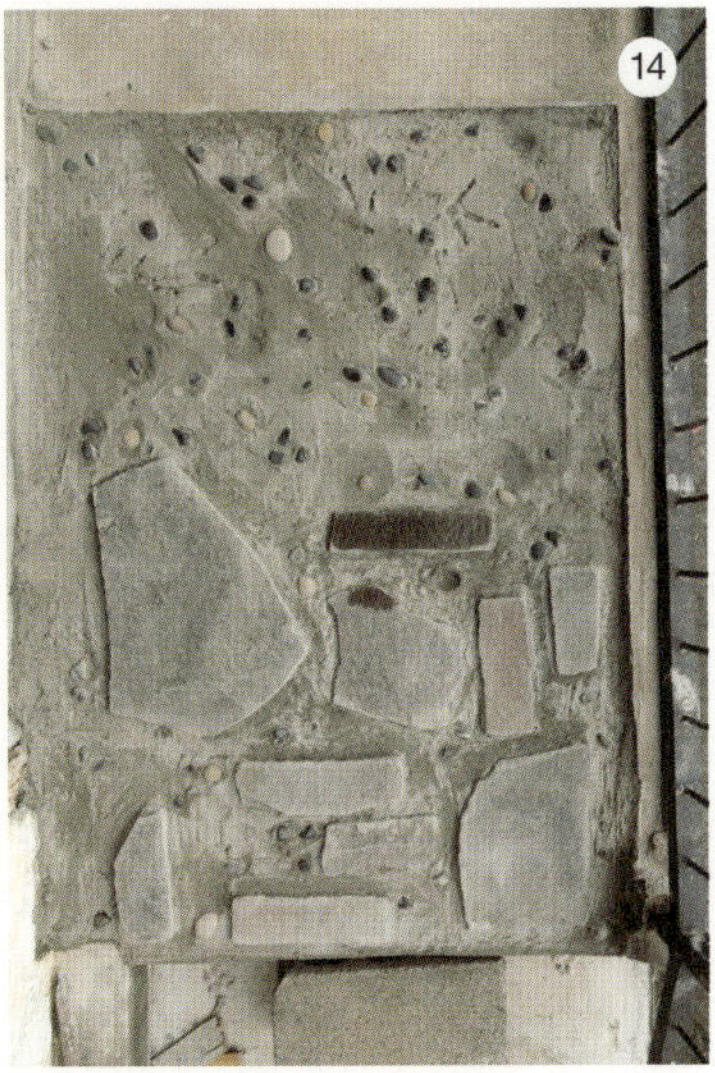

完成、乾いたあと。

敷居についたモルタルは硬化しているので真鍮ブラシで落とす。

断面をタイルで飾る

ブロック塀の切断面（p229）が鋭利だったため、余ったモルタルで養生し、タイルを飾る。タイルは以前お風呂に使用していたもの。

〈7〉トイレのドアの改装

隣家の建て替えのときに、古風なトイレのドアも廃材になっていたのでもらってきた。合板だった板をはがし、わが家のトイレに合うように角材を継ぎ足して、檜の板を張って、とり付けた。

今では最初からこのドアだった気がして、かつてのドアを思い出すことができない。

とくに気に入ってるのは、かんぬきの取っ手とカギのカラクリで、これを生かすために、もともと柱にあったカギ穴を木材で埋め、鑿《のみ》で掘り直した。

人がトイレから出るときにするりとネコが入って、知らず閉じ込めてしまったことがある。ネコはドアの取っ手のことを知っていたようで、そこに飛びついて開けようとして、逆にカギをかけてしまった。

かんぬきのカギを外から開ける手立てはない。だが、私はドアを壊すことなくカギを開けることができた。どうやったか考えてみて欲しい。

もともとは階段の横でデッドスペースになっていた部分。柱を新設してトイレになっているが、壁に穴をあけて障子を自作してはめ込んだ。

トイレのドア内側。枠だけ残して、天井用の板を張った。建具は繊細なので製作や設置は微妙で難しい。

かんぬき状のカギを再利用。シンプルで美しい構造である。外から開けることはできない。

トイレのドア外側。高さはぴったりだったのだが、幅はわが家のほうが広かったので、角材を横に添えて大きさを合わせた。

かんぬき状の取っ手部分はプラスチックで割れていたので新設。箸置きに穴をあけて、竹を削って芯とした。

〈8〉内壁塗り

家の中の壁は真壁にしている。柱が見えている壁が真壁、見えない壁を大壁という。リフォーム部分は石膏ボードの上に漆喰を塗り、リフォームしなかった部分は古い壁材をはがして、同じく漆喰を塗った。そこそこ均一に塗るのはそれほど難しい作業ではない。もちろん左官職人のようにうまくはできない。漆喰の上に絵を描いたり、サインをしたりして、家族で楽しみながら塗った。

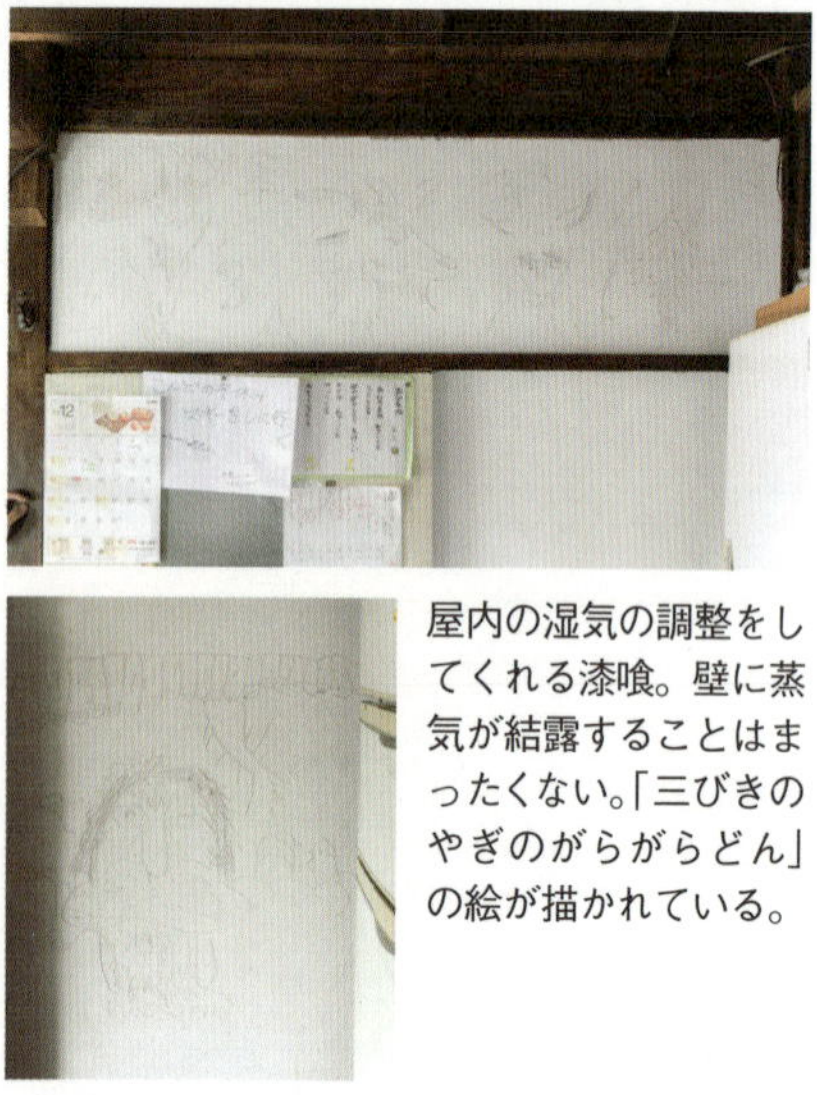

屋内の湿気の調整をしてくれる漆喰。壁に蒸気が結露することはまったくない。「三びきのやぎのがらがらどん」の絵が描かれている。

漆喰を用意する
電動ドリルに撹拌用パーツを付けて
材料を混ぜ合わせる。様子を見ながら水は少しずつ加える。
プラスチックのバケツ
漆喰（粉）
水
漆喰：水＝5：3が基本
〜好みで加える〜
珪砂
色粉
橙色を混ぜてクリーム色の漆喰にした。
ふるった庭の土
ニワトリのフン入り？
コテ
シャッ
塗る！
出来上がった漆喰を
1回分ずつ手元に取り…
いらない板で代用可
盛り板
古いお玉
二度目に塗る時
自由な仕上げをする。
軍手の跡をつけてみる
ビニール手袋
意外にいいな
速めにコテを動かしてコテの跡を残す
（ラフ仕上げ）
塗り終ったら養生テープを取って完成!!

〈9〉屋根のペンキ塗り

トタン屋根なので、数年に一度、錆び止めとペンキを塗る必要がある。ヤスリ状のたわしを使って錆びを落とし、錆び止めを塗って、ペンキを塗る。

もし、作業中に屋根から落下したら大ケガするか死亡する。危険な作業は工務店などのプロに任せたほうがいいというアドバイスを受けることもある。

自分の家を自分で整備するために負うべきリスクは、生きる上での正当なリスクである。平地に立った平屋なら、比較的安全に作業できる。傾斜地の二階建てトタン屋根になんとか暮らす程度の甲斐性しかないのだから、屋根のペンキ塗りは、危険を冒しても自分でやるのが私の人生というものだ。

ベランダの柵は錆び止めを塗ったあとに黒く塗った。

断熱

トタン屋根が熱を吸収?するため、夏は暑くて、2階に上がる気がしない。生活の場ではなく物置と断熱スペースになっている。大きなよしずを買ってきて敷いてみた。効果抜群、体感で5度ほど室内の温度が下がった感じがする。

細い荒杉材を根太のように敷いて、よしずを広げ、上からも荒杉材で押さえるだけ。消防法で可燃性の屋根や外壁はとりはずし可能な状態でないとならないようだ。冬は薪ストーブの煙突に近いのでとりはずす。

〈10〉浴槽で池作り

庭に廃浴槽を埋めて池にしている。屋根の一部の雨水と、ベランダの水が流れ込むように排水パイプがつながっている。水生生物を飼うことと庭の用水、万が一のときのための飲用水などにと考えていたが、ニワトリがベランダでした糞が流れ込むので水質があまりよくない。

春にヒキガエルが卵を産みにきて、這い上がれずに死に、水が腐るという事件が毎年繰り返された。現在は、木片でスロープを付けたので、ヒキガエルの溺死はなくなった。ニワトリが落ちて死んだこともある。いいニワトリだったので残念だった。

今は網をして、クチボソを放してある。飲用水にはならない。

井戸掘り

庭に埋めた浴槽では、水源としていまいちなので、できれば井戸を掘りたいと思っている。塩ビのパイプで工夫して、地下6メートル掘れば、水が出るらしい。隣の家は雨水をためる巨大なタンクを庭に置いて、雨水を活用している。井戸は今後の課題である。

屋根のペンキ塗り

本当は屋根の総重量を上げないように葺き替えて、断熱と不燃を実現したい。

真夏の屋根上。よしずを敷く。全部で３万円くらいかかったが、その価値はあった。

浴槽の池に雨水が流れ込む仕組み

雨水が集まるようになっている池。ニワトリが落ちないように網。ヒキガエルが上がれるように工夫した。

〈11〉家具と道具の自作

家具を自分で作っている。家の幅や奥行きなどに合わせた家具を、余った材などで作れば、スペースも廃材も有効に生かすことができる。

ベンチ

ウッドデッキ用のベンチとして製作。どんなものでもよかったのだが、ウッドデッキに幅を合わせたうえに、材をデッキ材と統一して、備え付けのようにした。

棚(元勝手口)

居間の南側に面したガラス戸を勝手口のように使っているため、本来の勝手口に出番がない。そこで勝手口をつぶして出窓のような棚にした。居間のウッドデッキ側(外)に、カウンターを出して、その上に出窓を作った。夏は網戸をつけて、開放している。

臼のテーブル

臼を外用のテーブル台(脚)にしている。テーブル部分をはずせば、餅搗《つ》きもできる。杵は自分で作った。餅米は上手に蒸らすためにせいろが必要で、2回ほどしかチャレンジしていない。

背負子

『百年前の山を旅する』(新潮文庫)の取材用に作った。電動工具を何も所有していなかった10年以上前のもの。裏山から倒木を運び出してくるのに重宝している。

鍋や斧の柄

打撃の接触部分や熱を受ける部分にだけ耐久性が高く貴重な金属を使い、手に持つ部分には衝撃を吸収し、熱を通しにくく、軽いという性質を持つ木材を使う。これは、古来の知恵である。柄は消耗することが前提のもので、木材部分は壊れたらとり替えるのが当たり前。金属も現代は安価になったが、柄が壊れたから捨てるのでは金属製品が泣く。

金属部分にぴったり合う柄を作るのは簡単ではないが、楽しい。打撃系の刃物の柄は、接点に強い力がかかるので、とくに難しい。斧の柄を新造し、振り上げたら斧の刃の部分が抜けて上に飛んで行ったことがある。しゃがんで頭を抱え、自分以外の場所に落ちるのをただ祈った。

マックブックのケース

仕事で使うPCは頑丈そうだが、どの程度の破壊強度があるかわからない。壊れると面倒なのでベニヤと木材で簡単な容れ物を作った。製作時間は15分くらいである。山用の包丁ケースなど、ベニヤと木材の切れ端でケースはいろいろ作っている。

畳の枠

子供が小さいときは、2階の6畳に家族5人で寝ていたが、成長に伴い、狭くなって、私が追い出された。私は2階の板の間に畳を置き、その上に布団を敷いて寝床としていた（畳は1階の1部屋を板間にしたので床下に積んであった）。生活していると畳の縁《へり》がすり切れてしまい、布団のサイズも畳よりやや大きく寝床も安定しない。畳と同じ高さの廃材を探してきて、畳枠を作った。

現在は、3畳分の畳が板の間に枠で固定され、息子がそこで寝ている。

ウッドデッキで B・B・Qを 楽しむ 高校生。
U字溝+100均 アミ
外で食事をするのは楽しい!

ウッドデッキはバーベキューをするのに丁度良いスペースだ。

ベンチ

ウッドデッキのサイズに合わせて作ってみた。ふたつとも固定せず動かせる。脚の構造を試みに2タイプ作ってみた。右のほうが安定する。脚を蹴飛ばすかと予想していたが、そういうこともない。

棚（元勝手口）

勝手口はドアをはずし、上部は出窓、下部は窓と床下収納にした。古材（廃材）の梁でカウンターを作り、その下は薪置き場兼、物置になっている。

出窓

北側と同じく廃材で出した。窓枠とガラスも隣家の廃棄物。窓は内側に開くようになっており、夏は網戸にして常時開いている。

床下収納

勝手口の靴置き部分。床は閉めたのでデッドスペース。犬小屋にするという案もあったが、現在は災害時用の水置き場になっている。

背負子

旧居で登山用に作ったものを修繕して、薪集めやニワトリ運びなど、何にでも使用している。背当てと、肩ひもが重要で、これは自作ではなく購入品。田舎に行くと商店などで普通に売っている（芯は麻縄）。

臼のテーブル

餅搗きが好きなので臼が欲しかったが、置く場所がない（地下倉庫にしまうと二度と上げられない）。テーブルの脚なら収納しながら使えると考えた。湿気でキノコが出てしまう。餅搗きは2回しかやっていない。臼はヤフオクで2000円。

鍋の柄

鍋の取っ手はまっすぐな木の棒を、とり付け位置の穴の大きさに合わせてほどよく削り、さしてネジ止めすればよい。

柄と金属の固定の仕方

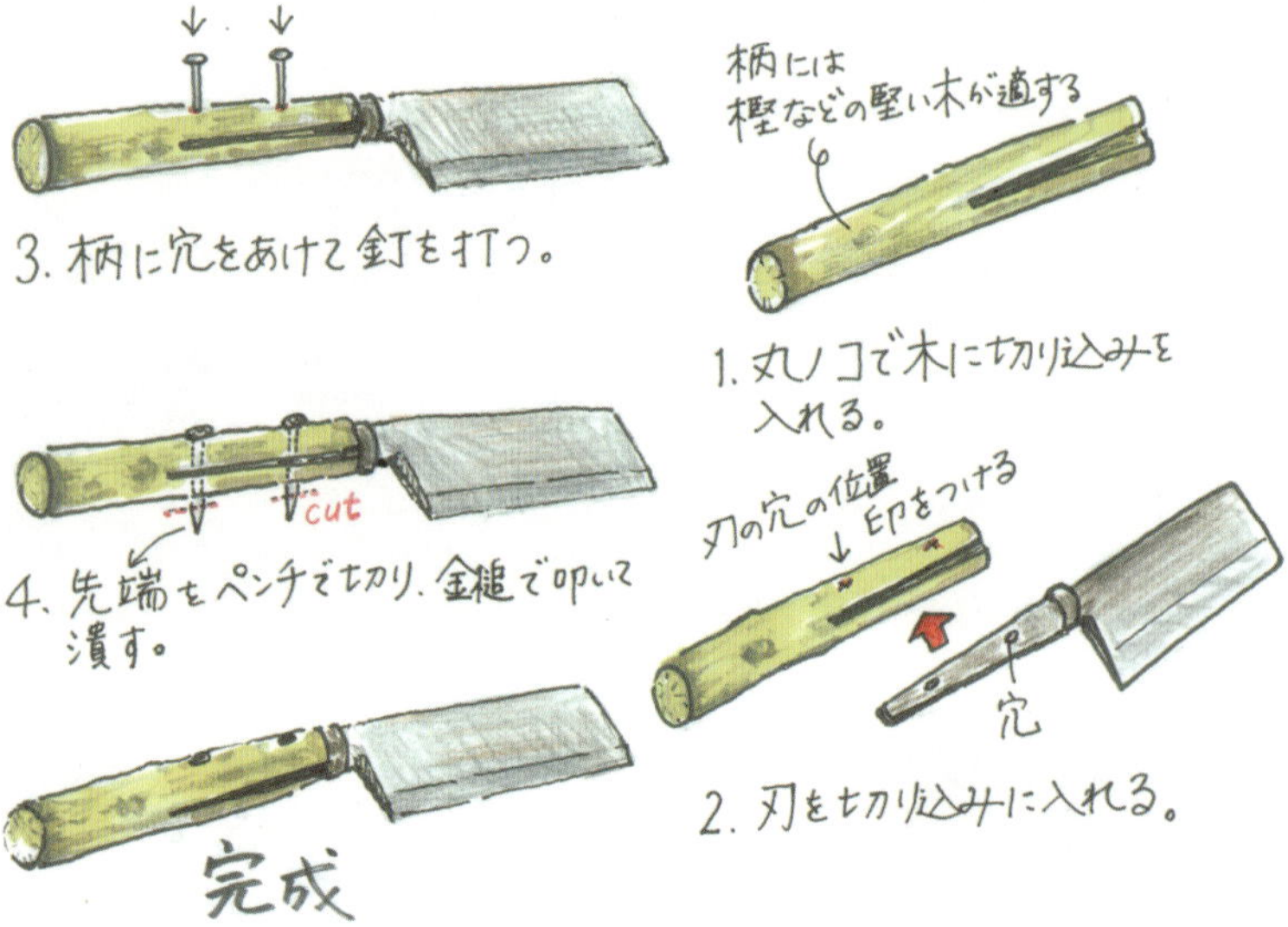

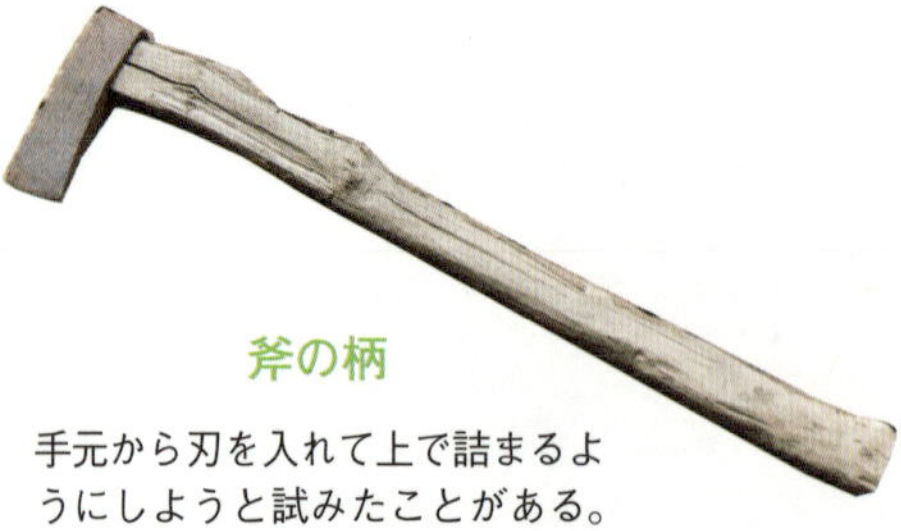

斧の柄

手元から刃を入れて上で詰まるようにしようと試みたことがある。失敗だった。斧の刃の穴に合わせてカシなどを削りクサビを打つ。

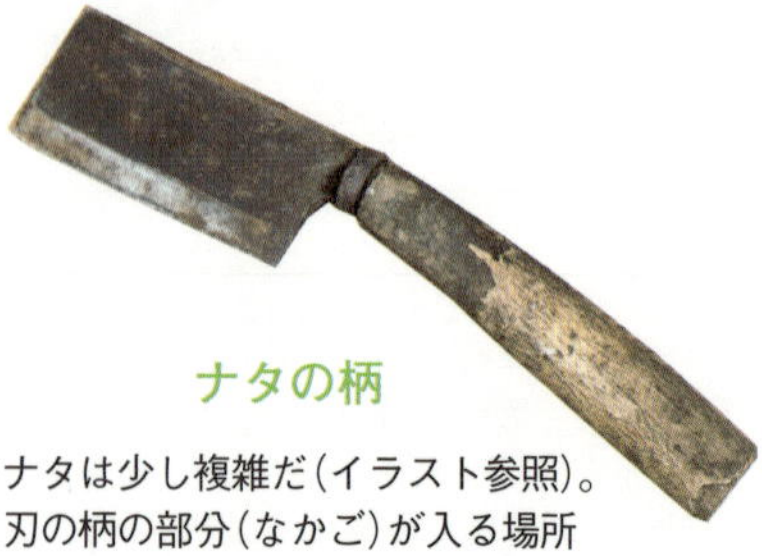

ナタの柄

ナタは少し複雑だ(イラスト参照)。刃の柄の部分(なかご)が入る場所をノコギリで切り、目釘穴に合わせて穴をあけ、目釘を打つ。

マックブックケース

ベニヤと細めの角材さえあれば、15分ほどで製作できる。マックを持ち歩くことが多いので、これがあると安心。

キッチンワゴン

小雪が作った。ワイン箱をつなげて、市販のキャスターを付けただけ。歪んでいるが、かなり活躍している。

畳枠

畳と同じ厚さ（6cmほど）が出せる角材の角を落として床材に打ち込むだけ。枠がないと畳が傷むのが早い。

ワイン箱で作るキッチンワゴン

ワイン箱を手に入れる
ワゴンには
2つ使用

① キッチンのスペースに合わせてワゴンの高さを決めて、スノコ板を切る。

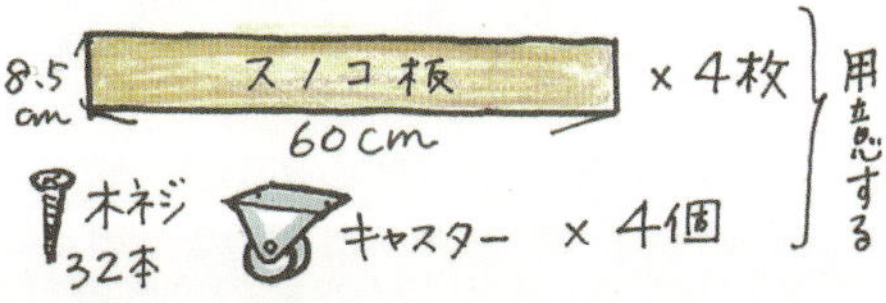
8.5 cm
スノコ板
60cm
× 4枚
木ネジ 32本
キャスター × 4個
用意する

② ワイン箱にスノコ板を木ネジで固定する。
底面にキャスターをつけて完成!

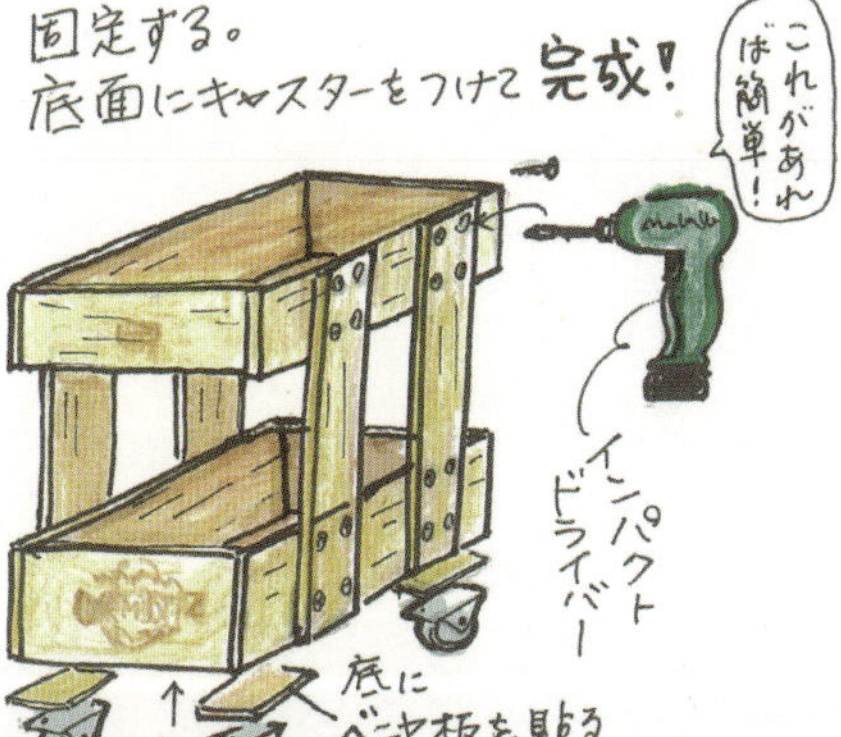
これがあれば簡単!
インパクトドライバー
底にベニヤ板を貼る

〈12〉まな板の再生

まな板は使っていると中央部分がへこんできてしまう（包丁の刃があたるため）。へこみが大きいと、具材をうまく切れなくなってくるので、鉋をかけるなどして、平面を出してやる。平らなまな板の存在はよく切れる包丁と同じく、美味しい料理を作るコツの一つである。

〈13〉漆器の補修

漆器といえば、高級で、職人しか扱えないイメージがあるが、修理なら個人でもできて、安上がりである。漆器は軽く、温もりがあって、食事が冷えないので、わが家では出番が多い。

日ごろ使っている漆器や、井川メンパ（静岡県の大井川中流の井川地区で作られる曲げわっぱ）の漆がはげたところに漆を塗る。塗装面に紙ヤスリをかけておく。補修用の漆は、東急ハンズで「生漆」（播与漆行）が1000円で販売されている。牛乳パックを3分の1に切った受け皿に、チューブから漆を出して筆で塗る。漆が肌につくとかぶれるので塗るときはゴム手袋をする。

漆は適度な湿気がないと、乾かない（定着しない）物質である。通常は「室《むろ》」と呼ばれる木製の棚の中に湿気を充満させて乾燥させる。個人でやる場合は、大きめの木箱や段ボールを室にして乾かせばよい。梅雨にやると、乾くのが早い。

霧吹きで湿らせた木箱の中に、さらに濡れぞうきんなどを入れて、湿気を高め、漆を塗った器を入れておく。仕上げは職人のようにはいかないが、日用品はこれで充分。自分で修理すれば愛着もわく。

真ん中がへこんでくるので、周辺部分に鉋をかける。グラインダーでは平らを出すのが難しい。まな板は薄くなる。

400番ほどの細かい紙ヤスリでキズ部分を滑らかにする。この作業は飛ばしてもよい。

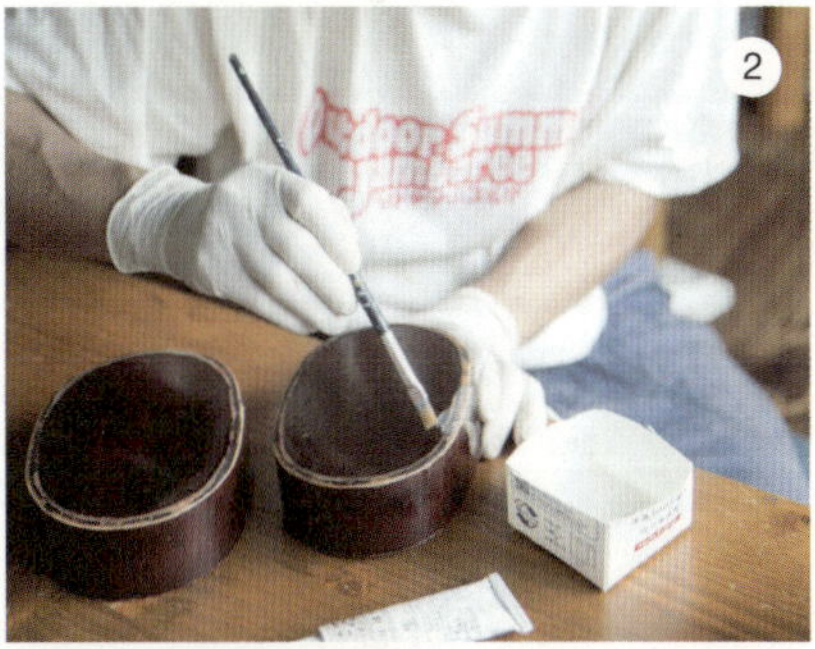

本漆をいらない筆(使い捨て)で塗る。かぶれることがあるので手袋をする。

大きめの木箱に充分を湿気を与える。漆は湿気を吸って固くなる物質。

濡れぞうきんなどを入れて湿気を確保して蓋をする。48時間ほどで固着する。

漆器は使っていて気持ちがいいので、ついつい手にとるが、その分、傷むことになる。修理は自分でもできるので、傷ついたものが増えたら修理してやろう。

薪の炎にはお金に換えられない魅力がある

遠赤外線の温もりは気持ちがいいし、ストーブを使った料理も美味しい。廃材などのゴミも燃やせる。火は見ているだけで心が和む。薪ストーブには誰もが憧れるのではないだろうか。

一方で、煙が近所迷惑になる、薪の調達が面倒、薪の置き場所や運搬がたいへんなど、マイナス面もある。火災にも気を遣う。手間やスペースまで考慮すると、経済面では石油ストーブのほうが断然上である。とはいえ、薪の炎にはお金や面倒には換えられない魅力があるし、循環可能な燃料を使っているという清々しさもある。

都会では、煙害が一番の問題だろう。わが家は南側が傾斜地(開けているほう)のため、西高東低の気圧配置では煙は傾斜地側に流れる。それゆえ煙害の心配は少ない。

となりのYさんがもともと田舎の人で、薪の煙の匂いをくさいとは思わないと言ってくれ、気がとても軽くなった。

〈1〉設置の仕方

薪ストーブ販売店は、薪ストーブや煙突を単体で売ってくれないところが多い。施工とセットで販売する。安全面を考慮してのことだと思う。

わが家は専門家が見たら、火事を心配するような狭いスペースしか薪ストーブ置き場を確保できなかった。そのため、海外有名メーカーのストーブを備え付けてもらうことはできなかった(資金もなかった)。

ホンマ製作所が煙突もストーブもバラバラに販売している。自分の責任で、自分で設置したいというアーバンサバイバーにはありがたい。友人の助けを借りて、すべて自分で設置した。火を扱うゆえに不安もあるが、自分でよく考えて設置し、火を焚きながら、熱くなる場所がないか観察すれば、他人任せよりよほど安心できる。煙突は、外はステンレスの二重煙突を使っている。薪ストーブは、ストーブ本体より煙突にお金がかかる。わが家のストーブは本体が6万円ほど、煙突がトータルで20万円ほどした。熱反射板もあとから付けた。

場所をとるので、オフシーズンはストーブを部屋の隅に寄せている。100キロほどあるので、腰を痛めたり、足に落としたりしないように注意がいる。

〈2〉煙突の掃除

横浜なので、それほどストーブのシーズンは長くない。掃除は年間を通して2回すればよい。1回目は秋、ストーブに火を入れる直前、2回目は冬の真ん中。春は掃除せず、ヤニを乾燥させておく。

煙突掃除がやりやすいように煙突を設置してある。煤《すす》がそのまま「煤受け」に落ちるようにしてあるので、ゴミ袋をかぶせて、屋根に上り、煙突ブラシを入れる。ごしごしやる必要はなく、軽く何度か往復させればきれいになるようだ。火をつけない季節は、台風対策で一番上の煙突をはずして短くしている。晩秋になり煙突を伸ばすときにいっしょに煙突掃除をする。

〈3〉薪の入手法

裏山から倒木や立ち枯れの樹を切ってきて、薪にしている。かなりの労力と時間が必要である。もし、近所の人がみな薪ストーブを導入したら、山の倒木はとり合いになり、すぐになくなってしまうだろう。都会で薪を自己調達して薪ストーブを楽しむのは、近隣が石油ストーブやガスストーブ、電気ストーブを使っているおかげだと言えなくもない。

〈4〉薪割り

廃材や落とした枝などが主な薪なので、薪割りはそれほどやらずに済んでいる。必要なときは斧で割る。おもしろい作業だが、重労働である。運ぶのも大変。作った薪は、雨が当たらないところに積んでおく。

化石燃料ではなく、自分で用意した薪を燃やして暖をとるのは、気持ちがいい。

壁に穴をあけて設置した屋外の煙突。二重煙突にした（火災予防）。煙突はストーブ本体より高価だが、ストーブ本体より長持ちする。

横浜の一軒家なので、大きなストーブは必要ない。不燃材を周囲に貼って、なんとか設置している。本体は高温になって酸化するため、寿命は10年ほどらしい。

薪ストーブの煙突の設置

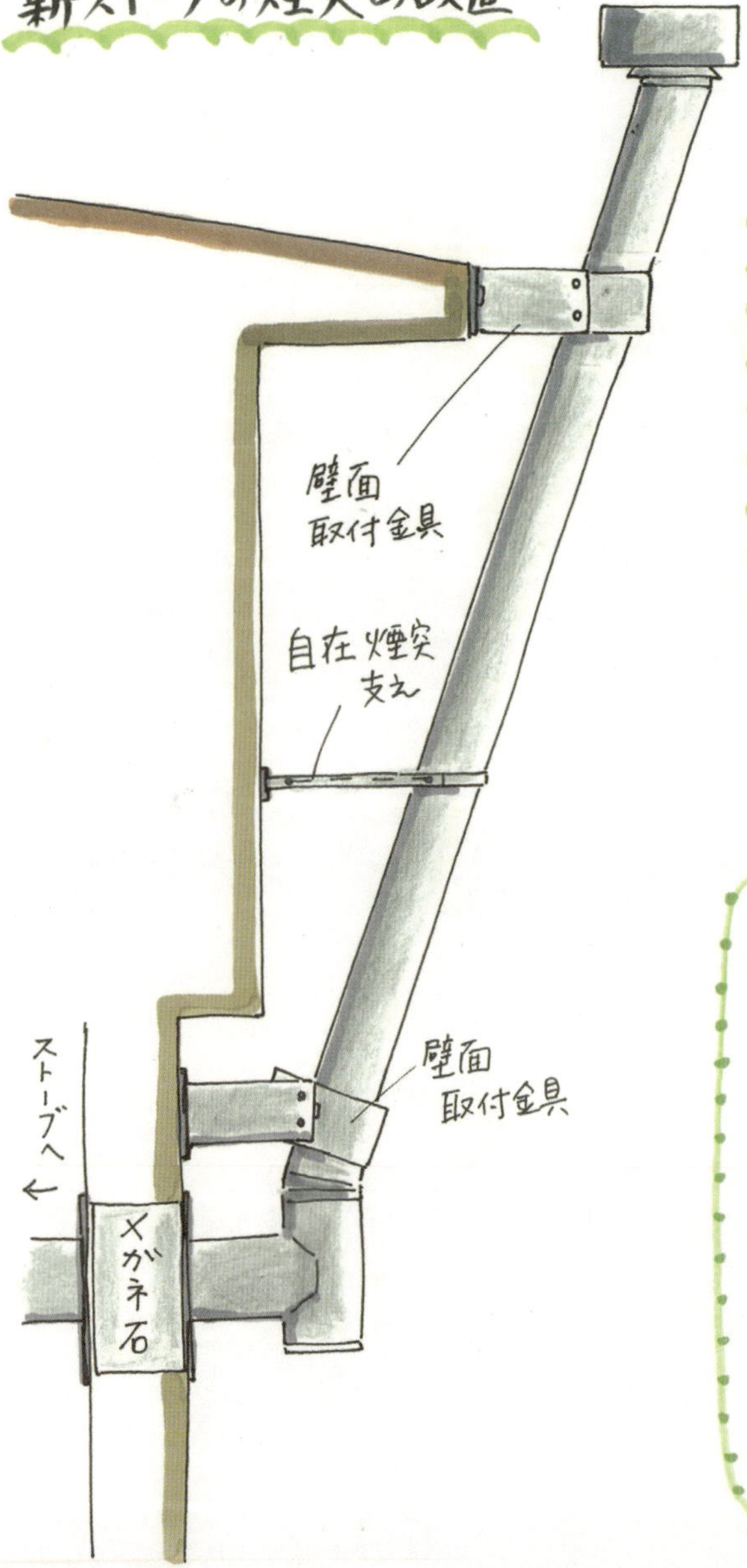

外壁の工事

煙突掃除をする

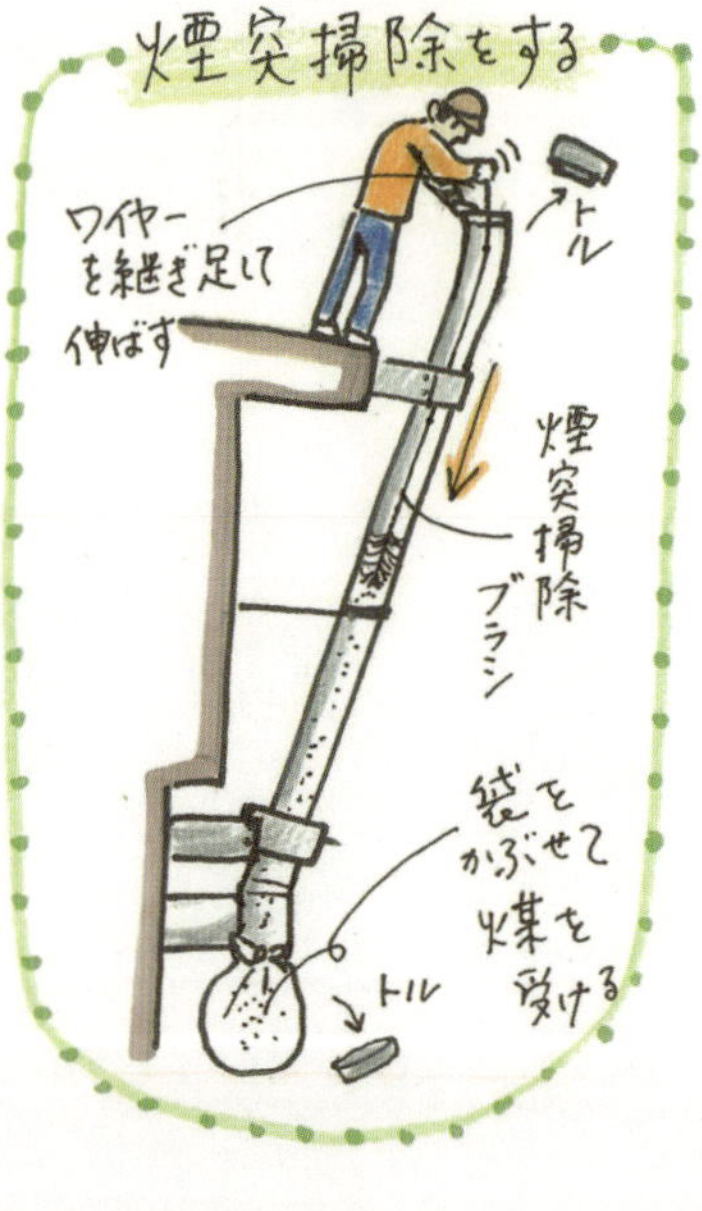

煙突掃除に使うのは、煙突ブラシと小さなブラシ。煙突ブラシは煙突の径に合わせて購入。

夏の間、はずしていた煙突を持って２階の屋根に上がる。ちょっと不安定で怖い。

自分が屋根から落下しないようによく注意して、煙突の雨除け部分をはずす。

煙突を継ぎ足す前に掃除する。シーズンはじめのほうがヤニが乾いていて掃除しやすい。

煙突を継ぎ足して掃除する。雨除け部分にも煤が付いているのでブラシを入れる。

煙突を組み立てて作業終了。煤が飛ぶと火災の原因になるので掃除は必須。

3

斧はまっすぐ入ったほうがよい。写真はちょっと腰を落とし過ぎ。

2

慣れていたらそのまま振り下ろせばよいが、腰を落とし気味にしたほうが安全。

1

薪は割台の上に置いたほうがよい。足にはしっかりした靴を履く。

中古刃＆自作柄の斧

大小二本の斧とナタで2500円と格安だったが、柄はすぐにすべて折れた(購入時に折れていた)。新しい柄を作って試している(柄の作り方はp262参照)。

越後の「久八《きゅうはち》」の斧

新潟県三条市のブランド「越乃火匠(こしのかしょう) 久八」の「木割 五百匁」。ちゃんとした柄の薪割りは使いやすい。フシの少ない丸太なら重さを利用して振り下ろすだけ。

〈5〉火のつけ方

薪ストーブでも焚き火でも、薪をいきなり燃やすことはできない。薪を燃やすときは、小さい火をどんどん大きくしていくのがコツである。

種火には牛乳パックを使っている。紙にろうが塗ってあるので火つきも、火持ちもよい。

牛乳パックを乾かして、手のひらほどの面積に破き、折り目をつけて空気の流れるスペースを作る。その上に、乾いた枝、割り箸、ベニヤや廃材など、火がつきやすいものをそっと載せて、さらに、細めの薪を上に積む。牛乳パックにマッチで火をつけて、待つ。空気調整ダイヤルは全開にしておく。火がある程度安定したら、より大きな薪を入れていく。

牛乳パック以外にも、針葉樹の枯れ葉、松ぼっくりなどは種火と焚きつけの両役をこなす。

〈6〉料理への活用法

ストーブの上でおこなう料理

薪は遠赤外線が多いので、ゆっくりじっくり熱を入れる料理に向いている。

・煮込み系

ル・クルーゼ（ホーロー鍋）に材料を入れて、ストーブの上に載せておくだけ。

タケノコをゆでる。カレーやスープを温める。おでんやポトフのようなシンプルな料理など。ポトフは、シカやイノシシの筋をジャガイモやタマネギ、ダイコン、ゆで卵などといっしょに入れ、軽く塩味をつけて煮込めばできあがり。

・焼き物系

小さなホーローの鍋でリンゴを蒸し焼きにする。

焼き芋はサツマイモをアルミホイルで包んで載せておく。いろいろ試したが結局この方法が一番確実。灰に埋めておいても美味しくできるが、ついつい忘れてしまい、気がついたときは、炭になっている。ストーブの上でやれば、甘い匂いがしてくるので、忘れようがない。

ほかに、鉄板の上で焼くものとしては、ギンナン、天津甘栗、干物全般、せんべい、パン、クラッカー、焼きオニギリもできる。脂がたれるものは、家中に脂の焼けた匂いが充満してしまう。シカ肉の塊を小さなフライパンに入れて、じっくり遠火で火を入れる弱火ロースト（p180）も美味しい。

ストーブの中でおこなう料理

ストーブの燃焼室で料理をおこなう場合、どのような料理をやるにせよ、炎を出さないで、オキ火でじっくり温める。広葉樹の薪をたっぷり燃やし、ストーブを充分温めて、オキ火をたくさん作っておくのがコツである。オキ火がしっかりしていれば、あとは材料を入れるだけ。料理より、ストーブの熱が一番いい状態を食事の時間に合わせるほうが難しい。

・ピザ

ピザ用の鉄板皿を購入した。それでも、鉄板の温度によって、できあがりにムラがある。ピザ用の石板があると安定するようだ。

・ナン

市販のナンミックス粉はいろいろ混ぜ物が入っていると思うが、口当たりはよい。練って、焼くだけ。

・ニワトリの丸焼き

オスの若鶏を鉄板皿の上で丸焼きにしてみた（p80）。見た目は豪華で、味もよいが、すぐに食べ終わってしまう（食べるところがそれほどない）のが難点。ニワトリは鍋物のほうが長く楽しめるようだ。

・大きな魚のカブト焼き

釣り好きの人が、処理しようがないので、捨てていると聞き、もらってきた。大きな頭は薪ストーブでも芯まで火が通らない。焼けたところから食べ、塩を振り、また焼いてを繰り返す。

・タケノコの丸焼き

皮をつけたまま、放り込んでおく。焦げてしまわないか心配になるが、中まではなかなか焦げないようだ。まわりの皮が焦げたら、出してむいて、食べる。小さく新鮮なものがエグ味がすくない。

我が家で「りんご鍋」と呼ばれている、STAUB社の小さなホーロー鍋。りんごを丸ごと1つ入れて、ストーブの上に載せておくだけで、おいしいりんごの蒸し煮ができる。

ゴトクに鉄板皿と焼き網を載せて、その上でテンの脚を焼いた（p161参照）。オキ火の遠赤外線を使うと多くの料理がうまくゆく。

友人が来たときなどにピザを焼く。オキ火を作るのがコツ。薄い生地でないと火がうまく通らないようだ。

A 3次空気調整ダイヤル

上から直接空気を入れる空気調整のダイヤル。これだけを開けるとゆっくり燃える。

B ゴトク

ゴトクは火鉢用のものを使用。その上にピザ用の皿を載せ、さらに焼き網を使うこともある。

C 灰受け皿

横長のトビラの奥に灰受け皿がある。灰が溜まったら庭に撒く。

ホンマ製作所 薪ストーブHTC-50TX

国内設計、中国製造の薪ストーブ。シンプルなつくりで、空気調整が手動でできるのがよい。触媒（燃焼効率を高める部品）は入っていない。

D 温度計

おおよその温度を知るための温度計。わが家のストーブは危険なほど高温になることはほとんどない。

E 1次空気調整ダイヤル

下から入る空気を調整するためのダイヤル。効果的に酸素が入るため、よく燃やしたいときは開ける。

F ハンドル

ハンドルは3つあるが、すべて壊れた(折れた)。現在は自作ハンドルが付いている。

G 2次空気調整レバー

うしろから空気を入れるレバー。ストーブを熱くしてからこれだけ開けておくと、薪がゆっくり燃焼する。

④シカの骨と皮を活用する

トロフィー文化について考える

オスシカの頭の骨格標本を欲しいという人が多い。お店などのディスプレイによいようだ。シカの多い地方に行くと、道の駅などで販売していることもある。二叉のあまり立派でない角に1万5千円の値段がついていた。眺めていたら店員さんに「少し勉強しますよ」と声をかけられてしまった。

もし、シカやイノシシやクマがわが家を訪ねてきて、飾られている仲間の頭蓋骨を見たらどう思うのだろうか。アニメの『銀河鉄道999』に「時間城に飾られた鉄郎のお母さんの剥製」が出てくる。そのシーンで感じる嫌な感覚はなんだろう。長く考えているが、いまだ結論には行き着いていない。

トロフィーの語源は戦利品(敵の兜や盾)。角類はハンティングトロフィーという。

北米先住民は、自分の食料調達の技量や幸運を他人に誇示するのを好まないと聞く。精霊的な世界観を大切にし、自分より大きな存在を話のネタにしたり、自分を実際より大きく見せようとすることを恥ずかしいと考えるからだ。

象牙のアクセサリーを着けている人間を殺そうとしたゾウがいると聞いたこともある。

総合的に考えて、獲物の頭部骨格標本を家に飾るのはあまり褒められた趣味とはいえない部分がありそうだ。一方で頭蓋骨や角の造形に人を惹きつける美しさがあることにも素直でありたいと思う。

「食べているんだからいいんじゃない」とある友人が言った。

関係ないようで重要な境界線がそこにあるのかもしれない。わが家の玄関には四頭、飾ってある。すべて完食供養済みである。

〈1〉トロフィー（頭部骨格標本）の作り方

基本的には、頭骨を土の中に埋めて、虫や微生物に肉を食べさせて骨をきれいにすればよい。季節にもよるが、毛皮が付いたままだと時間がかかる。急ぐ場合は、皮をむき、ゆでて食べる（ニワトリに食べさせる）など、肉や脳をとった状態で埋めるときれいになるのも早い。

庭に埋めている最中にタヌキにいたずらされたことがあった。周辺に小便をしておいたら、以後はいじられなくなった。

虫たちがきれいに食べた頃合（2～6カ月）で掘り出し、洗う。早いと腐敗臭がする。遅いと草木の根が絡む。次ページの写真のオスは2月22日に撃って2月末に埋めたもの。メスは3月に撃って3月に埋めたもの。4月12日にはまだ肉がこびりついていた。6月6日にはだいたいきれいになったので、とり出して水で洗って干しておいた。

〈2〉毛皮の活用法

衣服にするほど柔らかく鞣《なめ》すのはむずかしいが、敷物程度なら、複雑な鞣し工程を経なくても使用に耐えるものができあがる。

まず大きなベニヤ板に皮を釘やネジでとめて乾かす。乾かすと縮む。皮の裏は何もつけなくてもよいが、食用油を塗るとしっとりと艶が出て多少なめらかになる。シカの猟期は冬なので、冬毛のシカを撃つことになるが、冬毛は抜けやすい。室内で使うと部屋が毛だらけになるので、屋外用である。事故で死んだ夏の小ジカの皮をはいで持ち帰ったが、これは毛が抜けず、毛質もやわらかく上質である。

玄関で帽子掛けになっているハンティングトロフィー。大きなシカ(下)が通算6頭目、小さなシカ(上)が長男と出猟して獲った通算30頭目のシカ。

トロフィーの作り方

そのまま埋めてしまってもよいが、ゆでて肉部分を食べたり、ニワトリのエサにしたり。

埋める。タヌキが来ていたずらするので、ブロックなどの重いものを載せておく。

２カ月から４カ月ほどで掘り出す。土はほくほくになっているようだ。

水でざっと洗う。まだ腐敗臭が残っていたら、雨ざらしにしておく。

たわしでこすってきれいにして、乾かしたら完成。

これは現地で頭部先端をノコギリで切り落としてきたもの。グラインダーで切り口を磨く。

湘南蔦屋書店のアウトドアコーナーに飾ることになったため、柿渋を塗った板につける。ノド側には神経や筋が通る穴がいくつかあいているので、そこにフックネジが掛かるようにする。

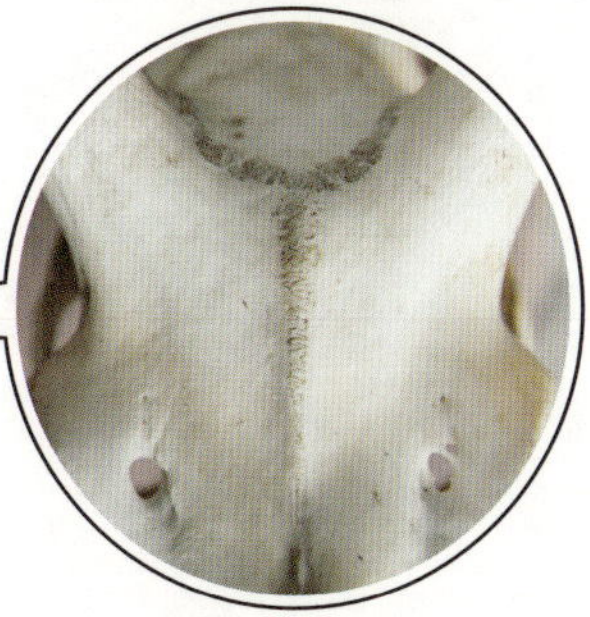

頭頂部には頭蓋骨の結合部分が複雑にからんでいる。

板などに固定しないと壁に飾るのは難しい。

はいだ毛皮は、乾かしておけば、すぐには腐らない。美大出身の革細工を研究している人に提供している。

生皮のまま保存しておくにはたっぷりの塩をまぶしておかなくてはならない。不充分だとハエのウジがわく。

シカの皮を衣服などに使えるまで鞣すのは難しい。シカは毛も抜けやすい。

夏に出会った子ジカの
死骸からとった毛皮。
塩をして脂を塗った。

保革油を塗っただけで、
山用の敷物にしている
子ジカの毛皮。

子ジカの毛皮は少し処
理すれば鞣さなくても、
敷物程度には使える。

弾の当たりどころによ
って、大きい面積で使
えるか否かが違う。簡
単でよい利用法がある
とよいのだが……。

⑤自転車を使いこなす

自転車は自分で直せる究極の移動手段

人間の使う陸上の移動手段のなかで、もっともエネルギー効率がよいのは自転車だという。一定距離の移動に使うカロリーと移動するものの重量とで、効率を計算するようだ。カロリー単位のガソリンの値段とお米（自転車をこぐ人間の燃料）の値段までは比べていない。車を運転する人間も食事をする。そのぶんのエネルギーも、この移動効率計算に計上されていないはずだ。そこまで考慮して計算すれば、自転車の移動効率はもっと高くなるはずである。まさに究極の移動手段と言えるだろう。

ただ、道路の存在が前提となっている話なので、不整地の移動効率なら徒歩、雪上ならスキーと、地面の条件で話が変わるはずだ。道路の発達した日本で平均的な生活をする場合は、自転車が断然効率がよいということになる。そのうえ自転車は、化石燃料を使わず（非循環型二酸化炭素を増やさず）、健康維持にも貢献し、そこそこ速いのに人間を致命的に破壊するほどの事故も起きにくい。そのメカニズムも200年ほどの歴史で人間の身体構造とマッチするように洗練されているようだ。

〈1〉荷台の拡張

20キロくらいまでの荷物なら、その気になれば自転車で運べる。走行できなくても、自転車をリヤカー代わりにするだけでだいぶ楽である。ただ、小さな荷台では、安定しないので、合板で拡張している。バンドは、古い自転車のチューブでよい。自転車のチューブは、バンド代わりやベルト代わりになり、いろいろなことに使えて便利である。

合板を適当なネジで固定すれば完成。

〈2〉子供用自転車をファンバイクに

スペシャライズドの子供用マウンテンバイク（20インチ）の前輪を、フロントフォーク（サスペンション付き）ごと大人用の26インチのホイールに交換してみた。膝がハンドルにあたるのは解消されたが、走りにくい。

〈3〉修理とメンテナンス

ベアリング、ギア、チェーンと自転車の効率を高める部品はたくさんある。だが、何よりも整地された道と車輪とタイヤが自転車の高効率の味噌である。ゴムチューブに閉じ込めた空気の弾力はその目玉ともいえる工夫だが、パンクという弱点を抱えている。

自転車屋さんで1回パンクを直す値段で、パンク修理のためのキットを買うことができる。それどころかチューブを1本、そのまま買うこともできる。パンクの修理は自分でやるほうが経済的だ。わが家のように自転車が6台あり、常に使われているとなおさらである。

中学生のころ、知人から捨てるというボロボロの自転車をもらい受けてきて完全にバラバラにして、また走れるように組み立てたことがある。スプロケット(うしろのギア)まではバラせなかったが、ボトムブラケット(ペダルの軸受け)はバラバラにした。ベアリングもネジもまじまじと見ると、知恵と工夫という人間の知性が詰まった、ほれぼれする製品である。この体験以来、自転車屋さんに修理で自転車を持って行ったことはない。

自分で自転車を修理することを考えたら、所有する自転車は、マウンテンバイクやクロスバイク、ロードバイクなど、バラしと組み立てが簡単にできる種類がいい。ママチャリや電動アシスト自転車は作業が複雑である(それゆえおもしろいともいえるが)。わが家には、タイヤが頑丈でパンクしにくいマウンテンバイクが多い。ここではマウンテンバイクで説明する。

パンク修理

さあ乗ろうというときにパンクしていると、鳥が翼をもぎとられるとはこんな気持ちだろうかと思う。

現代社会では自転車がもっともエネルギー効率の良い乗り物らしい。

荷台つきMTB

友人からもらったかなり旧型のマウンテンバイク。世界各地を走っている。オリジナル部品はフレームとディレーラー（変速機）くらい。

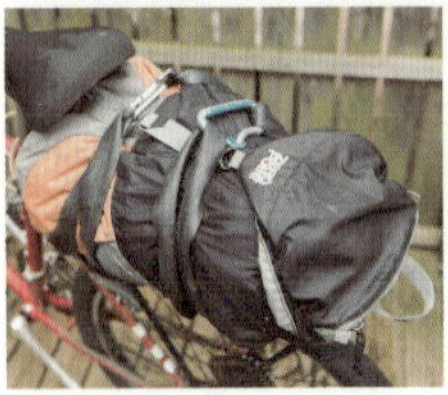

プラケースをつければかなりの荷物を運ぶことも可能。ザックなどはチューブで縛りつける。

合板の台をネジ留めして、タイヤのチューブを備えつけ、多少の荷物ならすぐ積めるようにしてある。

MTBをファンバイクに

長男が幼稚園児のときに購入し、子供3人が乗った。さすがに小さくて乗れなくなり、不要な26インチをフロントタイヤにしてみた。

シュウィンのMTB

友人からもらった。26インチ。やや小型のフレーム。かなりいじってあるので軽くて速いが、純正部品ではないので故障も多い。

トレックのMTB

24インチ。小学校中学年から高学年用に8年ほど前に購入。ほとんど故障もせず、優秀な自転車で、今でも稼働中。

必要な工具

ゴムのりとゴムパッチ（もしくはゴムシート）さえあれば直せるが、レンチやタイヤレバー、替えの虫ゴム、紙ヤスリもあるとよい。

まずVブレーキをはずす。もともとはカンチブレーキだったが、Vブレーキに交換した。

古い自転車なので、クイックレリーズ（丸囲み写真）ではない。レンチではずす。

タイヤをはずす。このときはリアタイヤがパンクしていた。

バルブのネジをはずす。なくすと厄介なのでネジを置く皿を用意。

タイヤレバーを使ってタイヤをはずす。チューブにキズをつけないように注意。

一本のタイヤレバーをスポークに引っ掛けておき、もう一本を滑らすようにしてはずす。

バルブ部分を抜いて、チューブをとり出す。あとでトゲを探すのでタイヤはそっと置く。

とり出したチューブに、バルブを戻し、たっぷり空気を入れてみる。

通常のパンクなら、たくさん空気を入れると穴は見つかる。

チューブに空いた穴の位置から見当をつけ、タイヤにトゲなどが刺さっていないかチェック。

穴の周辺を紙ヤスリで削り、チューブのバリをとる。バリがあるとそこから空気が漏れる。

ゴムのりを薄く伸ばすようにつけて２分ほど乾かす。

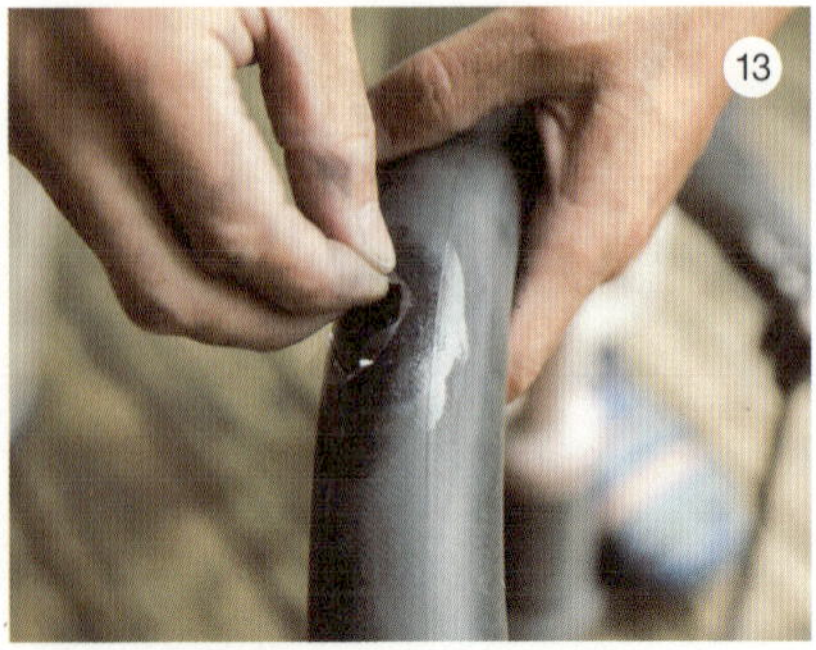

穴がパッチの真ん中に来るようにゴムパッチを付ける。空気を入れておいたほうがよい。

空気を抜いて、ゴムパッチをタイヤレバーなどで圧迫して圧着させる。

バルブ部分をはめて、軽くネジ留め。虫ゴムなどを装着する。

空気を軽く入れる。こうしてタイヤにはめたほうがチューブがねじれない。

タイヤをはずした場合やタイヤを交換する場合などはタイヤの回転方向も確認。

タイヤレバーでタイヤをリムにはめる。尖ったものでやるとチューブを傷めるので注意。

バルブの根元がタイヤ側に入っていることを確認して(重要)、バルブのネジを留める。

空気をたっぷり入れてみる。タイヤがリムにしっかり入っているかチェック。

タイヤがリムにちゃんと入っていないとチューブが溢れ出てくる。バルブ周辺をチェック。

できあがったタイヤを自転車に装着。ナットで留めるタイプは左右交互に締めていく。

チェーンに注油

クレ5-56などのさらさらの潤滑剤より、粘度の高いグリースのほうがよい。ボトムブラケット（BB）やハブにも、こまめにやっておいて損することはない。

タイヤの振れとり

タイヤ（リム）は長い間乗っていると、どうしても歪んでくる。スポークの張りを調整してゆがみを正す。なかなか難しい作業だが、少しずつ調整してみよう。

ブレーキシューとの隙間を見ながらスポークのリム側にあるナット（ニップル）をニップル回しで締めたりゆるめたりして、スポークの張りを調整する。どう回せばどうなるのかは、試しながら確認する。

専用工具いくつか

自転車独特の部品には特別な専門工具が必要になる。大きな自転車専門店に売っている。

G 六角レンチ（アーレンキー）。ブレーキまわりなどに5mmと6mm、ハンドルまわりに9mmが必要なことが多い。

E ペダル部分のクランクをはずす工具。かつてはBBをグリースアップすることが多かったので、よく使った。

C ハンドル部分の36mmナットを回すための専用レンチ。大きなモンキーレンチでもなんとか代用できる。

A スプロケット（うしろのギア）をはずす専門工具。ずっと乗っているとスプロケットが削れてきて、空回りするようになる。

H チェーンカッター。文字どおり切るのではなく、ピンを抜くことでチェーンをはずしたり、ピンを入れてつなげたりする。

F ニップル回し。切り込みに幅があることで、いろいろなサイズのニップルが回せるようになっている。

D スプロケットはずし（Aとは違うタイプ）。スプロケットの交換で空回りは改善することが多い。チェーンも交換したい。

B ボトムブラケット（BB）をはずす工具。BBは近年一体型になった。旧タイプにも一体型のBBをはめることができる。

廃材を集める

たまたま、近所で古い家が解体されることになり業者の人に声をかけてみたら、柱を譲ってもらえることに。そんなラッキーなことはなかなかないが、「薪を常に探している」と友人らに言うと、自然にいらない木や薪情報が集まってくる。

《薪用の木材の他に、建具、自転車パーツ、鉄柵などもとっておく。》

付録

考えて、行動し、また考えるということ

アウトドア活動と文字表現がライフワークの二本柱である。

幼年期から少年期にかけては、虫捕りと釣りが好きだったので、漁師さんになりたいと思っていた。青年期に日本文学作品に触れ、芥川龍之介の「地獄変」や梶井基次郎の「Kの昇天」などの作品に憧れた。あんな作品を作り出せたら格好いい。その憧れはミケランジェロと運慶に移り、大学時代に山登りをはじめて、今はすべてが、ごちゃ混ぜになっている。

登山は文化である。その文化を享受するだけではなく、ささやかでもいいから参加したいと思ってきた。それが、登山価値がすこしでも含まれる登山を考えて、実践し、登山記録を発表したり、山行記を書いたりしてきた理由である。

考えて、行動し、また考える。考えることと、体を動かすことは別のようで、つながっている。行動し、手応えがあったからこそ、思いつくことは多い。触ること、手に持ってみること、すこしやってみることでわかるというのは、誰でも経験があるだろう。そういうときは、脳で感じたり考えたりしているのではなく、体で感じ、考えている気がする。

もし体で考えている部分があるとしたら、身体能力が高いほど、思考力も高くなるはずだ。たとえば、重いものを持つ身体能力がなければ、重労働の感覚も自分の筋力を使う発想や工夫も生まれない。100メートルを10秒台で走ることができる人だけが、その感覚を知り、10秒台レベルで競技するための考察が可能になる。登山道を辿るだけの登山で、サバイバル登山の感覚はわからないし、サバイバル登山に必要な工夫を考えることもない。

設計図やイメージ図を描いてみたり、手を動かして文章にすることで、自分でも気がついていなかった部分が明確に見えることがある。大工仕事では作りながら考えるので、1日やると、肉体より頭が疲れている。

身体能力は思考力と密接に関連しており、私はいつも、体全体を動かしながら考えている気がする。そういう思考はとても気持ちがいい(だからアーバンサバイバルは気持ちがいい)。

読書を通し、古今東西いろいろな人がいる(いた)と知ることで、アーバンサバイバル的に勇気づけられることがある。「お勉強」は不得意でも、深く考えて行動している人や文化は多い。自分で生活のいろいろなことをやろうとして使う脳味噌は、お勉強で使う脳とはすこし違うようだ。

われわれ日本人は、論理的に考える技術を学校で学ぶため、論理的に考え、体を動かし、観察し、また論理的に考えるという癖がついているようだ。そして、決断し、行動する。結果が手応えとして返ってきて、喜んだり落ち込んだりする。それは新鮮な思考体験である。

アーバンサバイバルでも手探りではじめ、手応えを確認し、考えてその先に進むというのがほとんどである。これがファイナルアンサーだな、ということはほとんどなく、長年使ったり生活してみた

明るくなったら起床して、チャイを淹れて、原稿を書くというのが、正しい一日のはじまり。朝の新鮮な頭を原稿に使い、午後は体を使う。

りして、ようやく、ある程度納得する、もしくは、重大な改良の余地を発見し、なんで最初に気がつかなかったんだろう(時間を無駄にした)と落ち込んだりする。

「何かがわかる」というのは実は無為に見えるような時間の積み重ねなのかもしれない。だとしたら、長くても100年(体が動くのはせいぜい70年?)の人生で、わかることなど知れていて、ほとんどが「考え中」のまま消えていくのかもしれない。

「わかった」という気持ちよさにすこしでも多く出会うため、これからも手応えのある生活を積み上げていきたい。

Thinking 1

本はものごとを照らす「思考の明かり」になってくれる

食べられるものをたくさん知っていることは、直接のサバイバル能力である。大工仕事も勘所を知っていると、くだらないミスで材や時間を無駄にすることもすくなくなる。

これまで人々が生活の工夫として積み上げてきた知識はたくさんある。生活に根づいたそれらの知見は目の前の悩みを解決する即効性はなくても、考え方として、ものごとを照らす「思考の明かり」になってくれる。おもしろいので、ついついそんな知を求めてしまい、家の本棚があふれてゆく。

本棚の一部。人生は限られており、読み直せる本は多くない。だが、本は溜まっていく。

繰り返し手にとった参考図書

①『100万円の家づくり』小笠原昌憲（自然食通信社）
日本の伝統構造建築で家を建てる方法が紹介される。電動工具があれば家さえ自力で建てられることと、基本的な家屋の構造がわかる。

②『完全版 自給自足の本』ジョン・シーモア著、宇土巻子、藤門弘訳（文化出版局）
世界的ベストセラーの翻訳本。夢のような自給生活の事典。土地のサイズ別輪作方法や家畜の解体法などがイラストで紹介されている。

③『ニワトリの絵本』山上善久編、菊池日出夫絵（農山漁村文化協会）
ニワトリをわが家に飼いはじめる前に購入した。初期のイメージを得るのにはとても参考になったが、やや優等生的。殺して食べるという覚悟までは薦められていない。

④『農家が教える自給農業のはじめ方』中島正（農山漁村文化協会）
ニワトリを中心にまわる自給農業を解説した本。著者は研究熱心で、行動力もあり、参考になる。自分にあったところをとり入れるとよい。

⑤『新装版 自然流家庭菜園のつくり方』徳野雅仁（洋泉社）
手抜きのような不耕起栽培でも作物はできる。というか、耕さないで枯れ草を利用し、植物の生命力を信じるほうがよいことが多い。これも肩の力を抜いてくれる本。

⑥『釣魚のおいしい料理法』（地球丸）
魚を上手におろせるようになれば、ナイフや包丁さばきは免許皆伝。自信がつけば、解体

小説から実用書まで、アーバンサバイバルの助けになる本はいろいろある。

や料理、研ぎなどにも自信がつき、いろいろなことが好転する。

⑦『本多勝一はこんなものを食べてきた』

堀田あきお、堀田佳代漫画・文、本多勝一監修（七つ森書館）

信州伊那育ちのジャーナリストが、幼少時代に何を食べていたかを紹介する本の漫画版。世界は考え方ひとつで食べ物にあふれている。

実用ではないが、世界観を養ってくれた本

⑧『極北——フラム号北極漂流記』フリッチョフ・ナンセン著、加納一郎訳（中公文庫）

言わずと知れた人類探検史の金字塔。アーバンサバイバルとはほど遠い世界だが、努力と工夫で人はどうやっても生きていけることを教えてくれる。

⑨『極北』マーセル・セロー著、村上春樹訳（中央公論新社）

ナンセンの報告となぜか同じタイトルだが、こちらは文明が破滅した後の世界を描く小説。諦観しているようで、独自の希望には執着する主人公の生き様と終末世界のディティールに考えることが多い。

Thinking 2

地図を読めるかどうかで知識に大きな違いが出る

国土地理院の地形図をたくさん所有している。山岳地帯だけではなく、住んでいる横浜市周辺の地図も多い。また時間を遡った昭和初期の近所の5万分の1地形図などもコレクションに加えてあり、そんな地図を常に見えるところに貼ることで、自分が住んでいる地域のことを多層的に知ることができる。古い道はどれか、むかしあそこは田んぼだった、川だったなど。また、地図に描かれている情報は膨大なので、地図を的確に読めるかどうかで、知識に大きな違いが出る。日ごろから地図になじみ、地図のある生活を送ると、人生は豊かになる。

災害マップなどで井戸がどこにあるのかを知れば、災害時の知識になり、どこまで自転車で行ったことがあるのかを地図上で確認すれば、身体的感覚で世界を理解できるようにもなる。

１枚の地図に描かれている情報は膨大で、使いこなせるかはその人次第。

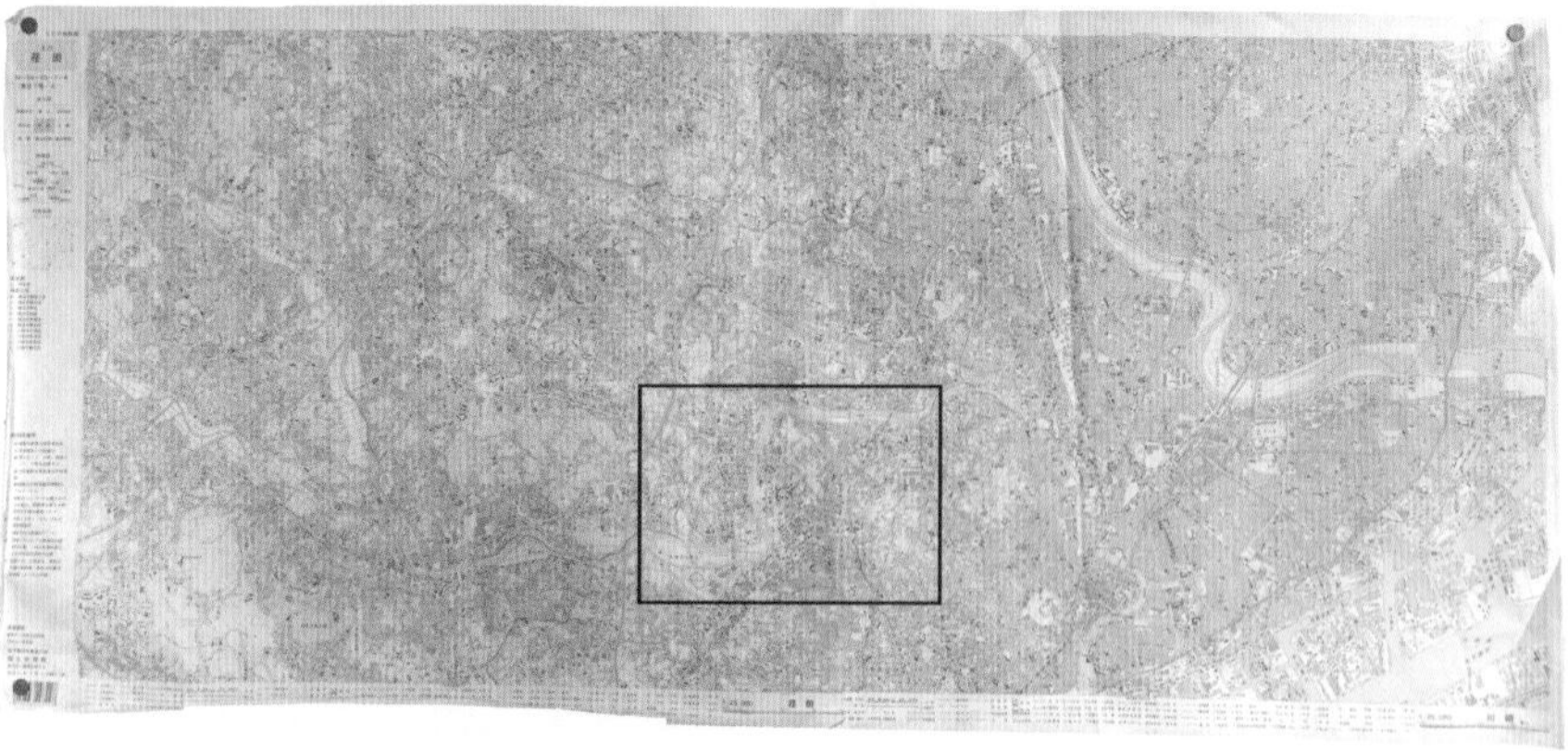

自宅周辺の地形図を読み込むのがアーバンサバイバルの第一歩かもしれない。四角は下図の範囲。

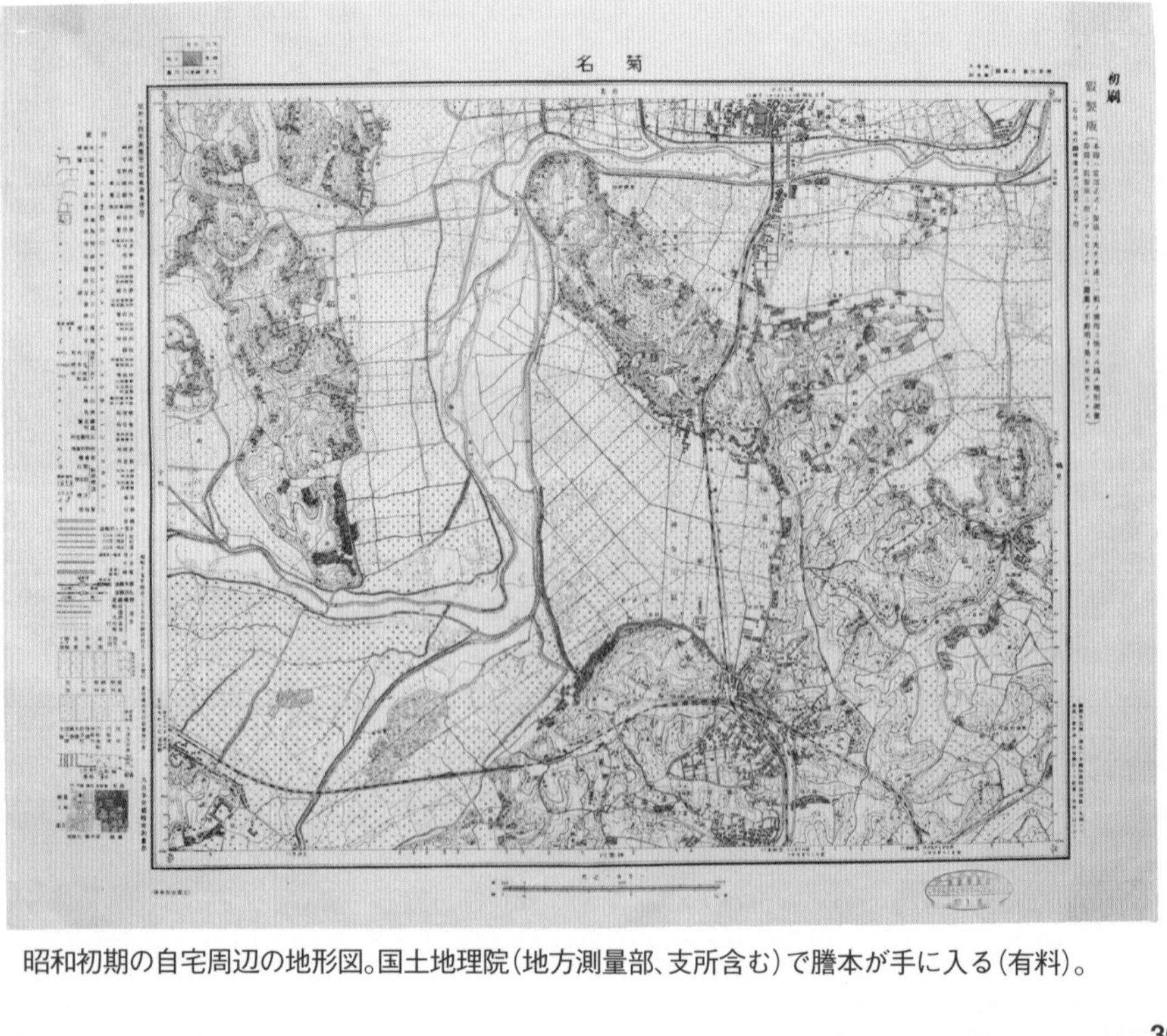

昭和初期の自宅周辺の地形図。国土地理院（地方測量部、支所含む）で謄本が手に入る（有料）。

Thinking 3 生き物は本能的に怠惰。だから運動は生活に組み込む

生き物は好奇心があって、新鮮な刺激を好む一方で、無駄なカロリーを消費することや、余計な運動をすることを嫌う。生き延びるためにできるだけエネルギーを節約したほうがいいからだろう。

生き物は本能的に怠惰である。だから無目的だったり、必然性がなかったり、変化に乏しい運動（トレーニング）は長く続かない。三日坊主は生命として自然なことであり、興味を持って1回でもやったなら、その意欲を前向きに評価したほうがいい。あとはどう工夫すれば続けられるのかを考える。

トレーニングは、生活に組み込んだり、ゲームのように楽しめる工夫をしたり、手近なところでついでにできるようにするのが長く続けるコツである。

通勤で

神奈川県の大倉山駅から武蔵小杉駅まで片道約8キロを自転車で走る（武蔵小杉駅から勤め先の品川駅までは電車）。週に1回は自転車ではなくジョギングで行くようにする。通勤の利用はトレーニングを日常に組み込んで、必然的にやる典型的な方法である。

家や近所で

梁にぶら下がって懸垂。お風呂の中でストレッチ。その他、大工仕事やタケノコ掘りなど生活のなかで体を動かす。これも手近なところでやる方法。

目的地までの距離が1キロ前後で荷物がないときはジョギングで、荷物があるときや少し遠いときは自転車で移動する。エレベーターやエスカレーターは利用しないで階段を上下する。階段は二段飛ばしで登れば、動的ストレッチを兼ねた運動になる。自動ドアもなるべく使わない。電気やガソリンを使わずに移動するというのは、省エネにもなり、健康にもなり、一挙両得である。

登山のためにジョギングを続けていたが、地域の駅伝チームに入り、本気の趣味となった。

Thinking 4 陸上競技のゴール直前に生と死の秘密が一瞬見えてくる

夏は短・中距離走(400、800、1500メートル)などの筋肉に乳酸がたまる運動をおこない、冬は長距離走(駅伝)で、心肺に負荷をかける運動をおこなっている。

種目を季節でわけているのに深い意味はなく、1月に駅伝の大会があるので、それに合わせているだけ。個人的にはロードより、トラックをスパイクで走るほうがおもしろいと感じている。

本格的に陸上をはじめたのは、2007年の12月のことである。旧国立競技場ではじめてスパイクを履いて走り、すべての筋肉、すべての動きが前方へのベクトルに集約していくような感覚に魅せられた。そのときはじめて走った400メートルは58秒後半（38歳）。才能がある！　とおだてられ、趣味の末端に中距離走を加えたら、その厳しく難しいゆえに恍惚とした深い世界に、逆に、人生をがっつりつかまれてしまった。仕事と登山の兼ね合いを見つつレースのためにタータントラック（ゴム敷の全天候型トラック）に通い、鼻水とよだれをぬぐうこともなく走り、心肺機能、走力、耐乳酸能力をバランスよく鍛え、うまいものを食い、代謝を上げ、柔軟性を高め、体調を調整し、スタート前の恐怖に打ち克って……。

近所のトラック開放日には走りにいくようにしている。フォームがぴったりはまると、とても気持ちよく走ることができる。

ひとりのランナーがマシンであり、メカニックであり、ドライバーであり、レースマネージャーでありつつ、それらを独立した高い次元でこなすおもしろさ。足の先から内臓を通って脳味噌にいたるまでを中距離走のためにフル活用し、ようやくなんとか結果が出る。それはもはやストイックな人生観、「中距離走者という生き方」といってもいい。

すべての歯車が噛み合い、納得の走りで迎えたゴール直前に一瞬見える生と死の秘密。苦しさの向こうにある陶酔感と達成感。それはそれまでの自分を超えた確かな手応えである。

趣味を越え、人生をかけているという意味では、気持ちは世界陸上やオリンピックを目指している。自分の限界が人間の限界に近づくというのは純粋な表現活動である。もし400メートルを46秒で走れたら、すぐに陸連登録をして日本代表を目指す。現実は56秒がせいぜいだ。

それでも、40代後半のモンゴロイドとしてはぼちぼちのレベルで走れている実感があり、その手応えは世界のトップ選手たちのパフォーマンスが、自分とレベルは違えど、別次元ではないという感覚につながっている。

趣味の陸上の延長で、2012年全日本マスターズ陸上800メートル競走40歳以上の部に参加し、優勝した。タイムは2分5秒09。2015年には、横浜市マスターズ陸上1500メートル競走45歳以上の部で優勝し、大会記録を出した（4分24秒64）。横浜歴代最速オヤジ（45歳以上）ということになる。

練習で付けた力を発揮したくて、増えていくスパイク。左から100〜400m用、400〜1500m用、800〜5000m用、ジョギングシューズ。

クライミングジムで

家の周辺にはクライミングジムが多く、仕事で岩登りなどをしなくてはならないときや、登攀要素の強い渓谷などに行く前には、若いころに通っていたジムに顔を出す。壁にへばりつくことで体幹系を楽しく鍛えることができ、自分の筋力と体重のバランスが整っているか（体が重くなりすぎていないか）も確認できる。

また、指の力を確認することで、安心して渓谷遡行などに出向くことができるようになる。最近は職場がモンベルに移ったため、周りにクライミングを楽しむ若者が多く、そんな仲間たちと対戦形式でボルダリングをおこなうことで、楽しくトレーニングできるようになった。

富士山へ

アーバンサバイバルとはやや趣旨がはずれるが、体調の確認で年に1回ほど行くジム的な山がある。富士山である。まったく別次元のようだが、私のなかではクライミングジムと似通っている。

4000メートル近い高所に行くと、心肺機能と高度順応能力などの体の調子がわかる。また、ときどき高所に登っていると通常の登山を楽におこなえる。

7月8月の開山時期は登山客が多いので行かない。6月や10月上旬（雪が降る前）が狙い目だ。

夕方の高速バスで富士吉田に行き、夜のうちに五合目くらいまで登って仮眠する。翌朝、寝袋やマットを適当に隠して、水と食料だけを持って、山頂に向かう。腹式呼吸を繰り返し、たくさん水分を摂取しながら登り、山頂で、ラジオ体操第一をゆっくりおこなう。太極拳ができれば順応によいのだが、できないのでスーパースローで深呼吸しながら、ラジオ体操をしている。その日の午後には下山して、荷物を回収して帰京。

Thinking 5 努力を重ねて目的を達成する。そのおもしろさを子供と共有する

シーズンに一度くらい子供を連れて猟に行く。子供たちはそれぞれ楽しんでいるようだ。

子供といっしょに山歩きに行くときに気をつけていることは、山歩き全般が嫌いにならないようにすることである。大人のやりたいことを押しつけて、苦しい、つまらないとなるなら、最初からやらないほうがいい。

まず、移動が負担にならないようにする。車に長時間乗るのは避ける。日程には余裕を持ち、学校を思い切って休むことも辞さない。

自分を中心には考えず、子供中心で考える。歩く速度や、休むタイミングも子供に決めさせるくらいでいい(アドバイスはする)。

ただ、山頂という区切りは軽視しない。無理はしないが、努力を重ねて、目的を達成するのが、なんでかわからないけどおもしろい、という感覚をできれば共有したい。

左上は山梨県、右上と下は北海道にて。

クワガタ、カブトムシの捕獲

子供のころ、クワガタとカブトムシが満載されたペットショップにある大きなカゴを所有するのが夢だった。実現した（p312参照）。夜中にオバケを怖れずに雑木林をパトロールするのも夢だった。実現した。いまでは家にカブトやクワガタが飛んでくるようになった。夢のようである。

横浜では、7月中旬以降の雨上がりのなま暖かい夕方にノコギリクワガタが出る。カブトムシはそれより少し遅れて最盛期になる。

ノコギリクワガタが出てきそうな日の夕方に居間から見えるところに生えているシラカシの幹にバナナトラップを塗る。夜に居間から懐中電灯を照らして、黒光りするものがあれば、双眼鏡で確認し、捕りに出る。会社帰りにちょっと遠回りして、近所の雑木林をパトロール。捕れる場所にいたらつかまえるが、手の出しよう

クワガタの探し方

クワガタ捕りにいくときは地下足袋を履いていく。樹に登る必要が出てくることがあるからだ。LEDのライトは甲虫の外羽との相性があまり良くない(見つけにくい)。

がない高いところにノコギリクワガタを見つけたら、急いで家に帰り、釣り竿を持ってくる。高いところにいるクワガタを、釣り竿でやさしく払って落として捕獲するためである。

捕獲したクワガタやカブトムシをカブトムシカゴに入れておくと、トラップに飛んでくる虫が増える。フェロモンが出ているのだろうか？

バナナトラップはイースト菌とバナナを混ぜればできる。シーズンの最初に作って、小分けにして、冷凍しておくとよい。

メスのカブトムシが卵を産んだら、幼虫は腐葉土が多い森に返す。幼虫は大食漢なので、腐葉土を運ぶのは大変だ。ノコギリクワガタのメスは夏が終わったら森に返す。勝手にどこかで卵を産むはずだ。そしてまた翌年以降、赤黒く光る甲虫の背中を確認し、下腹部をくすぐられるような興奮に身をよじらせるのである。

バナナトラップの作り方

①バナナとイースト菌、小分け袋を用意する。バナナを適当に袋に分け、②イースト菌を振りかけて、よく揉む。③冷凍して保存し、シーズンになったら、④庭の樹に塗る。クヌギである必要はないが、スギやヒノキはよくない。

カブトムシカゴを作る

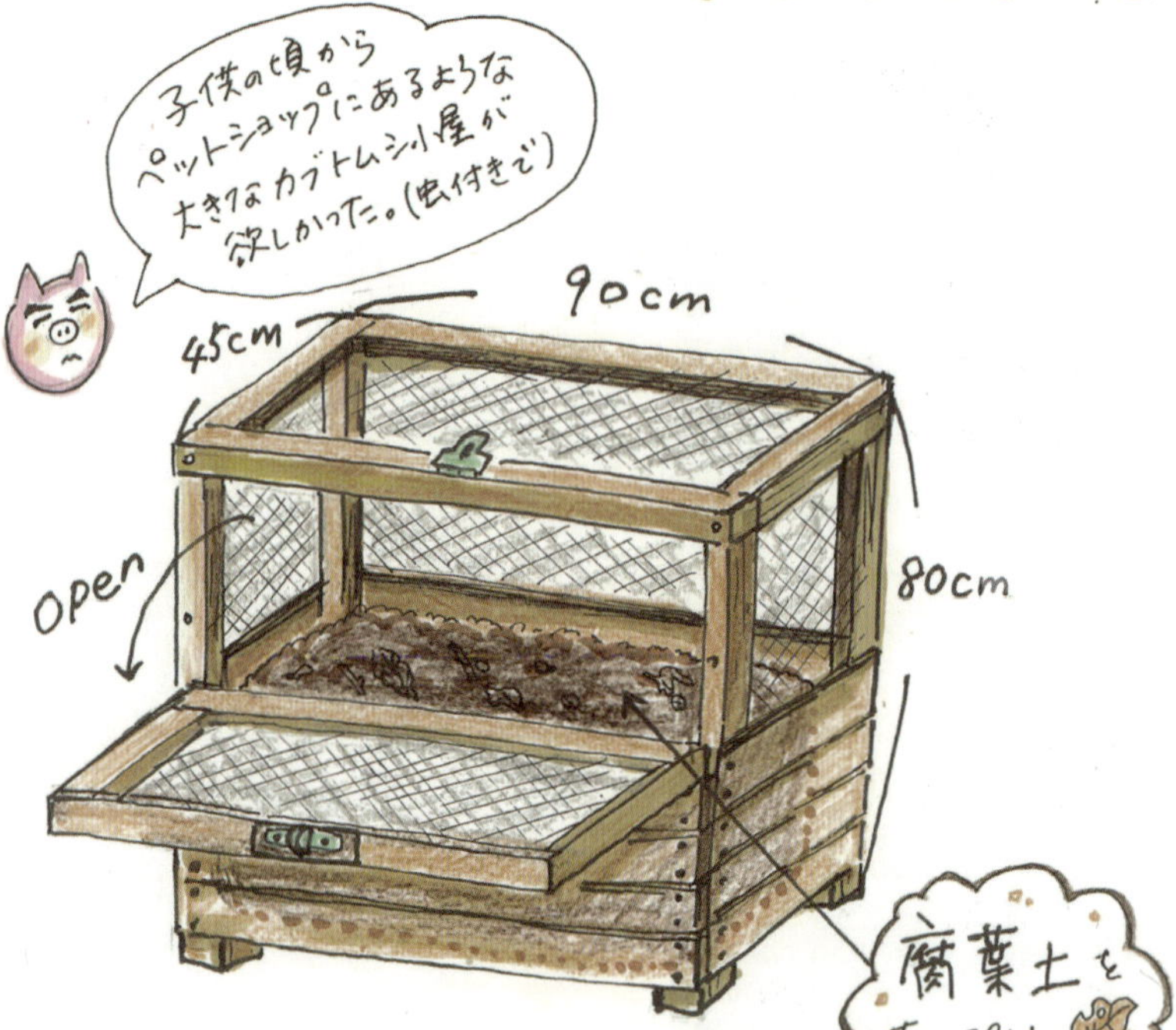

★ 荒杉の角材、板材で作る。

★ カブトムシは大食なのでエサは
たっぷり入れよう!

鳥の観察

1年を通して鳥がたくさん庭に訪れる。ニワトリを飼いはじめてから、スズメとカラスの来訪が増えた。メジロがシカの雑肉の脂を楽しそうにつついていく。特別な観察はしないが、自由に飛び交う鳥たちを何気なく見ているのは気分がいい。エサ台を作ってミカンなどを置いたこともある。小鳥も来るが、カラスが食べるのでやめた。

ニワトリ小屋に入ったスズメはつかまえることもある。

庭先でよく見ることができる野鳥は、メジロ、ウグイス、ホトトギス、ガビチョウ（外来種）、コガラ、オナガなど。

コイノボリの自作

サテン生地にアクリル絵の具で彩色する。アジの開きのようなコイの絵を描く。口のところは針金を通して輪っかにする。

庭に生えているヒノキに登ってロープをかけて、ロープのもう一方を2階の窓の柵にかけ、そこであげて

ヒノキに登って、先端と2階をつなぎコイノボリを泳がせる。

コイノボリの作り方

① 白いサテン生地に鉛筆でコイの下描きをする。

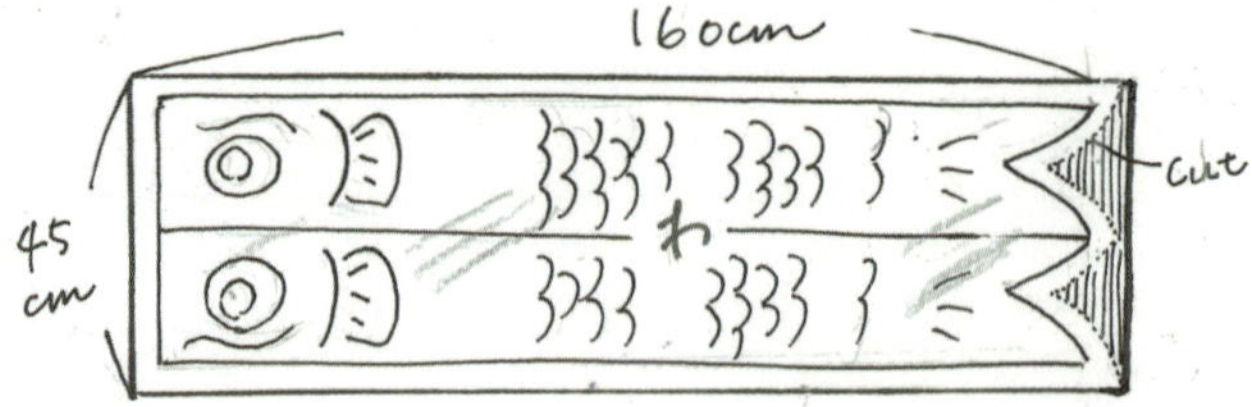

② アクリル絵の具を3〜5色用意して自由に塗る。

仕上げ

絵の具が乾いたらPOSCA(黒)などで目玉、エラなどをなぞるとそれらしくなる。

③ 布を中表にしてA.B.Cそれぞれを縫う。

ミシンであっという間。

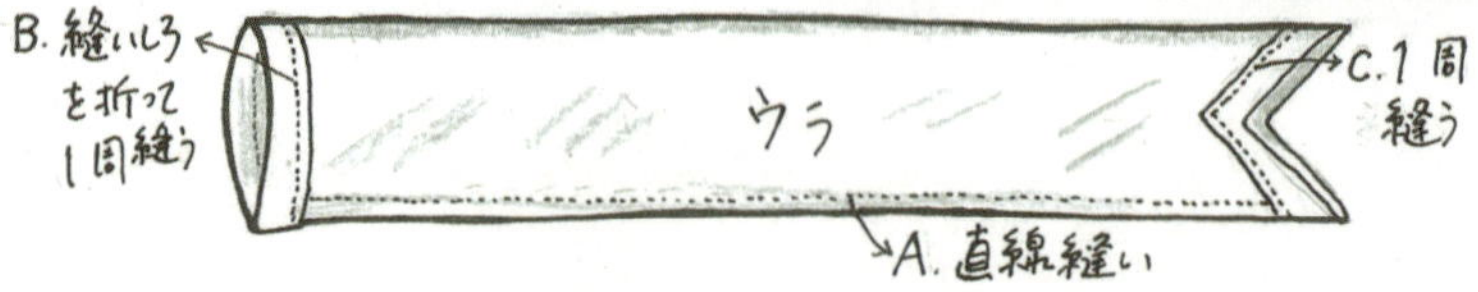

④ 口の部分に針金を入れてヒモをつける。

表に返して完成!!

太・中・小 色々なコイがいたら楽しいだろうな…。

いる。かつては庭に旗を揚げるためと思われるポールが立っていた（ポール付き物件）。数年前までそれを利用していたが、腐食で折れた。

ヒノキにはハシゴをかけて最初の枝まで登れば、あとは枝を利用して登れる。落ちるとケガをすることになるので、クライミング道具で安全を確保している（ｐ１０６）。

ハンモック

友人からもらったものだが、ちょっとした休憩には重宝するし、子供の友達が来たときなどにも活躍している。ただ、船酔いのようになる子もいるようだ。

ウッドデッキではデッキの柱と庭のヒノキを支点にし、それぞれにロープをかけ、カラビナをかけて吊る。屋内では、梁を利用している。次男の玄次郎は一晩ハンモックで眠ってみたうえで「布団のほうがいい」といっていた。

ウッドデッキにハンモックを吊るせる。春と秋は気持ちがよい。夏は蚊が多い。奥に積んであるのは隣家の解体で出た梁。

ロープに人工登攀用縄梯子をぶら下げた。作っているとき通りかかった人があわてて走ってきた。首吊りと間違えたらしい。

ヒノキと家の基礎（階段）を使って、スラックラインをしっかり張ることが可能。体幹の訓練によい。

ターザンごっこ

子供のころよくやった遊びである。浮遊感を楽しむ、度胸試し的な遊戯だ。子供より大人のほうが喜ぶようだ（懐かしいから？）。

アラカシにロープをかけて斜面の高低を利用してブランコのように遊ぶ。

スラックライン

これも友人にもらった。服部家に置いておけば有効活用されるだろ、と言っていたが、実際に張れる場所は多く、ときどき遊んでいる。家で遊ぶより、陸上仲間とトレーニングを兼ねて公園でやるほうが多い。

しゅう

あとがき

世界と自分のカラクリ

たくさんの職業のなかから自分にあったものを選び専門家となる。専門ではない分野にまつわるものは、専門分野で得た賃金で購入する。金銭を代価に入手する物質やシステム、サービスは、どれもが洗練され、その道のプロでなければ作り出したり、仕組みを理解したりすることが難しい。高度に専門化された相互扶助を、金銭を仲介に循環させるシステムが、われわれ人間が時間をかけて作り出してきた現代の社会である。

よりよい物、よりよいシステムを求めて社会は発展した。自分たちのことを知的生命体と(はばかることなく)言うだけあって、ホモ・サピエンスの諸行はなかなかすごい。

よかれと思って作り出してきた社会のシステムに大きな疑問符が付いたのは、二〇一一年の東日本大震災である。原子力発電所が爆発し、多くの人が(もちろん私も)自分の生活を支えている電気の供給システムのカラクリを知らなかった(知ろうともしなかった)ことに戸惑った。

登山とは、自然環境のなかで自分になにができるのか、肉体を通して知る行為である。原始的な環境の中を自分の肉体だけで移動していくだけで、自分はどういう存在なのか輪郭がはっきりする。移動だけでなく、山での食事や排泄、疲労回復などの代謝行為も、自分とは何かをより意識させる。できるだけ自分の力で山旅を完結させるというサバイバル登山は、自分という存在とそのカラクリをよりはっきりさせたいという欲求を具現化した行為ともいえる。

一方、高度に洗練された現代社会のなかでは、自分という存在の輪郭がぼやけていても、生きていける。だがそれは、社会に頼り、カラクリのわからないブラックボックスに囲まれた生活である。

それらは表面上は快適に見えるものの、どうも居心地が悪い。用意されたエンターテイメントは楽しいが、生きるために必要な「本番」ではない。生きるために活動しているダイレクトな感覚がそこにはない。

自分でやらなくてもなんとかなる、ということを突き詰めていくと、私が私である必要も、私が存在する必要もなくなっていく。一方的に享受するだけなら、お人形でも構わないからだ。

街の生活においても、山旅のように、自分の輪郭をはっきりさせて生きたいと思ってきた。自分が自分であると感じる最短の方法は、自分の体を動かすことである。自分の頭で考えることである。ダイレクトに生きる感覚を味わうためには、自分の生活をできるだけ自分の力で作り出していくのがもっとも速い。

そして、ひとりの人間として深まったと思えるのも、経験が増えたときである。自分でやるのはおもしろいうえに、自分を深化させてくれるのだ。

本書はほとんど書き下ろしだが、一部、雑誌に掲載した原稿を書き換えている部分もある。中には本書のために書いていた原稿を、求められるままに他誌に掲載したこともある。結果的な初出を並べておく。本書をともに作った仲間に関しては奥付に記す。

◉ニワトリの卵の経費についての計算
「本の雑誌」　2015年6月号(本の雑誌社)

◉ニワトリ関係の諸々　「フィールダー」vol.20〜31(笠倉出版社)
◉ハンティングトロフィーについて
「フィールダー」vol.20(笠倉出版社)
◉身近な生き物を食べる関係　「フィールダー」vol.23(笠倉出版社)
◉今も私は虫の命とともにある
「つり人別冊　渓流」　2016年春(つり人社)
◉ありふれた日常の驚くべき絶景「群像」2016年7月号(講談社)

服部文祥

登山家。作家。山岳雑誌『岳人』編集者。１９６９年横浜生まれ。94年東京都立大学フランス文学科卒（ワンダーフォーゲル部）。オールラウンドに高いレベルで登山を実践し、96年世界第２位の高峰Ｋ２（８６１１ｍ）登頂。国内では剱岳八ッ峰北面、黒部別山東面などに冬期初登攀が数本ある。99年から長期山行に装備と食料を極力持ち込まず、食料を現地調達する「サバイバル登山」をはじめる。

著書　『サバイバル登山家』（みすず書房）
『狩猟サバイバル』（みすず書房）
『百年前の山を旅する』（新潮文庫）
『サバイバル登山入門』（デコ）
『ツンドラ・サバイバル』（みすず書房）
梅棹忠夫・山と探検文学賞受賞
『増補　サバイバル！』（ちくま文庫）
『獲物山』（笠倉出版社）
『息子と狩猟に』（新潮社）　三島由紀夫賞候補
『獲物山II』（笠倉出版社）
『サバイバル家族』（中央公論新社）
『You are what you read.
あなたは読んだものに他ならない』（本の雑誌社）
編著　『狩猟文学マスターピース』（みすず書房）
『富士の山旅』（河出文庫）

アーバンサバイバル入門

２０１７年５月26日　初版第１刷発行
２０２１年７月27日　初版第２刷発行

著　者　服部文祥
発行者　髙橋団吉
発行所　株式会社デコ
〒１０１・００６４
東京都千代田区神田猿楽町１・５・20
田端ビル３階
http://www.deco-net.com/
電話　０３・６２７３・７７８１
編集　大塚　真

印刷所　株式会社シナノ

装丁　三浦逸平
ＤＴＰ　エム・サンロード
イラスト　服部小雪
撮影　速見ケン
校正　藤本　亘

ISBN978-4-906905-14-0 C0075